普通高等学校公共课精品教材
新时代课程思政建设配套教材

大学体育与健康

本书动图使用“体育融合出版
可视化技术重点实验室”技术成果

思政课+精品微课

主　编：王玉斌
副主编：俞　杰　汪　毅

北京体育大学出版社

策划编辑：韩培付　史仲华
责任编辑：曹晓燕
责任校对：韩培付

图书在版编目（CIP）数据

大学体育与健康 / 王玉斌主编. — 北京：北京体育大学出版社，2023.10（2024.8重印）
ISBN 978-7-5644-3911-8

Ⅰ. ①大… Ⅱ. ①王… Ⅲ. ①体育—高等学校—教材②健康教育—高等学校—教材 Ⅳ. ①G807.4 ②G647.9

中国国家版本馆CIP数据核字(2023)第186973号

大学体育与健康
DAXUE TIYU YU JIANKANG　　主　编　王玉斌

出版发行：北京体育大学出版社
地　　址：北京市海淀区农大南路1号院2号楼2层楼办公B-212
邮　　编：100084
网　　址：http://cbs.bsu.edu.cn
发 行 部：010-62989320
邮 购 部：北京体育大学出版社读者服务部 010-62989432
印　　刷：河北鸿运腾达印刷有限公司
开　　本：880mm×1230mm　1/16
成品尺寸：210mm×285mm
印　　张：17.25
字　　数：498千字
版　　次：2023年10月第1版
印　　次：2024年8月第2次印刷
定　　价：49.80元

PREFACE 前言

在“健康中国2030”的大背景下，大学生体育核心素养的提高，是党和国家提出的“终身体育”思想、全民健身计划以及全面推进素质教育得以顺利开展和最终实现的有力保证。要具备一定的素养，就应先具备一定的理论知识，并经历一个对理论的学习和领悟过程。本书结合中共中央、国务院印发的《“健康中国2030”规划纲要》和教育部颁布的《国家学生体质健康标准(2014年修订)》，根据体育运动项目和动作的特点，提出了一些适合大学生运动锻炼的方法，旨在使大学生掌握一定的体育基本知识、基本技能和技巧，养成经常锻炼身体的习惯和终身体育锻炼的意识与行为。

本着“以人为本、健康第一”的原则，本书以大学体育教学内容为主体，详细介绍了高等院校大学生应了解的体育项目及其基本知识、基本技能和基本战术，包括体育与健康概述、体育锻炼的原则和方法、体育锻炼中的卫生保健和运动损伤、田径运动、球类运动、水上运动、舞蹈运动、形体运动、武术与技击、时尚休闲体育运动共十章，构建了较为完整的体育与健康的教学体系，在传授体育知识和体育技能的基础上，也突出了体育中的德育、智育、美育及心理品质教育。

本书内容简洁、重点突出、目标明确，可较大程度地满足大学生自我发展、自身学习和适应社会的需要。此外，体育运动项目技术动作、战术打法大多较为复杂，单以语言表达难以详尽其要义，本书选配大量技术动作分解图，图文并茂，以图代文，以图解文，形象直观。

本书的特色模块如下。

育人目标：列出与理论知识相关的价值目标，以便大学生理解学习该内容的意义。

学习目标：提出与理论知识相关的学习目标，以便大学生对理论知识的结构有一个清晰的认识。

情境导入：每章开篇都有一段导读，以激发大学生学习的积极性。

名人名言：引用名人的话语，增强内容的可靠性和科学性。

精选案例：编写与理论知识相关的案例，以便大学生更好地理解相关内容。

知识延伸：介绍与理论知识相关的知识点，开阔大学生的视野。

思政元素：选取与理论知识相关的优秀文化、先进事迹、榜样人物等小篇幅的思政内容，陶冶学生的情操。

小贴士：提示重点，补充内容，加深大学生的印象。

教学检测：针对理论知识编设测试题，以便大学生及时了解自己的学习情况。

思政园地：选取与每章内容有关的优秀文化、先进事迹、榜样人物等大篇幅的思政内容，并配以讨论题，引导大学生思考，培养学生积极、健康的心态。

本书根据大学生的身心特点及兴趣爱好，将科学性、系统性和实用性有机结合起来，使内容精练规范、涵盖面广、通俗易懂、指导性强，既可作为高等院校学生学习的教材，也可供对体育与健康感兴趣的各界人士参考阅读。

本书在编写和出版的过程中，得到了相关专家、学者及有关部门的大力支持和鼎力帮助，参阅和借鉴了行业内的同类教材和有关文献，在此一并表示衷心的感谢！

由于编者水平有限，书中难免有不妥之处，敬请广大同人和读者批评指正。

目录

CONTENTS

CONTENTS

第一章 体育与健康概述

育人目标

◎积极参与体育锻炼，提升综合素质，加快推进体育强国建设。
◎形成终身体育锻炼的意识，培养奋发向上、顽强拼搏的精神品质。
◎理解体育的真谛，提高身心健康水平，发展平衡性、协调性，增强肌肉力量，提高反应能力。

学习目标

◎了解体育与健康的概念。
◎了解高校体育的目的和任务。
◎了解健康的测量指标。

情境导入

青春爱运动　健康强中国

——共青团中央联合国家体育总局、全国学联面向大学生团员组织开展全民健身活动

为深入学习贯彻习近平总书记“七一”重要讲话精神和关于加强青少年体育教育的一系列重要论述，落实全民健身和健康中国国家战略，按照《“健康中国2030”规划纲要》和《中长期青年发展规划(2016—2025年)》有关要求，着力提高大学生的身体素质，共青团中央联合国家体育总局、全国学联于日前下发通知，面向大学生团员组织开展“青春爱运动　健康强中国”全民健身活动。

“青春爱运动　健康强中国”全民健身活动以习近平新时代中国特色社会主义思想为指导，以立德树人为根本，以服务大学生全面发展、增强综合素质为目标，落实“健康第一”的教育理念。活动以大学生团员为对象，以大学生团支部为发动单元，以大学生体育兴趣社团为依托，通

过开展学校全民健身赛事活动项目，推动大学生文化学习和体育锻炼协调发展，形成“学校品牌项目拉动、体育兴趣社团带动、团支部日常发动、大学生踊跃运动”的生动局面，促进大学生“走下网络、走出宿舍、走向操场”，帮助大学生在体育锻炼中享受乐趣、增强体质、健全人格、锤炼意志，培养德智体美劳全面发展的社会主义建设者和接班人。

活动将以普及度较高的体育项目、本校特色体育项目和新兴体育项目为三大着力点，广泛动员大学生团员参与。在活动组织过程中，将着力开展普及度较高的体育项目，培养大学生锻炼兴趣；将深化开展本校特色体育项目，推动校园品牌建设；同时将探索推广新兴体育项目，引领运动青春风尚。支持鼓励大学生团员参加国家体育锻炼标准达标测验和运动水平等级达标测试，使大学生团员在参加运动项目的同时享受晋段升级的快乐。

通知强调，各省级团委、体育部门、学联组织要广泛发动、认真组织、具体指导，充分发动高校各级基层团组织、学生会和体育兴趣社团，积极发挥班级文体委员的作用，广泛引导和发动大学生参与体育锻炼。活动开展时要着眼于普遍性、覆盖面和持久性，以团支部为基本发动单元，以“第二课堂成绩单”为载体，充分发挥大学生在体育锻炼活动中的主体地位，全方位发动大学生团员积极参与体育锻炼。同时要充分利用各类媒体对活动进行全方位、多角度宣传，加强科学引导和典型宣传，积极扩大活动在校园中和社会上的关注度，努力将“青春爱运动 健康强中国”全民健身活动做出品牌、做出实效。

据了解，为推动活动持续有效开展，共青团中央、国家体育总局、全国学联将在全国范围内，每年度表扬一定数量的大学生全民健身活力校园、校园体育品牌项目、特色体育兴趣社团和体育锻炼“阳光团支部”等。

（资料来源：《中国青年报》，2021 年 11 月 22 日，有改动）

第一节 体育概述

一、体育的概念及分类

（一）体育的概念

体育是人类社会发展中，根据生产和生活的需要，遵循人体身心发展规律，以身体练习为基本手段，以增强体质，提高运动技术水平，进行思想品德教育，丰富社会文化生活为目的的一种有意识、有组织的社会活动，是伴随人类社会的发展而逐步建立和发展起来的一个专门的科学领域。体育的概念有广义和狭义之分。

1. 体育的广义概念

体育，亦称体育运动，是指以身体练习为基本手段，以增强人的体质，促进人的全面发展，丰富社会文化生活和促进精神文明为目的的一种有意识、有组织的社会活动。它是社会总文化的一部分，其发展受一定社会的政治和经济的制约，并为一定社会的政治和经济服务。

2. 体育的狭义概念

体育，亦称体育教育，是一个发展身体，增强体质，传授锻炼身体的知识、技能，培养道德和意志品质的教育过程；是对人体进行培育和塑造的过程；是教育的重要组成部分；是培养全面发展的人才的一个重要方面。

知识延伸

“体育”一词在含义上有一个演化的过程。它刚传入我国时，是指身体的教育，是作为教育的一部分出现的，是一种与维持和发展身体的各种活动有关联的教育过程，与国际上理解的“体育”是一致的。随着社会的进步和体育事业的不断发展，其目的和内容都大大超出了原来“体育”的范畴，体育的概念也出现了“广义”与“狭义”之分。当用于广义时，一般是指体育运动，包括体育教育、竞技运动和身体锻炼三个方面；用于狭义时，一般是指体育教育。近年来，不少学者对“体育”的概念提出了一些解释，但比较趋于一致的解释为“体育是以身体活动为媒介，以谋求个体身心健康、全面发展为直接目的，并以培养完善的社会公民为终极目标的一种社会文化现象或教育过程”。体育的这一定义既说明了它的本质属性，又指出了它的归属范畴，同时也把自身从与其邻近或相似的社会现象中区别出来。但是，体育的概念并不是一成不变的，随着社会的发展和进步，人们对体育的认识也将有所变化。

(二)体育的分类

1. 竞技体育

竞技体育，亦称竞技运动，是指为了战胜对手，取得优异的运动成绩，最大限度地发挥和提高个人、集体在体格、体能、心理及运动能力等方面的潜力所进行的科学的、系统的训练和竞赛。竞技体育包含运动训练和运动竞赛两种形式，其特点如下。

①充分调动和发挥运动员的体力、智力、心理等方面的潜力。

②激烈的对抗性和竞赛性。

③参加者有充沛的体力和高超的技艺。

④按照统一的规则竞赛，具有国际性，成绩具有公认性。

⑤娱乐性。

当今世界所开展的竞技运动项目是社会历史的产物。远在公元前七百多年的古希腊时代，就出现了赛跑、投掷、角力等项目，发展至今已有数百种之多。普遍开展的项目有田径、体操、篮球、排球、足球、乒乓球、羽毛球、举重、游泳、自行车等。各国、各地区还有自己特殊的民族传统项目，如中华武术，东南亚地区的藤球、卡巴迪等。竞技运动项目的发展与国家、地区的政治、经济、文化教育、科学技术密切相关。

2. 娱乐体育

娱乐体育是指在闲暇时间或特定时间所进行的一种以愉悦身心为目的的体育活动，具有业余性、消遣性、文娱性等特点。其内容一般有球类游戏、活动性游戏、郊游、棋类以及传统民族体育活动等。娱乐体育按活动的组织方式可分为个人的、家庭的和集体的；按活动条件可分为室内的、室外的；按竞争性可分为竞赛性的和非竞赛性的；按经营方式可分为商业性的和非商业性的；按参加活动的方式可分为观赏性活动和运动性活动。参加娱乐体育活动，有益于身心健康、陶冶情操、培养高尚品格。

3. 大众体育

大众体育亦称“社会体育”或“群众体育”，它是为了娱乐身心，增强体质，防治疾病和培养体育后备人才，在社会上广泛开展的体育活动的总称。大众体育主要包括职工体育、农民体育、社区体育、老年人体育、妇女体育、伤残人体育等，主要形式有锻炼小组、运动队、辅导站、体育之家、体育活动中心、体育俱乐部、棋社以及个人自由体育锻炼等。开展大众体育活动应遵循因人、因地、因时制宜和业余、自愿、小型、多样、文明的原则。广泛开展大众体育活动，是发挥体育的社会功能、提高国民身体素质和完成体育任务的重要途径。

4. 医疗体育

医疗体育是指运用体育手段治疗某些疾病与创伤，恢复和改善机体功能的一种医疗方法。与其他治疗方法相比，其特点如下。

①医疗体育是一种主动疗法，要求患者主动参与治疗过程，通过锻炼治疗疾病。

②医疗体育是一种全身治疗，通过神经、神经反射机制改善全身机能，达到增强体质、提高抵抗力的目的。

③医疗体育是一种自然疗法，利用人类固有的自然功能(运动)作为治疗手段，一般不受时间、地点、设备条件的限制，通常采用医疗体操、慢跑、散步、自行车、气功、太极拳和特制的运动器械(如拉力器、自动跑台等)，以及日光浴、空气浴、水浴等作为治疗手段。宜因人而异、持之以恒、循序渐进，并配合药物或手术治疗和心理疏导。我国早在两千多年前已用“导引”“养生”作为防治疾病的手段，后又不断发展与提高，使其成为中国运动医学的重要组成部分。

二、体育的功能及体育锻炼的作用

(一)体育的功能

1. 健身功能

健身就是强健体魄，增强体质。体育运动能促进机体形态结构、各器官和系统机能的增强，提高人体的运动能力；改善体内生理、生化环境，增强人体的适应能力；调适人的心理，使人朝气蓬勃，充满活力，起到增强体质、提高健康水平、促进身心全面健康发展和提高生活质量的作用。

2. 娱乐功能

体育所具有的娱乐功能，主要通过参与体育运动和欣赏体育运动两个方面表现出来。体育本身所特有的趣味性、竞争性、艺术性、惊险刺激性等，使参与者可以通过参加体育运动放松心情、丰富文化生活，达到愉悦身心的目的。在运动竞赛取胜后可以提高参与者的自信心，使其充满自豪感。在欣赏体育运动时，运动员所展示的健、力、美及高超的技艺使人赏心悦目、心旷神怡。赛场上激烈又艺术化的场景、充满戏剧性的悬念都会让人忘乎所以，获得精神快感，使心灵得以净化。

3. 教育功能

体育所具有的教育功能，具体表现在以下几个方面：提高生活能力；传授体育文化知识；教导社会规范，促进人的社会化；开展民族主义和爱国主义教育。

思政元素

弘扬爱国主义精神　凝聚拼搏奋斗力量

——“五一”期间奥体中心驻训国家队开展活动形式多样

2022年“五一”假期，在国家奥林匹克体育中心(以下简称“奥体中心”)驻训的多支国家队开展形式多样的爱国主义教育活动，希望进一步锻造驻训国家队的奋斗精神，提升竞技能力。

5月1日一早，奥体中心组织国家(男子、女子)橄榄球队、男子水球队、(男子、女子)曲棍球队、女子垒球队赴天安门观看升国旗仪式，并在升旗仪式结束后参观天安门城楼。

5月2日，奥体中心邀请中央军委训练管理部军事体育训练中心，组织开展为期两周的集体球类项目全员军训活动。

开训仪式上，驻训国家队全体运动员身着军训服装，列队参会。仪式上宣布了天安门地区管理委员会赠予驻训国家队2022年5月1日在天安门广场升起的国旗。伴随着嘹亮的歌声，6名护旗手昂首挺胸、步伐坚定，托举着鲜艳的国旗，缓缓走向主席台，向大家展示国旗。运动员心中升起了强烈的荣誉感和使命感。

奥体中心主任在军训动员讲话时表示，要通过军训这块“磨刀石”，让运动员感受军人听从命令、服从指挥的气概，不断强化严明纪律、令行禁止的作风，强化运动员的责任担当、团结奉献、永不言败精神，给运动队注入强大的精神力量，使其拥有所向披靡、战无不胜的强大精神“内核”。驻训国家队全体运动员要遵守纪律、听从命令、尊重教官，各队的领队、教练要严格管理、科学管理，确保把路子走正、把步子踏实，走出一条具有自身特色的中国集体球类发展之路。

(资料来源：《中国体育报》，2022年5月9日，有改动)

4. 经济功能

随着社会经济的发展，体育本身所蕴含的巨大的经济功能与价值越来越为人们所认同。体育是一种消费活动，与社会生产、服务密切相关。体育可以推动场地设施建设、运动器材、服装、饮料、药物等行业的发展。在新的社会发展阶段，“花钱买健康”的观念已使健康成为一种有限的资源，体育作为提升人们健康素养最有效的手段成为一种服务进入市场。

5. 政治功能

对于体育，既要承认它会受到政治的制约和影响，同时也要看到它能够为政治服务。体育作为一种特殊的身体文化，具有世界性，还可以打破种族、社会制度、宗教信仰等限制，为全世界各阶层的人所接受。体育是一种无须翻译就可以与人交流的“世界语言”，往往成为群体间友好交往的桥梁。

(二)体育锻炼的作用

1. 体育锻炼能促进身体健康

体育锻炼是指有计划、有组织、反复进行的，能维持或提高个体体质和健康水平的身体活动。它是群众性体育活动的主要形式。不同于竞技体育和体力活动，体育锻炼对促进人体生长发育、培养健美体态、提高机体工作能力、消除疲劳、调节情感、防治疾病、益寿延年乃至提高和改善整个民族体质都有重要的作用。

2. 体育锻炼能促进心理健康

锻炼内容的多样性、复杂性、多变性和趣味性，能使人从中获得快乐、满足、紧张、兴奋、焦虑等多种不同程度的情感体验。体育活动的团体性和互助互学能培养学生的群体意识，增强自尊、自信及责任感。体育活动的竞争性能激发学生的进取心。

三、高校体育的目的、任务及途径

思政数字课堂

(一)高校体育的目的

一方面，高校体育作为高校教育的组成部分，其教育目的应和高校教育的总目标保持高度一致，即为总目标服务，为培养社会主义事业建设所需要的合格人才服务；另一方面，高校体育又是学校体育的重要组成部分，它应该充分体现学校体育的属性，即要以运动和身体练习为基本手段，提高大学生的潜能，增强体质，增进身心健康，促进大学生的全面发展。因此，综合来讲，高校体育的目的是以运动和身体练习为基本手段，对大学生的身心进行科学的培养，在提高大学生的生物潜能和心理潜能的过程中，尚德、益智、健美，使其身心健康，全面发展，成为新世纪所需的合格人才。

(二)高校体育的任务

高校体育的目的是通过完成以下几个方面的任务来具体实现的。

1. 增强大学生体质，增进大学生健康

增强大学生体质的具体含义如下。

①促进大学生身体全面发展。

②塑造健美的体格与体型，形成正确的身体姿势和姿态。

③全面提高身体素质和生理机能水平。

④增强适应环境与抵抗疾病的能力。

通过大学体育教育，大学生能够获得强健的体魄，为终身健康奠定坚实基础，为未来的学习、工作创造良好条件。

2. 传授体育知识、技术与技能

大学生具有基础知识扎实、求知欲强、分析与理解问题能力强的特点，因此，大学阶段是学生形成正确体育观念与认识的关键期。高校体育应充分认识并利用大学生的智力优势，加强体育理论教学，通过系统的体育理论知识传授，使大学生掌握体育与健康方面的知识，全面提高大学生的体育文化素养。

提高大学生的体育文化素养不仅有利于大学生树立正确的体育认知，而且能促进大学生积极主动参与体育锻炼，成为终身体育的参与者。高校体育在加强大学生体育理论教育的同时，还应注重体育技术、技能的传授，使大学生掌握体育技术与技能，培养参加体育锻炼的兴趣和习惯，从而为终身体育奠定基础。

总之，依据高校特点和终身体育的需要，高校体育应重视大学生的体育能力培养，如科学健身能

力、体育锻炼效果自测自评能力、体育教育能力、体育欣赏能力等。

3. 进行思想品德教育，促进大学生全面发展

德育不仅是德育学科的工作任务，也是其他学科的工作任务，德育渗透在各学科之中。高校体育教育具有丰富的思想品德教育因素，高校体育教育应充分利用其自身特点，寓思想品德教育于体育活动之中。通过体育教育，大学生可以提高社会责任感，树立群体意识，培养热爱集体、遵纪守法、团结合作、勇敢顽强、拼搏进取、创新开拓、艰苦奋斗等思想品德和良好的体育道德。同时，大学生要注重培养鉴赏美、表现美、创造美的能力，陶冶美的情操，塑造良好的个性品德，促进自身全面发展，使自己能适应社会发展的需要。

4. 发展大学生运动才能，提高大学生运动技术水平

高校是培养人才的基地，高校应在体育教育普及的基础上，对部分运动基础较好并有一定专项运动才能的大学生进行课余专项运动训练，进一步增强大学生的运动素质，提高他们的运动技术水平。高校在师资、器材、设施和多学科交叉等方面具有一定的优势，而且大学生本身在心理特征、生理特征和体力、智力方面也具有优势，因此，把部分有运动天赋和运动才能的大学生培养成高水平的运动员是可行的。多出人才，出好人才，这其中包括出优秀体育人才。世界级水平的运动员，如足球明星苏格拉底、奥运会九枚金牌获得者刘易斯、短跑名将约翰逊和“跨栏王”摩西都是名副其实的大学生。培养高水平的运动员也成为时代赋予高校的新使命。

(三)高校体育的基本途径

高校体育的目的与任务是教育总目标的一部分，但是，目的与任务都不会自动实现、完成，必须通过多种多样的组织形式为其提供具体途径，并实施相应的教育计划才能促使其得以实现、完成。我国的高校体育教育有以下几种基本组织形式。

1. 体育课程

体育课程是我国高校教学计划的重要组成部分，被视为高校体育的中心环节，也是高校体育教育最基本的组织形式。它为确保高校体育目的和任务的圆满实现、完成提供了具体途径。

目前，我国高校均设置了体育课程，国务院颁发的《学校体育工作条例》明确规定：“普通高等学校的一、二年级必须开设体育课程。普通高校对三年级以上的大学生开设体育选修课”。这一法规为加强高校体育课程建设提供了人、财、物、时间、信息等方面的重要保证，将有力地推动我国高校体育课程建设。

体育课程这种特殊的组织形式，可以帮助大学生逐步树立正确的体育观念，了解体育的基本知识，掌握锻炼身体的基本技术，形成较强的体育意识；增强自身体育能力，培养自觉坚持参加身体锻炼的兴趣和习惯，接受潜移默化的良好品德教育，增强审美和创造美的能力，深刻领会体育教育与成才的内在联系；以生存、发展、享受等不同层次的需要去理解体育给自身、国家和民族带来的好处，学以致用，勇于实践，充分理解体育课程目标与高校体育目的与任务的一致性；把握参与体育课程学习的良好动机，努力完成体育课程的各项任务，自觉地将体育与运动融入生活，为个体成长和奉献社会打下坚实的基础。

2. 课余体育

高校的课余体育活动是体育课程的延续和补充，是高校体育教育过程中不可分割的环节，它为实现、完成高校体育的目的与任务提供了重要途径。课余体育是学校体育的基本形式，其目的在于增强

大学生体质，培养大学生自觉锻炼身体的习惯，同时陶冶大学生情操、丰富大学生文化生活、发展大学生个性，对完成课堂教学任务具有十分重要的积极作用。

我国各高校都十分重视根据本校实际状况和传统特点，因人、因时、因地制宜地开展多种多样的课余体育活动，这在巩固体育课程教学效果、增强大学生体质、提高文化学习质量、丰富校园文化生活、增强集体凝聚力等方面都起到了良好的促进作用。我国已进入新的历史发展时期，国家颁发了《中华人民共和国体育法》和《全民健身计划纲要》等法律法规，对高校体育提出了明确要求。许多高校都十分重视开展课余体育活动，课余体育在内容与形式上均有较大突破，并取得了令人满意的效果。

课余体育活动的基本形式有以下几种。

(1)清晨运动。早操应视为每天从事有效脑力劳动的准备活动，它可以消除抑制、兴奋神经、加强条件反射、调节生理机能，促进机体以良好的状态开始一天的学习生活。许多高校都以多样化的内容与形式满足大学生的个体需要：轻音乐相伴的健身跑、新推广的集体广播操、气功、武术、太极拳、健美操以及各种锻炼身体素质的活动等，定点辅导、分班召集与个人活动相结合，有统一要求，也有相当的自由度，实效性很好。早操的时间不宜过长，以 15～20 分钟为宜，运动量不能过大，以振奋和舒畅为度，贵在持之以恒、坚持不懈。

(2)课间运动。课间操是一种积极而有效的休息方式。文化课后，在教室周围进行 3～5 分钟的轻微运动，适当转移大脑的优势兴奋中枢，可为下一堂课注入更充沛的精力。因为大脑皮层各神经中枢对人体活动是有分工的，有主管脑力活动的神经中枢，有主管体力活动的神经中枢，根据兴奋与抑制过程相互诱导的规律，运动时主管体力活动的神经中枢高度兴奋，主管脑力活动的中枢处于抑制状态，使之得到休息，运动后，脑力活动神经中枢的动能得到恢复，从而有助于提高大学生的学习效率。因此，坚持做课间操，对大学生来说，无论是增强体质，还是提高文化课的学习质量，都是有益之举。

(3)课后运动。课后运动是大学生结束一天课程之后有目的、有计划、有组织地进行运动和身体练习的具体实践。许多高校的课后运动已形成内容丰富、形式多样的良好局面：以教学班为单位的课外辅导；以达到《国家学生体质健康标准》为中心的体质测验；以大学生单项运动协会为中心的小型多样的运动竞赛；以俱乐部为形式所组织的各种健身活动；大学生自发组织的各种体育兴趣锻炼小组，如健美操锻炼小组、太极拳练习小组等。各种各样的运动形式吸引了大学生参加体育锻炼。增强体质、增进健康、丰富知识、陶冶情操、拓宽视野、全在这龙腾虎跃、充满朝气的情境之中。

(4)睡前活动。睡前活动是不少有良好习惯的大学生的和缓运动。每天睡觉前，花 10 分钟左右的时间做轻微、和缓、短暂的运动，对于缓解脑神经的兴奋和消除肌肉的紧张十分有利，对于提高睡眠质量和第二天的学习质量也有促进作用。

(5)全校性的运动会和体育竞赛。一年一度的校田径运动会是各高校必须举行的体育运动竞赛。田径运动会的参与人数较多、规模较大、组织工作较为复杂，对校园精神文明建设产生的影响也最为明显，是全校师生展示精神风貌的舞台。参与者在竞赛中积极进取、顽强拼搏、团结协作、严守规则、礼貌待人及尊重裁判的表现，不仅是对自身人格的锻炼，还能感染、教育他人。

除了田径运动会，许多高校还举行各种球类竞赛和其他形式的运动竞赛。各种运动竞赛的举行不仅可以促进师生积极参与体育锻炼，提高大学生的运动技术水平，还能丰富校园文化生活，促进校园精神文明建设。

精选案例

入选国家队！　宁夏两名学生将代表中国参加世界大学生运动会

近日，银川科技学院学生李金鹏、王媛媛在第31届世界大学生运动会射箭(复合弓)选拔赛中发挥出色，最终入选国家大学生射箭(复合弓)队。他们将与另外4名运动员一道，代表中国参加第31届世界大学生运动会射箭(复合弓)项目比赛，实现了宁夏大学生参与国际大赛零的突破。

“当初看到学校有射箭这门选修课，我就报名参加了。射箭这个项目和我的性格相符，都是需要安静的。”李金鹏说，这次能入选还是挺兴奋的，实现了自己小时候的梦想，站在了世界运动竞技的比赛场上。

银川科技学院体育教师邢一飞说：“我们2021年3月成立了射箭队，目前能取得这样的成果来之不易，队员们平时训练非常刻苦努力。入选国家队以后，近期训练的重点将主要聚焦在提高技术水平和心理素质等方面。”

“在接下来的日子里，我将努力提升自己的体能和技术水平，积极地调整心态，努力备战这次比赛。”王媛媛坚定地说。

据悉，本届大学生运动会共设篮球、排球、田径、游泳等18个体育项目，届时将有来自约170个国家和地区的1万余名运动员参加。

（资料来源：人民网，2022年4月22日，有改动）

(6)课余运动训练。大学生课余运动训练是利用课余时间，对部分身体素质较好并有某项运动专长的大学生进行系统训练的一种专门教学过程。它是高校体育的一种主要组织形式，肩负着提高运动技术水平、促进高校体育运动蓬勃开展的艰巨任务。

大学生课余运动训练的内容包括身体训练、技术训练、战术训练、智能训练和心理训练等方面。大学生课余运动训练的方法包含持续训练法、重复训练法、间歇训练法、交换训练法、游戏和比赛训练法等。但是，采用何种方法训练一定要因地制宜、面对实际、讲究实效，切莫生搬硬套。

第二节　健康概述

一、健康的含义及影响因素

(一)现代健康的含义

现代健康并不仅是传统意义上所指的身体没有疾病。世界卫生组织指出，健康不仅指一个人没有疾病或虚弱现象，还指一个人生理上、心理上和社会上的完好状态。之后，世界卫生组织对健康的定义又加以补充，认为健康应包括身体健康、心理健康、社会适应良好和道德健康。这是现代关于健康的较为完整的科学概念。

1. 身体健康

身体健康即人们所说的生理健康，是指人体的结构完好、功能正常，且处于无疾病的良好状态。身体健康是心理健康的基础，身体健康是人生完全健康的基石。

2. 心理健康

心理健康，又称精神健康，指人的心理处于完好状态，包括正确认识自我、正确认识环境、及时适应环境。心理健康是人的良好心理素质的表现，是人的整体健康状态的必要组成部分。

3. 社会适应良好

社会适应良好是指个体的心理活动处于正常状态下，即认知正常，情感协调，意志健全，个性完整和适应良好，能够充分发挥自身的最大潜能，以适应生活、学习、工作和社会环境的发展与变化的需要。社会适应良好取决于身体健康、心理健康、道德健康状况。

4. 道德健康

道德健康是指不能损坏他人的利益来满足自己的需要，能按照社会认可的行为道德来约束自己及支配自己的思维和行动，具有辨别真伪、善恶、荣辱的观念和能力。道德健康以生理健康、心理健康为基础并高于生理健康和心理健康，是身体健康和心理健康和发展。

小贴士

衡量健康的十项标准

(1)有充沛的精力，能从容不迫地担负起日常生活和繁忙工作。
(2)处世乐观，态度积极，乐于承担责任，事无巨细不挑剔。
(3)善于休息，睡眠良好。
(4)应变能力强，能适应外界环境的各种变化。
(5)能抵抗一般性感冒和传染病。
(6)体重适中，身材匀称，站立时头、肩、臂位置协调。
(7)眼睛明亮，反应敏捷，眼睑不发炎。
(8)牙齿清洁，无龋齿；牙龈颜色正常，无出血现象。
(9)头发有光泽，无头屑。
(10)肌肉丰满，皮肤有弹性。

名人名言

运动太多和太少，同样地损伤体力；饮食过多与过少，同样地损伤健康；唯有适度可以产生、增进、保持体力和健康。

——亚里士多德

(二)影响健康的主要因素

1. 行为和生活方式因素

人们不健康的行为和生活方式，会直接或间接地给健康带来不利的影响。例如，糖尿病、高血压、冠心病、结肠癌、肥胖症、性传播疾病和艾滋病等均与行为和生活方式有关。

行为和生活方式是影响健康的重要因素，几乎所有影响健康的因素都与行为和生活方式有关。例如，吸烟与肺癌、慢性阻塞性肺病、缺血性心脏病及其他心血管疾病密切相关。酗酒、吸毒等不良行为也会严重危害人类的健康。

2. 环境因素

环境因素强调人与自然环境和社会环境的统一，强调健康、环境与人类发展是不可分割的。

(1)自然环境。自然环境是一个生态系统，是人类赖以生存和发展的物质基础，与人类的健康直接相关。如自然环境污染必然对人体健康造成危害。

(2)社会环境。社会环境包括社会制度、法律法规、经济、文化、教育、人口、民族、职业等。疾病的发生和转化直接或间接地受社会环境因素的影响。

3. 遗传因素

遗传因素对健康的影响分为遗传性疾病和体质遗传两个方面。前者是指遗传缺陷性疾病，如血友病、白化病和有遗传倾向的疾病如高血压、糖尿病及某些肿瘤等；后者是指体质机能，如胖瘦、心脏功能天生低下等，是可以通过后天的营养和运动等加以改变的。有遗传倾向的疾病也可通过改良行为及生活方式达到预防或延缓发病年龄的目标。

4. 医疗卫生服务因素

卫生服务是指卫生机构和卫生专业对口人员为了防治疾病、促进健康，运用卫生资源和各种手段，有计划、有目的地向个人、群体和社会提供必要服务的活动过程。健全的医疗卫生系统、完备的卫生服务网络、一定的医疗卫生经费投入、合理的卫生资源配置均对人体健康有促进作用。

小贴士

健康公式

有关专家经过长期研究后，得出了一个健康公式：

健康＝(情绪稳定＋运动适量＋饮食合理)/(懒惰＋嗜烟＋嗜酒)

公式中，分子越大身体越健康，分母越大身体越差。

二、健康测量常用指标及意义

(一) 生理健康测量指标

1. 生长发育指标

生长发育指标分为体格发育指标和心理发育指标两类，可用于衡量个人健康状况。生长发育指标又可从形态和功能两个方面来评价。形态发育指标有身高、体重、坐高、胸围等；功能发育指标有肺活量、肌力等。心理发育指标因操作烦琐及准确性问题，仅用于个体评价，而不作为群体健康状况的评价指标。由于功能发育与形态发育密切相关，所以常用身高、体重两项指标来评价身体生长发育水平，具体评价方法如下。

(1)身高，即人体直立时的净高度。它是评价身体生长发育水平的基础指标，也是身体生长长度的主要指标之一。该项指标在青少年中主要用来评价身体的增长速度以及整体的发育状况，而在成年人中该指标是综合评价健康状况的一个主要参数。身高的正常值一般是在大范围人群调查的基础上确定的，通常采用离差评价法进行描述。例如，以同年龄组的群体身高值的均数为基准，在此基础上增减若干倍的标准差值，形成不同的等级离差，并以此作为个体身高评价的标准。

(2)体重，即人体的净重量。不同年龄的体重能反映个体的发育及营养状况，也可用于群体营养状况的研究。一般来说，当人体健康状况发生变化时，常伴有体重的变化。因此，体重的变化可以综合反映出个体的健康状况。国务院新闻办公室发布的《中国居民营养与慢性病状况报告(2020年)》显示，我国成年男性和女性的平均体重分别为69.6千克和59千克。随着审美观的发展，人们对体格发育有了新的认识，提出了标准体重、理想体重和超重等概念，并形成了相应的计算公式：

男性标准体重(千克)＝身高(厘米)－105

女性标准体重(千克)＝身高(厘米)－100

男性理想体重(千克)＝身高(厘米)－105－(身高－152)×2/5

女性理想体重(千克)＝身高(厘米)－100－(身高－152)×2/5

评价标准：以标准体重加减10%为正常体重范围。实际体重不足或超出此正常范围者即为消瘦或超重。小于标准体重10%～20%为轻度营养不良，小于标准体重20%～40%为中度营养不良，小于标准体重40%为严重营养不良；大于标准体重10%～20%为超重，超过标准体重20%为肥胖。

近年来，在群体医学研究中普遍采用体重指数(Body Mass Index，BMI)作为评价体重的指标。其计算公式如下：

$$\text{体重指数(BMI)}=\frac{\text{体重(千克)}}{\text{身高}^2(\text{米}^2)}$$

采用体重指数评价体重，使得不同身高的人群可以采用同一衡量标准来评价体重，从而使群体研究中大样本数据的处理更加方便。

2. 行为发展指标

行为发展是健康的重要标志。人的行为发展虽有很大的个体差异，但也有一定的年龄规律。到一定年龄时，就应学会相应的行为和动作，过晚或提前一般都应视为不健康的表现。

近年来，医学上已开始通过简单地评价一个人能否完成各项日常活动及完成的程度来测量个人生理健康水平。

3. 营养摄入情况(标准)

除生长发育指标外，评价一个人每日摄入的营养素的总量及各种不同成分营养素的量也是评价健康状况的经典方法。

知识延伸

大学生营养合理摄入的原则

由于缺乏营养学知识，大学生中营养不良与营养过剩现象普遍存在，常见的有肥胖症、厌食症、营养缺乏症、暴饮暴食症、偏食症等。因此，要懂得营养，讲究平衡膳食，科学配食，使饮食更符合健康要求。

1. 平衡性原则

平衡性原则是指人所摄取的各种营养成分与身体的生理需要之间相对平衡，反之则称为营养失调。营养失调的一个表现是营养不良，另一个表现是营养过剩。因此，人体的营养需求与补充之间应保持相对平衡。

2. 适当性原则

适当性原则是指人所摄取的各种营养成分之间的配比要合理，即在全面和均衡的基础上进行适当的饮食搭配。人体的元素组成与人体在不同状况下对各种营养的需要量是有一定比例的，只有合理的营养搭配，尤其是热量中蛋白质、脂肪和碳水化合物三者的比例合理适当，才有利于人体更好地吸收与利用营养成分。

3. 全面性原则

全面性原则是指人所摄取的各种营养成分要全面，不能偏食。没有任何一种天然食物能够囊括人体所需的各种营养素，也没有单一营养素能够具备全部的营养功能。因此，无论一种食物的营养有多丰富，都不可能完全满足人体健康的需要，只有摄取多种食物中包含的各类营养成分，才能确保人的健康需要。

4. 针对性原则

每个人的遗传因素、身体状况、所处年龄阶段、生活环境、营养状态等各方面的条件均不相同，因此，在营养摄入和补充方面应区别对待。当生活和工作环境、生理条件改变时，营养素的供给应予以适当调整。

(二)心理健康测量指标

心理是人的大脑反映外界客观事物的过程，它由认识、情感和意志三种活动过程组成。认识包括感觉、知觉、记忆、想象及思维；情感则是满意、愉快、忧伤、愤怒及烦恼等态度体验。在认识与情感的基础上，人为了满足某种需要，自觉地确定目标，制订计划，克服困难，努力达到目标的过程，就是人的意志过程。

人的心理受到多种因素的影响。当一些因素的刺激强度过大或作用过久时，就会使人体心理功能失去平衡，引起抑郁和焦虑等情绪反应，进而发展为某些身心疾病及精神性疾病。某些疾病或意外创伤也会影响人的身心健康，使之产生一系列心理问题，如焦虑和抑郁等。焦虑和抑郁会明显地影响人的舒适感，影响人的判断和对治疗的依从性，降低人的生活质量。一些研究还表明，抑郁是最常见的与免疫异常和免疫疾病有联系的一种心理状态，会导致抗体下降、淋巴细胞增殖反应受到抑制、NK细胞活性下降等。因此，对心理健康的测量成为健康测量的重要内容之一。

个体的心理发展及其特征是相当复杂的，是健康评估中最难测定的一个项目。除了心理健康的范围难以确定外，心理症状的诊断也相当复杂。怎样才能较好地评价个体的心理健康状况是人们一直探索的问题。虽然人们已经找到许多有关心理学的指标，对这些指标的评估方法也非常多，但大多数是对心理异常现象的测量与评价。因此，对心理健康的测量几乎没有一个公认的标尺。目前，对个体心理健康状况一般从人格、智力、情绪和情感几个方面予以测评。

1. 人格

人格又称"个性"，包括性格、气质及能力等。人格是个体心理活动中比较稳定的心理特征，是个体心理品貌的反映。个体的人格因素，可以影响一个人的认知和行为方式。人格不同的人在接纳自己、评价他人、适应能力等方面会有不同的表现。良好的人格在人的心理健康方面起着自我保护的作用，不良的人格会给健康带来负面影响。

2. 智力

智力是反映个体心理能力的重要指标之一，也是评价人体健康状况的重要依据。只有智力正常的人，才具备维护机体健康和对社会、自然环境良好适应的能力。反之，智力低下者，无法应对来自社会、自然环境对机体的各种刺激，易使机体的健康遭到破坏。

3. 情绪和情感

情绪和情感是十分复杂的心理现象，两者既有联系又有区别。一般认为，情绪是与人的机体需求相联系的，如饮食、御寒等生理需求引起的喜悦、愉快、厌恶等都属于情绪范畴；而情感则是同人的社会需求相联系的，如友谊感、美感、理智感等都属于情感的范畴。

情感是人类所特有的心理现象。情绪带有情境性、不稳定性和易变性的特点，可以通过内、外的形式表现出来。人的情绪中的许多成分随时都在发生变化，但也有相对稳定的部分，我们把情绪相对稳定的部分称为情感。情绪、情感除本身有正常和异常之外，其变化对人体的身心各方面都有着广泛的影响。良好的情绪会使人心情愉快，健康向上。而一个人如果长期处于忧愁、焦虑或压抑的情绪状态中，将会产生一系列的身心问题。

知识延伸

亚健康

健康被称为"第一状态"，疾病被称为"第二状态"。亚健康是介于健康与疾病之间的一种状态，是指无明显疾病特征，或者有病症感觉而临床检查又没有异常表现，处于一种机体结构退化、生理功能减退与心理失衡的状态。这种既不属于健康状态又没达到疾病状态的中间状态，被称为"第三状态"，又叫"慢性疲劳综合征"，也称"灰色状态"。世界卫生组织认为，健康是一种身体、精神和交往上的完美状态，而不只是身体无病。亚健康主要表现为身心疲劳、胃肠不适、食欲不振、性功能障碍、头晕、四肢乏力、失眠、烦躁易怒、神经衰弱、焦虑、抑郁、记忆力下降，甚至胸闷、气促、心慌等症状。有亚健康状态的表现若不及时调养，将造成人体神经内分泌紊乱，免疫功能和体内代谢功能下降，从而患上高血压、心脑血管疾病、自身免疫疾病或肿瘤等疾病。也就是说，只有重视亚健康状态的调养，身体才可向健康状态转化，反之则易患疾病。

教学检测

1. 以身体练习为基本手段，以增强人的体质，促进人的全面发展，丰富社会文化生活和促进精神文明的社会活动是(　　)。

A. 体育　　B. 德育　　C. 教育　　D. 美育

2. 为战胜对手，取得优异成绩，最大限度发挥和提高个人、集体在体格、体能、心理及运动能力等方面潜力的科学的、系统的训练与竞赛是(　　)。

A. 竞技体育　　B. 娱乐体育　　C. 大众体育　　D. 医疗体育

3. 下列哪项不是体育的功能？(　　)

A. 健身　　B. 娱乐　　C. 教育　　D. 管理

4. 下列哪项不是个体心理健康测量的指标？(　　)

A. 人格　　B. 智力　　C. 情绪和情感　　D. 身高

5. 人体的结构完好、功能正常，且处于无疾病的良好状态，称之为(　　)。

A. 精神健康　　B. 生理健康　　C. 心理健康　　D. 道德健康

思政园地★

"体育思政"深化综合育人　立德树人成效显著

"体育思政"深化综合育人

"同学，你这是跑第几圈了？疫情封校这段时间，我看你每天都来跑步啊！"

这是青岛科技大学校长在学校操场晨练时与一位同学的对话。他多年来有坚持运动的习惯，是校园师生都熟悉的"体育达人"，也是青岛科技大学"体育思政"教育改革的牵头人。

近几年来，青岛科技大学校园体育运动氛围持续高涨，这得益于该校"课堂教学＋自主锻炼＋校园联赛"三大平台一体化体育综合改革新路径的构建。2021 年，青岛科技大学被确定为山东省首个高校体育综合改革试点单位，在促进"体"与"育"深度融合方面，探索出了一条可借鉴、可复制、可推广的综合育人新路子。

构建三大平台，破解大学体育育人困境

教育部学生体质健康调查显示：大学生体质健康水平呈下降趋势，甚至不如中学生。"重文化轻体育""重技能轻德育""重宣教轻历练""重分责轻融合"的大学体育教育弊端，导致体育的身体机能塑造、心理品格锤炼、道德情操修养等功能相互割裂开来。

高校体育是学校体育的最后一站，也是大学生由学校体育向终身体育转变的关键期，如何让大学生掌握伴随一生的运动技能，养成终身体育锻炼的习惯，成长为具有强健体魄、健全人格、社会责任、家国情怀的新时代大学生，是高校体育改革的初心和使命。

针对上述问题，青岛科技大学推出体育综合改革，构建"课堂教学""自主锻炼""校园联赛"三大平台，通过"教、学、练、赛"实现体育增值，形成制度化联通、信息化贯通、思政化融通的体育综合育人新路径。

"我第一次接触帆船是在学校的帆船课上，课程结束后总觉得意犹未尽，老师便推荐我加入帆船爱好者协会。通过专业训练，我成绩突飞猛进，代表学校参加了一些比赛，还得过金牌。"青岛科技大学帆船队队员江兆雨说。

"学校开足、开齐体育课，根据大学生的兴趣和能力，实行分级分项教学。"青岛科技大学相关领导介绍，学校还鼓励具有体育特长的大学生加入体育俱乐部，通过参加俱乐部竞赛及各种活动，获得与体育课程学习等同的体育成绩和学分。

2022 年寒假，2018 级学生韩训邦过得有点不一样。每天，他不仅坚持完成两公里跑步，还经常邀请家人一起参与，从原来假期“宅”在家中睡大觉、打游戏到积极主动锻炼身体，他的转变让家人既惊喜又诧异。

韩训邦的转变同样得益于青岛科技大学的体育综合改革。按照学校“体能健康课”的要求，每个学生须分 6 个学期完成体能训练规定，获得毕业所需的 1 个学分。学生每四周必须完成 10 次跑步，每学期跑步次数不低于 40 次，这一过程由软件进行全过程管理和监测，逐步引导学生养成锻炼习惯。

同时，青岛科技大学落实以赛促练，通过实施“班级—院级—校级”阶梯式逐级选拔模式，打造“月月有联赛、周周有比赛、人人都参赛”的体育教育格局；学校还制定出台了一系列刚性制度，改革学生体育评价与考核体系，将体育成绩、体质健康测试成绩与评奖评优、毕业等挂钩。

“体育思政”深度融合，立德树人成效显著

在整个体育综合改革实践中，青岛科技大学立足“跳出体育看体育、用好体育抓思政”，深挖体育课程本身蕴含的丰富思政元素，统筹大学生参与意识、学习态度、团队协作、进取精神、意志品质等，既推动了体育锻炼与体育竞技、体育素养和体育精神的对接融合，又深化了体育元素与思政元素的融合对接。

“校园‘红色打卡点’的设立与爱体育 App 的普及，让我每天都会主动去操场上跑步锻炼，这个习惯从开学一直坚持到了现在。几个月来，运动不仅增强了体质，也培养了我自律、坚忍的精神。”青岛科技大学信息学院的方俊豪说。

结合校园人文景观、建筑群、功能区域等，学校设置了 36 个红色打卡点，形成 5 个闭环线路，既相对独立又完整统一。打卡点的创新在于它将思政课和时事政策等内容融入健身跑中，学生根据跑步有效次数获得答题机会，跑得越多，答题机会越多，成绩也就越好。按照规定，学生的答题成绩占到形势政策课成绩的 15%，这也极大提高了大学生的锻炼积极性。

如今，“体育思政”已成为青岛科技大学校园新冠肺炎疫情防控的硬核力量。在学校封闭管理期间，青岛科技大学在严格落实疫情防控要求的前提下，组织开展了 23 场体育联赛活动，涵盖篮球、足球、乒乓球、跳绳、健康跑等 8 种类别，在校园里构筑起一道特殊的“强体魄，抗疫情”青春风景线。

“体育思政”让大学生在拥有健康体魄的同时，逐步形成健全向上的人格，进一步激发他们参与志愿服务、承担社会责任的积极性。在疫情防控志愿服务中，学校共有 4767 人次参与，累计服务时长达 13340 小时。

经过 4 年的实践探索，“体育思政”在青岛科技大学逐步“开花结果”：通过四项基本素质体测和数据比对分析，青岛科技大学学生体质健康状况持续得以改善，心理素质明显提升，抑郁指数持续下降。学校在大体育工作中收获各类荣誉 80 余项，包括大学生五人制足球联赛山东赛区冠军、全国亚军，全国大学生帆船锦标赛总成绩亚军、长航赛冠军等。

（资料来源：《光明日报》，2022 年 5 月 15 日，有改动）

讨论：

1.“体育思政”教育改革有何意义？

2. 从青岛科技大学的“体育思政”实践探索中，你得到了什么启示？

第二章 体育锻炼的原则和方法

育人目标

◎以体育智、以体育心，在体育锻炼中享受乐趣、增强体质、健全人格、锤炼意志。

◎推动文化学习和体育锻炼协调发展，刻苦学习知识，坚定理想信念，磨炼坚强意志，锻炼强健体魄，为实现中华民族伟大复兴的中国梦时刻准备着。

学习目标

◎掌握体育锻炼的基本原则。

◎了解体育锻炼的基本方法。

◎了解发展运动能力的方法和安排体育锻炼的方法。

◎理解运动处方的概念和内容。

情境导入

2022年内蒙古自治区国家体育锻炼标准达标测验活动启动

6月26日，2022年内蒙古自治区国家体育锻炼标准达标测验活动在包头市奥体中心正式启动。

包头站测验活动为期2天，分为儿童组、少年组、青年组、壮年组、老年组5个组别，设置了立定跳远、30秒跳绳、十字象限跳、坐位体前屈、1分钟仰卧举腿、曲线托球跑、掷实心球、800米跑步、1000米跑步和3000米快走项目，计划参与人数700余人次。完成测验后，根据个人的成绩得分，颁发相应组别的合格证书。

据了解，为贯彻落实《中华人民共和国体育法》《内蒙古自治区全民健身实施计划(2021—

2025年)》关于实施、推行国家体育锻炼标准的相关要求，内蒙古自治区体育局年内将投入专项经费支持全区开展国家体育锻炼标准达标测验活动25场以上，计划测验人数不少于5000人次。

国家体育锻炼标准是以检验群众体育锻炼效果、评价身体素质和运动机能为目的，以测验达标为手段的评价体系。开展国家体育锻炼标准达标测验活动是全民健身公共服务的一项重要内容，对进一步完善全民健身激励机制，激发群众参加体育锻炼的积极性和主动性，提升群众身体素质和健康水平具有重要意义。

（资料来源：《内蒙古日报》，2022年6月27日，有改动）

第一节 体育锻炼的原则

虽然体育锻炼方法简单易学，但要想科学地安排体育锻炼，提高锻炼效果，避免伤病事故，就必须遵循体育锻炼的基本原则。

一、循序渐进原则

循序渐进原则是指在学习体育技能和安排运动负荷时，要由小到大、由简到繁、由易到难逐渐进行。许多人开始锻炼时，兴致很高，活动量也很大，但坚持几天后，就失去了锻炼热情，身体也出现各种不良反应。原因可能有以下几种：开始时活动量大，机体无法很快适应，身体疲劳反应也很大，锻炼者受不了这么大的“苦”而放弃锻炼；对锻炼价值的期望过高，认为只要一锻炼就会立竿见影，锻炼几天后，未见明显变化，结果大失所望；开始运动时负荷过大，导致运动损伤；等等。

基于上述原因，在进行锻炼时，要逐渐地增加运动量。以跑步为例，开始时可先尝试步行或走跑交替等运动量小的练习，活动两周待身体适应后，再逐步增加跑步的速度和距离。另外，锻炼者也要充分认识到，锻炼效果通常要一两个月后才能显现，只有坚持下去，才会取得理想效果。

二、全面发展原则

对大多数锻炼者来说，锻炼并不是单纯发展某项运动技能和提高某一器官功能，而是在满足某一需要的基础上，能获得整体机能全面协调发展。因此，锻炼时要注意运动内容的多样性和身体机能的全面提高。如果仅发展某一局部机能，不仅效果不明显，还会对身体产生不利影响。例如，青年人采用引体向上发展力量，时间一长，就会出现上肢增粗、背肌强壮等现象，而胸、腹肌却显得瘦弱，出现类似“驼背”的现象。

全面发展原则有两层意思：一是锻炼的项目要丰富多样，不同项目对身体机能的影响作用不同，选择多样化的锻炼，有助于身体机能的全面提高，以免不合理的单一练习造成身体畸形发展；二是如果由于锻炼兴趣和锻炼条件的限制，不可能选择较多的运动项目，那么，在确定锻炼内容时，就应当选择一种能使身体较多部位得到练习的运动形式，以确保整体机能的全面提高。

三、因人而异原则

锻炼时，应根据锻炼者的年龄、性别、爱好、身体条件、锻炼基础等因素的不同做到因地制宜、因人而异，使锻炼更具有针对性。因此，要做到以下几点。

(1)根据年龄选择锻炼项目。青年人可进行一些对抗性强、活动较剧烈、有竞争性的锻炼项目，以提高锻炼兴趣；老年人则应进行一些对抗性弱、活动量适中、动作舒缓柔和的锻炼项目，以达到锻炼的目的。

(2)根据性别选择锻炼项目。男子可进行一些增肌的锻炼，如力量练习；而女子可选择一些节律性较强的练习，如健美操等。

(3)根据身体情况选择锻炼项目。对于体质较弱的人来说，运动量不宜过大，可选择散步、低对抗性的羽毛球、乒乓球等锻炼项目；对于有慢性疾病的人来说，应在教师的指导下选择一些针对性练习，以达到辅助治疗的效果。

知识延伸

女子体育锻炼的要求

女子不宜多做从高处跳下的练习，以免使身体受到过分振动，影响骨盆的正常发育和盆腔内器官的正常位置。因此，要多安排一些增强腹肌、盆底肌的练习，以免由于跑、跳等练习的剧烈振动引起子宫移位。根据体型和心理特点，女子适合艺术体操、高低杠、平衡木、自由体操和健美操等项目。在游泳方面，女子具有一些有利条件。由于肩部窄而细，女子游泳时所受水的阻力较小。女子皮下脂肪较多，因而耐冷，用脂肪做能源的利用率较高，故热能供给较充足。此外，女子对氧的利用率和调节体温的能力都高于男子，对能量消耗时所引起的体温升高有较好的散发能力，对热应激的适应能力较好且脱水较少，在单位时间内能量消耗也较少。女子科学地参加体育锻炼，能提高内脏器官的功能，发展力量、速度、耐力、灵敏性和柔韧性。

四、持续性原则

持续参加体育活动，锻炼效果才明显、持久，因此锻炼要持续，不能“三天打鱼，两天晒网”。虽然短时间锻炼也能对身体机能产生一定影响，但一旦停止体育锻炼，这种良好效应会很快消失。以控制体重为目的的锻炼更应该坚持不懈，因为一旦有了效果就停止锻炼，会使体重反弹，出现“超量恢复”现象，导致体重增加。经常参加体育锻炼应注意以下几点。

①参加体育锻炼应注重坚持，活动内容和项目可更换，但锻炼不能停止。

②每周应有 3 次以上锻炼，如果时间间隔过长，则不能保持锻炼效果的延续。

③如果一次不能抽出充足的时间锻炼，那么可以利用零散时间进行数次活动，同样会取得一定的锻炼效果。

五、安全性原则

从事任何形式的体育锻炼都应做到“安全第一”。如果锻炼安排、组织不合理，违背科学原则，就可能出现伤病事故，甚至危及生命。为了保证锻炼的安全，锻炼者应做到以下几点。

①充分做好准备活动，待各器官、系统的机能进入活动状态后，再进行较剧烈的运动。

②锻炼时要全身心投入，有时稍有疏忽就可能受伤。

③锻炼时，最好不要在水泥地面上进行，以防长期运动后肌肉劳损。如不可避免，则应选择穿弹性好的运动鞋。

④身体虚弱或慢性疾病患者进行锻炼时，切忌盲目增加运动量或运动强度。

第二节 体育锻炼的方法

一、体育锻炼的基本方法

进行体育锻炼时，既要遵守体育锻炼的基本原则，也要掌握锻炼身体的正确方法，以达到健身强体的目的。

(一)有氧锻炼法

有氧锻炼法是指锻炼者在不负氧债的情况下进行身体锻炼的方法。这种锻炼方法可以有效提高心血管和呼吸机能，促进新陈代谢，并能减少脂肪积累，是当前普遍采用的锻炼方法。

有氧锻炼法的关键是控制运动强度，使锻炼者能够不负氧债。通常采用控制心率的方法来测定是否是有氧锻炼：在锻炼时，脉搏保持在 130 次/分钟左右，不高于 150 次/分钟。采用有氧锻炼法的典型项目有长跑、竞走、游泳、骑自行车、滑雪、耐力体操及韵律操、徒步旅行等。采用这些项目锻炼，只要坚持慢速度、长距离或长时间，均可达到有氧锻炼的效果。

(二)间歇锻炼法

间歇锻炼法是指锻炼者在进行一定的练习后，按规定的间歇时间休息，在机体尚未完全恢复时进行下一次(组)练习的方法。间歇时间根据心率指标的高低情况确定。一般情况下，当心率指标低于有效值时，应缩短间歇时间；高于有效值时，应延长间歇时间。实践中，心率恢复到 130 次/分钟左右时，就应进行下次(组)的锻炼。间歇时，应采取有效的休息方式，如慢走、深呼吸、做机体放松运动等。

(三)持续锻炼法

持续锻炼法是指锻炼者在较长时间内，用较稳定且不太大的强度不间歇地连续进行练习的方法，常用于周期性项目的锻炼。一些非周期性项目锻炼中运用此法时，一般是用于学习掌握、巩固某一动作而进行连续性的练习。心率保持在 140 次/分钟左右锻炼 20～30 分钟，可使机体的各个部位都长时间地获得充分的血液和氧的供应，有效地发展有氧代谢能力，提高锻炼者的有氧耐力。

（四）循环锻炼法

循环锻炼法是指根据身体锻炼的需要，将多个具有不同身体发展功能的项目搭配起来，在一次练习中依次循环进行练习的方法。这种练习方法可以弥补某些项目对身体发展作用比较单一的不足，使各项目发挥的功能互为补充，达到全面发展身体的目的。此外，内容的多样化可使锻炼充满灵活性，易激发和调动锻炼者的积极性。

（五）变换锻炼法

变换锻炼法是指在改变锻炼内容、强度和环境的条件下进行练习的方法，如变换练习项目、提高或降低运动负荷、调整练习要素、变更练习地点等。采用变换锻炼法，能够提高中枢神经系统的灵活性，发展身体的调节能力和适应能力，同时对于修正锻炼计划、活跃锻炼气氛也有一定的作用。

（六）自然力锻炼法

人体健康水平和体质强弱的重要标志，就是能否适应外界自然环境的变化。人体利用自然力进行锻炼，提高适应外界环境的变化的能力，增进健康和增强体质的方法称为自然力锻炼法，包括日光浴、空气浴、冷水浴等。

二、运动能力的发展

运动能力是人体在运动过程中表现出来的活动能力。它是人体进行体育活动的基础，而人体进行锻炼也是为了提高包括运动能力在内的各种身体机能。运动能力表现在力量、速度、耐力、灵敏性、柔韧性等方面，人们要想通过科学锻炼提高自身的生理机能，就必须了解影响人体运动能力的生理基础和发展机能的手段。

（一）力量的锻炼

力量是人体肌肉收缩产生的张力。人体的各种活动几乎都是由肌肉收缩克服阻力产生的。力量被认为是体育活动的基础。

1. 影响肌肉力量的生理因素

（1）肌肉体积。肌肉体积可通过肌肉横断面积表示，横断面积越大，肌肉体积就越大。通过力量练习增加肌肉蛋白质的含量是增大肌肉体积的重要手段。

（2）肌纤维类型。肌纤维分为红肌纤维和白肌纤维，红肌纤维收缩产生的力量小，白肌纤维收缩产生的力量大。肌肉中红肌纤维和白肌纤维的比例主要由遗传因素决定。

（3）神经调节。神经通过两种方式作用于肌肉收缩力量。一种是神经兴奋性，兴奋性越强，参与收缩的肌纤维数目越多，肌肉力量就越大；另一种是神经中枢发放神经冲动的频率，神经冲动的频率越高，肌肉力量就越大。神经对肌肉力量的调节作用可解释为什么有些人看上去肌肉体积并不大，而肌肉力量却较大。

2. 增加肌肉力量的方法

增加肌肉力量的方法很多，锻炼者可根据自己的实际情况选择力量练习方法。

(1)动力性练习。肌肉收缩时肌纤维长度发生变化，同时产生张力克服外界阻力的力量练习，称为动力性练习。体育锻炼中多数力量练习属于动力性练习，如跳跃、握举哑铃、举重等。动力性练习主要通过增加外界阻力达到提高肌肉练习的效果。对于一般锻炼者来说，最好采用动力性练习。

在动力性练习中，采用不同阻力提高肌肉力量的效果也不同。一般来说，采用等同于本人最大力量80%左右的运动负荷，主要作用是发展肌肉力量和速度，使肌肉增粗，这种方法适用于青年健美爱好者；采用60%左右的最大负荷练习主要改善神经协调肌肉能力，使肌肉力量和肌肉耐力增加；采用40%左右的最大负荷练习虽然对增加肌肉力量不明显，但却可以改善肌肉的血液循环，增加肌肉中毛细血管数量，保持已有力量。

(2)静力性练习。肌肉收缩时肌肉长度不变，而维持某一特定位置的肌肉力量练习，称为静力性练习。静力性练习主要发展特定位置的肌肉力量，如站桩。静力性练习比较安全，一般不会出现急性肌肉损伤，因此常用于肌肉康复练习。静力性练习时往往伴随憋气动作，易造成肌肉缺氧，因此要量力而行。

小贴士

力量练习时应注意的问题

(1)根据自己的实际水平选择负荷大小，不论采用何种负荷，都要遵循循序渐进的原则，避免突然增大负荷造成运动损伤。

(2)动作速度与负荷有关，负荷大时则动作速度相对慢，适宜负荷时应适当加快动作速度。

(3)发展肌肉力量隔日锻炼效果较好，但每次练习时应使肌肉有疲劳感。

(二)速度的锻炼

速度是指身体某部分在短时间内快速运动的能力。包括对外界信号刺激快速反应的能力、人体快速完成动作的能力及快速移动的能力，即反应速度、动作速度和位移速度。

1. 影响速度的生理因素

影响速度的主要生理因素是神经系统的反应能力、肌肉组织的兴奋性和肌纤维类型。

(1)神经系统的反应能力。神经系统的反应能力主要指感觉神经点的敏感程度或大脑对刺激做出快速反应的能力。大脑皮层对刺激做出反应的速度越快，整体的反应速度就越快。

(2)肌肉组织的兴奋性。肌肉组织的兴奋性越高，对外界环境变化做出反应的能力就越强，整体的反应速度就越快。

(3)肌纤维类型。肌纤维中白肌纤维所占的比例越大，运动的速度就越快。

2. 提高速度的方法

(1)反应速度的练习。反应速度的练习主要提高神经系统的灵活性和对刺激信号快速做出反应的能力。在练习时可采用不同信号刺激，如声音、光等，使机体接受刺激并迅速做出反应，如听口令变向跑、听信号后突然做运动等。

(2)动作速度的练习。提高动作速度的关键是提高每个动作的熟练程度和各个动作之间的相互连接，如高频率跑台阶、单摇跳绳、双摇跳绳、两脚交替跳绳等。

(3)位移速度的练习。位移速度的练习可提高肌肉快速收缩能力、肌肉力量及柔韧性，如30米冲刺跑、10米往返折回跑、四角跑等。

名人名言

锻炼身体要经常，要坚持，人和机器一样，经常运动才能不生锈。

——朱德

(三)耐力的锻炼

耐力是指人体长时间坚持工作的能力。运动员必须具备较好的耐力素质，才能在运动比赛中始终保持充沛的精力和旺盛的斗志，保证技术、战术水平的正常发挥。很多体育项目比赛需要在长时间高速度运动、激烈对抗中完成各种复杂动作，这对耐力素质有很高的要求。

1. 影响耐力的生理因素

(1)影响有氧耐力的生理因素。有氧耐力是指长时间从事有氧运动的能力，又称“一般耐力”。经常从事有氧运动，可以有效地降低慢性心脏病、肿瘤、糖尿病、骨质疏松、肥胖的发病风险，明显改善焦虑等不良心理现象。因此，具备良好的有氧耐力是促进健康和增强体质的基础。

决定机体有氧耐力的生理因素主要是运动中氧气的供应因素和能源物质含量。

①肺的通气功能。肺的通气量越大，吸入的氧气就越多。在体育锻炼中采用加深呼吸的方法可有效地提高呼吸效率。

②血液的载氧能力。吸入的氧气通过血红蛋白被运送到细胞内。在生理范围内，血红蛋白含量高，运输氧气的能力就强。

③心脏的射血能力。单位时间内心脏射血量越多，输送的氧气就越多。影响心脏射血的主要因素是心肌收缩力量和心室容积。

④肌肉的代谢能力。肌细胞有氧代谢能力是影响有氧耐力的重要因素，有氧代谢酶活性越高，利用氧气的能力就越强。肌细胞有氧代谢能力与肌纤维类型有关，红肌纤维含量越高，有氧代谢能力就越强。

⑤肌糖原含量。肌糖原是肌肉进行有氧代谢的主要能源物质，它的供能特点是相对耗氧少，代谢效率高，代谢产物能及时排出体外。因此，肌肉中糖原含量越高，有氧供能的潜力就越大。虽然脂肪也参与有氧运动的供能，但由于脂肪氧化供能时氧气消耗多、代谢产物堆积等因素，机体容易产生疲劳。

(2)影响无氧耐力的生理因素。无氧耐力是指机体长时间快速运动的能力。影响无氧耐力的因素有糖酵解能力、缓冲乳酸能力和耐乳酸能力。

① 在速度耐力性运动中，主要依靠糖酵解提供能量。因此，机体糖酵解能力越强，速度耐力素质就越好。

② 糖酵解的中间产物是乳酸，乳酸在体内增加会造成机体疲劳。因此，及时消除体内乳酸含量，可使肌肉快速工作时间延长。

③ 在耐力运动中，乳酸堆积使大脑工作能力下降，造成身体疲劳。经过速度耐力锻炼的人，大脑耐受乳酸的能力明显增强。

2. 提高耐力的方法

(1)提高有氧耐力的方法。美国运动医学会(ACSM)推荐的典型有氧运动模式如下：每周 3～4 次，每次 20～60 分钟，采用 60%～90%最大心率的强度进行；可以采用的运动形式有快走、跑步、游泳、骑自行车、登山、跳绳、做健身操等。

(2)提高无氧耐力的方法。无氧耐力练习主要是无氧运动练习，其目的是提高机体的糖酵解能力、缓冲乳酸能力和耐乳酸能力。锻炼时心率应保持在 160 次/分钟以上，可进行 300～500 米的全速跑、间歇跑等。

提高有氧耐力的方法

(四)灵敏性的锻炼

灵敏性是指人体迅速改变体位、转换动作和随机应变的能力，是人体各种运动能力在体育活动中的综合表现。

1. 影响灵敏性的生理因素

由于灵敏性是人体各种运动能力在体育活动中的综合表现，所以多种因素都可以影响身体的灵敏能力。除了大脑皮层的灵活性、肌纤维的类型外，其影响因素还包括以下几点。

(1)年龄和性别。在儿童到青年阶段，身体的灵敏性是自然提高的；到 20 岁左右，灵敏性趋于稳定；进入老年阶段后，灵敏性明显下降。青春期后，男孩的灵敏性明显高于女孩。

(2)体重。身体过重，身体惯性增加，肌肉的收缩速度降低，身体的灵敏性就会下降。

(3)条件反射的巩固程度。运动技术掌握得越好，灵敏性越好。

2. 提高灵敏性的方法

提高人体灵敏性的方法主要有两种：一种是固定的转换体位的练习，如各种穿梭跑、“8”字跑和折返跑等，这种方法能发展人体的基本灵敏能力；另一种是突然给练习者信号，练习者迅速做出反应，这种方法主要提高人体应用灵敏的能力。

(五)柔韧性的锻炼

柔韧性是身体健康素质的重要组成部分，它是人们完成日常工作和进行锻炼的必备能力。保持良好的柔韧性对维护健康、提高锻炼效果是有益的。值得注意的是，随着现代社会的不断进步，老年化和久坐行为日渐突出，造成人体软组织弹性和肌肉伸展性明显下降，导致人的活动效率大大降低，甚至可能引发伤害事故。例如，困扰现代人的“腰背痛”就是由腰背部和大腿后肌群伸展性不足、肌肉耐力差造成的。因此，良好的柔韧性不仅为身体活动提供重要的保障，对降低疾病的威胁也有益处。但是，柔韧性发展过度，也会造成关节结构不稳，易引发运动损伤。

1. 影响柔韧性的生理因素

影响柔韧性的主要生理因素如下：两关节面积大小差别越大，关节活动幅度就越大；关节周围组织越多，限制关节活动幅度的因素就越多；关节周围肌肉、肌腱、韧带的伸展性越好，柔韧性就越好。发展关节周围软组织的伸展性是提高柔韧性的主要途径。提高神经系统对肌肉收缩和放松能力的调节，可以改善对抗肌肉的协调能力，从而使柔韧性提高。

2. 提高柔韧性的方法

提高柔韧性的主要方法是做牵拉练习。牵拉练习分为动力性练习和静力性练习两种。

(1)动力性练习。动力性练习是利用肌肉反复收缩，使关节尽量伸展到最大活动范围的一种练习，如踢腿。该方法尽管对发展柔韧性很有效，但是，由于动作速度较快，肌肉张力较大，如果施加负荷或动作幅度过大，可能会造成不必要的损伤。因此，这种练习不适合不经常锻炼的人群和中老年人群。

(2)静力性练习。静力性练习是采用缓慢的速度，逐渐拉长肌肉，使关节活动逐渐达到较大范围，并持续保持该姿势的一种练习，如压腿。练习时，不要产生明显的疼痛感(可有适度酸痛、紧张感)。练习时间一般保持 30 秒左右，重复练习数次。静力性练习一般不易拉伤软组织，还有利于肌肉放松。因此，在准备活动和放松活动中做牵拉练习时，一般以静力性方式进行。

从事专门的牵拉练习时，最好两种方法结合使用，但必须做到练习前充分热身，注意练习幅度和频率的循序渐进。

柔韧性拉伸训练之肩部拉伸

思政元素

西安交通大学积极推动校园体育文化建设

西安交通大学大力弘扬中华体育精神，高度重视体育的育人功能，切实加强学校体育工作，“织好网，搭好台，鼓好掌”，努力帮助本校学子在体育锻炼中享受乐趣、增强体质、健全人格、锤炼意志，努力培养德智体美劳全面发展的社会主义建设者和接班人。

织好工作网，积极发挥体育类社团作用。例如，通过社团团支部与学生党支部、团支部联合开展组织生活，推进体育项目进支部，同时提高学生党支部、团支部组织生活的丰富性和实效性。

搭好工作台，积极打造体育精品项目。例如，推广新兴体育项目，在组织骑行俱乐部、登山队户外活动中开展环保公益事业，增强社会责任感；在“互联网+”的时代背景下创新体育锻炼模式、打破运动时空限制，将体育运动打造成大学生时尚、健康、潮流的生活方式，引领校园体育新风尚。

鼓好氛围掌，积极营造健康的校园体育氛围。例如，完善政策激励机制，组织开展社团星级评定、“锐·动交大”体育人物评选、体育会长论坛等活动，进一步提高思想认识，树立正面典型，加强体育类社团的工作研究和案例交流，夯实体育育人成效。搭建师生交流平台，发挥体育项目桥梁、纽带的作用。

(资料来源：西安交通大学新闻网，2022 年 7 月 24 日，有改动)

三、体育锻炼的安排

(一)一次锻炼的安排

一次体育锻炼的安排是否合理，将直接影响锻炼效果的好坏。人体进行一次体育活动，一般都要经过准备活动、运动强度逐渐增加、保持相对稳定的活动时间、身体疲劳与恢复等阶段。因此，锻炼者应学会科学地安排每次锻炼，以取得理想的健身效果。

1. 充分的准备活动

每次锻炼前都要进行充分的准备活动，通过准备活动提高锻炼效果，减少运动损伤。准备活动分为一般性准备活动和专门性准备活动。一般性准备活动是指在正式锻炼前所进行的活动量较小的全身性体育锻炼，运动形式主要是慢跑、伸展性体操和牵拉性练习，主要目的是使全身各器官机能“动”起来，为即将开始的锻炼做好适应准备。活动时间一般为5～10分钟，天气冷时，活动时间可长一些，天气热时，活动时间可短一些。如果正式锻炼是一些运动强度较小、技术动作较简单的项目，如跑步、健身操等，则可以不再进行专项准备活动。但如果进行一些较激烈或技术性较高的运动，如球类、武术、田径等，则需进行专项准备活动，如篮球的运球、投篮，武术的踢腿、劈叉等。

2. 运动强度逐渐增加

在正式锻炼时，活动强度也要遵循循序渐进的原则，不要一开始就突然增加运动强度，否则会使身体出现一系列不适反应。因为人体器官都有一定的生理惰性，特别是内脏器官，在运动开始后的一段时间有一个逐步提高的过程。

3. 保证正式锻炼时间

以健身为主要目的的体育锻炼，应当以有氧运动形式为主，强度不宜过大，但锻炼时间必须保证，只有坚持长期运动才能取得良好的锻炼效果。美国疾病控制和预防中心(CDC)建议：每次应持续10～15分钟的中等到大强度活动，注意活动和休息的交替；或维持中等强度的20～60分钟的体育活动；或每天累计完成30～60分钟缓和的体育活动(如步行)，也会取得同样的健身效果。需要指出的是，每次锻炼时间并不是越长越好。即使是小强度活动，如散步，时间也不要超过2个小时，体质好的人也是如此，因为时间过长的运动会引起身体疲劳，这是健身锻炼所忌讳的。

4. 锻炼后的放松活动

锻炼结束后会产生一定的疲劳感，要使处于高负荷的心肺和肢体活动逐渐“安静”下来，必要的放松活动不可缺少。锻炼后的放松活动主要包括两种方法。

(1)慢跑和徒手体操。其主要目的是改善血液循环，加速下肢血液回流，促进代谢产物的消除。

(2)肌肉和韧带的伸展练习。这种方法对减轻肌肉酸痛和僵硬、加快肌肉中乳酸的消除有良好的作用。伸展练习一般以活动肌肉和韧带为主，常采用静力性拉伸方式。

小贴士

锻炼后全身放松的动作要领

(1)上肢放松活动：站立，上肢前倾，两肩两臂反复抖动至发热为止。

(2)下肢放松运动：仰卧、举腿、拍打、按摩，颤抖大腿内侧、前侧、后侧和小腿后侧，以及臀、腹、侧腰部。

(3)团身抱膝放松运动：两手抱膝，下蹲，低头，反复上下颤动至腰椎发热为止。

(4)全身休整运动：站立，两膝屈曲，两手体前扶地，充分运用气息，深吸气于胸，“屏息”(不呼也不吸，不是憋气)慢吐气于腹(丹田)。如此反复几次，同时上肢慢慢抬起、直立，直至脉搏恢复至运动前正常脉搏停止。

(二)长期锻炼的安排

锻炼只有持之以恒，才能取得理想的健身效果。因此，锻炼者可以根据自身条件、锻炼目的，制订一个长期、切合实际的锻炼计划。锻炼目的是人们安排锻炼计划的重要依据，如为了提高健康水平，安排锻炼的内容和时间就比较灵活，可以跑步、打球等，时间可长可短；为了发展肌肉力量和肌肉块，就应以力量练习为主，每周练习3次；以减肥为主要目的，则应进行有氧运动，运动时间相对较长，使体内脂肪充分消耗，通过锻炼减肥，每月减体重1～2千克较合适；为了保持优美的身材和体型，还要做一些健美操和柔软体操的练习。

但在实际生活中，锻炼者往往由于各种原因而中断一定时间的锻炼。重新恢复锻炼时，要根据中断锻炼的原因、时间长短和锻炼者的身体情况，再制订一个短时间的恢复性锻炼计划。

①由于身体状况而中断锻炼，如生病、受伤等，在恢复锻炼时要注意活动量相对较小一些，恢复锻炼时多做一些轻微活动，恢复时间可长一些。如果是由于非身体条件而中断锻炼，如意外事件，活动量可大一些，适应性时间可短一些。中断锻炼时间越长，恢复时间就越长。

②在恢复锻炼过程中，主要以小强度锻炼为主，运动形式有步行、慢跑、太极拳等，运动时心率以100～120次/分钟为宜。

③年轻大学生，由于身体机能好，代谢旺盛，恢复锻炼时间可短一些，一般一周左右就可以了。

精选案例

气象学家竺可桢，十五岁那年从故乡绍兴小学毕业，考进了上海澄衷学堂。

在澄衷学堂，他的才学没有谁能比得上，但他的个头比同龄人矮一截，体重比别人轻十来斤。因这副单薄瘦弱的身子骨，他成为同学们讥讽和嘲笑的对象。一天，在教室的走廊上，迎面走来几个同学。他们中，有的对着竺可桢挤眉弄眼，有的故意大声挖苦："好一个寒酸的小矮子，准活不过二十岁！"

竺可桢十分气恼，真想针锋相对地回敬几句，但他又一想："谁叫我的身子骨长得这么瘦小呢！再说，一个男子汉也犯不着为一两句恶语，就跟人撕破脸皮争吵起来。"

晚上，竺可桢辗转反侧，心潮翻涌："我们祖国灾难深重，人民贫穷病弱，被外国人称为'东亚病夫'。现在自己也被人看不起，被骂作短命的人。既然立志要为拯救祖国出力，那就必须首先战胜自己的病弱身体！"

想到这里，竺可桢霍地从床上爬起来，连夜制订了一个锻炼身体的计划，还选了一条"言必行，行必果"的格言，抄贴在宿舍里，作为警钟随时提醒自己。从那以后，竺可桢每天鸡一啼就起床，到校园里跑步、舞剑、做操……有一天清晨，竺可桢刚一醒来，就听到"轰隆隆"的雷声，从窗户往外一瞧，密密麻麻的雨点下得正紧。"今天还要不要按时起床锻炼呢?"他刚犹豫了一下，马上又坚定起来，"不行，有一回间断，就可能有第二回、第三回……"于是，他迅速起床，冒雨跑完了规定的路程。

就这样坚持了一个学期，竺可桢的体质明显增强了，他再也没请过一堂课的病假。这时，全班同学，包括过去讥讽他的那些同学，都异口同声地称赞他是"智体并重"的模范。

四、运动处方

（一）运动处方的概念

运动处方类似于医生给病人开的医药处方。运动处方是由运动处方师、运动健身指导人员、康复治疗师、社会体育指导员、医生等专业人员，根据锻炼者年龄、性别、健康状况、医学检查结果、体质测试结果、运动经历等，以处方的形式，制订系统性、个性化的体育健身活动指导方案。

知识延伸

制订运动处方的意义

科学性强：运动处方的制订和实施过程是严格按照康复体育、临床医学、运动医学等学科的要求进行的，有较强的科学性。按运动处方进行锻炼能在较短时间内取得明显的效果。

计划性强：目的明确，锻炼得法，可提高健身兴趣，使锻炼者易于坚持。

安全可靠：指针对性强，可以科学地监控运动负荷和评定运动效果，防止因负荷过大出现事故，而负荷小又不起作用。

名人名言

一个埋头脑力劳动的人，如果不经常活动四肢，那是一件极其痛苦的事情。

——列夫·托尔斯泰

(二)运动处方的内容

运动处方一般包括六项内容，即运动目的、运动种类、运动强度、运动时间、运动频率、注意事项。其中运动种类、运动强度、运动时间、运动频率称为运动四要素。

1. 运动目的

锻炼者因性别、年龄、职业、爱好和身体健康状况各有不同，其运动目的也各不相同，如强身健体、防治疾病、健美塑形、消遣娱乐及提高运动成绩等。所以运动处方的内容要根据运动目的来选择。

2. 运动种类

为锻炼者提供最适宜的运动方式是运动处方的重要功能。在运动处方中，选择运动种类的条件是经过医学检查获得许可，运动量和运动强度符合个人的体力，过去的运动体验与个人喜欢的项目一致，场地、设备器材适合，有同伴来指导者等。

现代运动处方中，运动形式包括以下三类。

第一类：有氧耐力运动，如步行、慢跑、游泳、骑自行车、滑冰、滑雪、划船、跳绳、上楼梯及跑台运动等。

第二类：伸展运动及健身操，如广播操、太极拳、八段锦、舞蹈及各类医疗体操和矫正体操等。

第三类：力量性运动，如杠铃、哑铃、综合力量训练器等。力量性锻炼应采用中等强度的、以锻炼肌肉为主的力量训练。

3. 运动强度

运动强度是运动处方定量化和科学化的核心要素。运动强度可根据锻炼时的心率、主观感觉程度进行定量化。

(1)心率。心率是确定和监控运动处方强度的最常用指针，主要有以下几种测算方法。

① 年龄减算法：运动适宜心率＝180－年龄，此法适用于身体健康的人。如果是 60 岁以上或体质较差的中老年人，应用“170－年龄”。

② 靶心率或运动适宜心率是指能获得最佳效果并能确保安全的运动心率。以最大心率的60%～85%为运动的靶心率(适宜心率)。

通常用极限或症状限制性运动试验确定最大心率，对于健康的人也可根据年龄来推算。

一般人：最大心率＝220－年龄

经常锻炼的人：最大心率＝210－0.8×年龄

(2)主观感觉程度。主观感觉程度是介于生理学和心理学之间的一种指针，可反映个体在锻炼时感觉到的真正用力程度。

4. 运动时间

运动处方中的运动时间是指每次运动的持续时间。由于运动时间和运动强度的乘积决定运动量，对于等量的运动量，因运动目的和运动项目的不同而有运动强度和运动时间不同的处方。以健身为目的的运动，采用强度小而时间长的处方效果好；对于青少年，则多用短时间的剧烈运动的处方。据研究，每次进行20～60分钟的耐力性运动是比较适宜的，从生理上来说，5分钟是耐力运动取得效果所需的最短时间，60分钟是最大限度的时间，否则会出现疲劳，影响工作和学习。

(1)必要的运动时间。一次必要的运动时间，要根据运动强度、运动频率、运动目的、年龄及身体条件等而定。一次运动时间应包括准备活动、正式锻炼及放松活动三部分，准备活动5～8分钟，维持目标强度至少5分钟，放松活动3～5分钟。因此，一次运动从开始到取得锻炼效果至少需要20分钟。

(2)时间和强度的配合。每次持续时间和运动强度的配合，可明显地改变运动量。一般来说，健康的成年人宜采用中等强度长时间的运动；体力弱而时间充裕的人，可采用小强度长时间的配合；体力好但业余时间不充足者，可采用中大强度的短时间重复积累运动方式。

5. 运动频率

运动频率是指每周的运动次数。有关专家的研究结果表明：每周运动1次，运动效果不积累，肌肉酸痛和疲劳每次都发生，运动后1～3天身体不适，且易发生伤害事故；每周运动2次，酸痛和疲劳减轻，效果有少许积累，但不明显；每周锻炼3次，不仅效果充分积累，也不产生疲劳；如果提高运动频率为每周4～5次，效果也会相应提高。

6. 注意事项

运动处方的主要注意事项有以下三个方面：一是指出禁忌的运动项目和某些易发生危险的动作；二是每次锻炼前后都要做好充分的准备活动和整理活动；三是明确停止运动的标准，如运动中出现头晕、头痛、眼花、胸痛、心慌、恶心、呕吐等情况时应减少运动量或停止运动，运动中出现损伤或运动性疾病应停止运动。

思政元素

黑龙江省龙江县科学组织役前训练
——为预定新兵开具“运动处方”

2021年9月8日，黑龙江省龙江县征兵办组织预定新兵役前训练中期体能考核，引体向上、仰卧起坐等课目合格率100%，3000米跑合格率比上半年役前训练最终成绩提高15%。考核结果令人满意。

龙江县人民武装部领导介绍，上半年役前训练期间，他们按照部队《军事体育训练大纲》要求，组织预定新兵进行了体能考核，但成绩不尽如人意。

龙江县人民武装部领导在调查中发现，除预定新兵体能素质弱以外，个别训练教官对体能训练同样缺乏科学性的指导。党委会上大家意见一致：转变训练观念，不能因担心预定新兵吃不消而降低标准，要结合预定新兵自身实际，量身定制“运动处方”，才能为部队输送优质兵员打牢基础。

下半年役前训练筹备阶段，他们组织教官到市体育高级职业学校进修，并请体能训练、卫生等方面的专家，制定科学规范的体能训练内容和方法，及时纠正不符合人体运动规律的训练方法。训练中，他们把预定新兵的体能训练分为前、中、后三期进行：前期打牢基础，中期循序渐进，后期则巩固提高，逐步加大训练强度，使预定新兵逐渐适应强度大、时间长的体能训练。他们还根据摸底结果，针对个别预定新兵体能偏弱的特点，灵活组训、因人施训。

（资料来源：《中国国防报》，2021 年 9 月 13 日，有改动）

教学检测

1. 在学习体育技能和安排运动负荷时，由小到大、由简到繁、由易到难逐渐进行的原则是（　　）。

A. 循序渐进原则　　B. 全面发展原则　　C. 因人而异原则　　D. 持续性原则

2. 锻炼者在不负氧债的情况下进行身体锻炼的方法是（　　）。

A. 有氧锻炼法　　B. 间歇锻炼法　　C. 持续锻炼法　　D. 循环锻炼法

3. 人体在运动过程中表现出来的活动能力是指（　　）。

A. 肌肉力量　　B. 心理素质　　C. 文化水平　　D. 运动能力

4. 人体迅速改变体位、转换动作和随机应变的能力是指（　　）。

A. 积极性　　B. 灵敏性　　C. 准确性　　D. 柔韧性

5. 包括运动目的、运动种类、运动强度、运动时间、运动频率、注意事项的一般是指（　　）。

A. 医学处方　　B. 药方　　C. 诊断书　　D. 运动处方

思政园地

高扬爱国主义伟大旗帜　澎湃新时代体育力量
——竞技体育十年锻造铁军

精神的旗帜指引奋进的方向，体育的力量镌刻时代的荣光。党的十八大以来，在以习近平同志为核心的党中央坚强领导下，我国体育事业不断开新局谱新篇，实现历史性新跨越。中国体育健儿高扬爱国主义伟大旗帜，勇担使命、奋勇争先、屡创佳绩，中华体育精神绽放出更加耀眼的时代光芒。北京冬奥会、冬残奥会广大参与者珍惜伟大时代赋予的伟大机遇，共同创造了胸怀大局、自信开放、迎难而上、追求卓越、共创未来的北京冬奥精神，在建设体育强国的新征程上凝聚起澎湃的体育力量。

体育精神闪耀时代光辉

体育承载着国家强盛、民族振兴的梦想。进入中国特色社会主义新时代，中国体育的丰富实践与深入探索让以“为国争光、无私奉献、科学求实、遵纪守法、团结协作、顽强拼搏”为主要内容的中华体育精神展现出更加生动的时代气质。无论是女排精神还是登山精神，都在新时代的实践中形成了更加丰富的时代内涵。

2016 年里约热内卢奥运会上，中国女排不畏强手，敢于胜利，时隔 12 年再夺奥运冠军。中国乒乓球队则是继北京和伦敦奥运会之后，第三次包揽乒乓球项目的全部奥运金牌。不论能否夺得冠军，中国选手勇于迎难而上的气质，敢于争胜的决心都给人们留下了非常深刻的印象。

2019 年 4 月 29 日，中国选手马龙在布达佩斯世乒赛男单决赛中以 4∶1 击败瑞典选手法尔克，实现了个人的世锦赛男单三连冠。赛后马龙既用汉语自豪地表达了“我代表中国”，又用英语向全场球迷自信地喊出了“我是中国制造”！如今，新时代的中国体育人正在以更加自信的表达，传递体育精神，传播中国声音，激扬文化自信，凝聚中国力量。

继里约热内卢奥运会夺冠之后，中国女排在 2019 年女排世界杯赛上以十一连胜的骄人战绩夺得冠军，成就世界大赛“十冠王”。习近平总书记在会见中国女排代表时指出：“广大人民群众对中国女排的喜爱，不仅是因为你们夺得了冠军，更重要的是你们在赛场上展现了祖国至上、团结协作、顽强拼搏、永不言败的精神面貌。”历久弥新的女排精神继续在新时代闪耀世界舞台，成为激励国人接续奋斗、自强不息的精神符号。

2020 年 5 月 27 日，在人类首次从珠穆朗玛峰北坡登顶 60 周年之际，中国测量登山队克服不利天气条件，顶住两次出发两次回撤的压力，在第三次冲顶时抓住机会成功登顶，并创造了在珠峰峰顶停留 150 分钟的最长时长纪录。队员们在峰顶树立起测量觇标，使用国产仪器接收北斗卫星导航系统信号，使用国产雪深雷达探测仪探测峰顶雪深，使用国产重力仪进行重力测量，为珠峰重测身高。伴随着技术的进步和日益强大的科技支撑，登山精神在新时代绽放出新的光彩。

爱国主义旗帜高高飘扬

厚植爱国情怀，激励求实创新，永葆奋斗底色，中华体育精神深度参与着青年一代世界观、人生观、价值观的塑造，在新时代以蓬勃活力激励着中国体育健儿自觉把青春奋斗融入党和人民事业，让爱国主义旗帜在竞技赛场高高飘扬。

2020 年夏天，中国射击队、中国击剑队等队伍在北京最为炎热的时节进行了为期 8 周的军训。全体运动员、教练员和保障人员成功完成了部队新兵的主要训练科目，用高标准的训练铸就了新时代体育健儿的精气神，为期 8 周的军训既锤炼了意志，补强了短板，也增强了队员们决战东京的信心。当时在军训后的首次队内考核中，杨倩就在女子 10 米气步枪决赛中打出了超出世界纪录 0.3 环的成绩。在夺得东京奥运会首金后，杨倩动情地表示：“这枚金牌是献给建党百年最好的礼物。”在备战东京奥运会的过程中，中国射击队以“祖国在我心中”主题教育为主线，坚持党建与训练备战工作相互融合、相互促进，引领奥运备战向前推进。张常鸿在拿到奥运会男子 50 米步枪三姿金牌后说：“在我顶不住的时候，明显能感觉到是信念支撑着我，那是为了在东京奥运会上升国旗、奏国歌的信念。”

有“梦之队”美誉的中国跳水队在东京奥运周期非常重视以思想建设和作风建设推动奥运备战和国家队建设，狠抓队伍管理，严明纪律，不断提升运动员、教练员的思想境界，树立新时代中国运动员的良好形象，增强“不忘初心、牢记使命”“使命在肩、奋斗有我”的坚定信念，整支队伍凝聚起了强大的向心力和战斗力，最终在东京奥运会上创造了 7 金 5 银的历史最佳战绩。

作为东京奥运会上夺得奖牌数量最多的中国选手，张雨霏在女子 200 米蝶泳决赛中以打破奥运会纪录的成绩夺得冠军，仅仅相隔几十分钟，她又和队友汤慕涵、杨浚瑄、李冰洁一起刷新女子 4×200 米自由泳接力世界纪录，为中国队再添一金。谈到接力中自己最后 50 米的那股子冲劲，张雨霏激动地说："就是那种中国力量，你知道吗，从心底里燃起来，就不服输，我一定要跟你拼了。"

秉初心，为国战。在东京奥运会上，从初出茅庐就从容不迫的"05 后"小花全红婵到坚守初心为国而战的吕小军、马龙、苏炳添等老将，这些新时代的体育健儿始终高扬爱国主义伟大旗帜，在关键时刻站得出来、拼得出去，展现了新时代中国青年"使命在肩、奋斗有我"的精神风貌，展示了新时代中国可信、可爱、可敬的大国形象，谱写了中国体育事业发展的新篇章。

伟大的事业孕育伟大的精神

建功新时代，一起向未来。发展体育事业不仅是实现中国梦的重要内容，还能为中华民族伟大复兴提供凝心聚气的强大精神力量。冬奥梦和中国梦的精彩交织，不仅成功改变了我国竞技体育"夏强冬弱、冰强雪弱"的传统局面，也在奋斗中收获了丰厚的精神财富。

2022 年 1 月 4 日，习近平总书记在北京考察冬奥会、冬残奥会筹办备赛工作时勉励冬奥健儿："希望大家增强为国争光的志气和勇气，坚持拼字当头，敢于拼搏、善于拼搏，在奥运赛场展现新时代中国运动员的精神风貌和竞技水平，力争在竞技上、道德上、风格上都拿最好的奖牌。"相比夏季奥运会项目，我国冰雪运动的基础比较薄弱，北京冬奥会备战形势异常严峻、任务非常艰巨。实现"参赛出彩"的目标必须提升敢打硬仗、能打硬仗、能打胜仗的能力，必须增强拼字当头、敢于拼搏、善于拼搏的志气和勇气。唯其艰难，才更显勇毅；唯其笃行，才弥足珍贵。"扩面、固点、精兵、冲刺"，一年一个目标，一步一个脚印，从全项目开展、全项目建队、全项目备战，再到"打造精锐之师""锻造精勇之士""明确精准目标""抓实精细训练""强化精致保障"，一支支能打硬仗、作风优良的冰雪项目国家集训队从无到有建立起来、成长起来，并迅速肩负起为国争光的重任。时不我待，只争朝夕，冰雪健儿直面挑战、勇挑重担，强体能、补短板，瞄准弱项，突破攻坚，将汗水挥洒在冰天雪地上。

北京冬奥会是我国在"两个一百年"奋斗目标历史交汇点上举办的一次重大标志性活动。中国冰雪健儿牢记党和人民嘱托，在冬奥赛场上敢打敢拼、超越自我，生动诠释了奥林匹克精神和中华体育精神。中国体育代表团首次实现全项参赛，勇夺 9 金 4 银 2 铜共 15 枚奖牌，创造了我国参加冬奥会的历史最好成绩，实现了运动成绩和精神文明双丰收。

最是精神动人心。在建设体育强国的新征程上，新时代的体育健儿正以昂扬向上的精神风貌吸引着众多青年人画出巨大同心圆，为实现中华民族伟大复兴的中国梦汇聚起自强不息、奋发图强的磅礴力量。

（资料来源：《中国体育报》，2022 年 5 月 19 日，有改动）

讨论：

1. 中国的体育事业为何能不断发展壮大？
2. 从中国体育健儿身上，你看到了哪些体育精神？
3. 结合材料和所学知识，谈谈在建设体育强国的新征程上青年学生可以做些什么。

第三章 体育锻炼中的卫生保健和运动损伤

育人目标

◎培养安全意识和防范能力，提高危险来临时的应对能力。

◎积极投身体育锻炼，既能好好学习，又能提高身体素质，做到德智体美劳全面发展，将来成为祖国建设的栋梁之材。

◎提升对运动损伤的认知和诊疗意识，树立“早发现、早治疗”的观念，健康运动，快乐生活。

学习目标

◎了解保持运动卫生及保健按摩的方法。

◎充分认识运动损伤，了解运动损伤的预防原则以及常见运动损伤的处理方法。

情境导入

为户外运动系上“安全绳”

近日，为进一步提升户外体育赛事活动安全监管水平，提高应急处置能力，国家体育总局发布了《关于进一步加强户外运动项目赛事活动监督管理的通知》(以下简称《通知》)。

《通知》指出，地方各级体育部门要按照属地管理原则，加强对所辖区域户外运动项目赛事活动的事中事后监管。要全面了解辖区内适合举办户外运动项目赛事活动的自然资源和环境条件，主动会同有关部门，建立部门协同工作机制，出台具体监管办法，指导本地区户外运动项目管理中心和协会加强行业自律，履行行业管理职责。

此外，要加强对户外运动项目赛事活动组织者及相关从业人员在专业技能、应急救治以及防止运动伤害、防范安全风险等方面的培训。

近年来，随着全民健身的普及发展，马拉松、徒步越野、山地自行车赛等户外运动越来越受欢迎。这些赛事活动既能锻炼身体又能“打卡”沿途风景。

户外运动特别是其中的极限项目，具有一定专业性，也极易受天气、地形等各种因素影响。随着户外运动的不断升温，因为赛事保障尤其是安全监管不到位而导致的意外事件也随之增加。

根据中国登山协会登山户外运动事故研讨小组的不完全统计，2019 年发生意外事故的户外赛事活动参与总人数 2055 人，其中受伤事故 82 起，死亡事故 49 起，无人员伤亡事故 140 起。

2021 年 5 月，发生在甘肃省白银市景泰县的山地马拉松赛事 21 名选手遇难的悲剧震惊全国。这是一起由于山地越野赛在强度最高、难度最大赛段遭遇大风、降水、降温等突发极端天气，赛事组织管理不规范、运营执行不专业，导致重大人员伤亡的公共安全责任事件。意外发生后，引发全民对户外运动安全的深刻反思。

国家体育总局相关公告强调，要进一步提升体育赛事活动安全监管水平，提高应急处置能力，确保人民群众生命安全、身体健康和财产安全，要建立健全体育赛事活动“熔断”机制。要按照“尽职免责、失职追责”原则，建立全过程、各主体责任追究机制。

对此，国家体育总局相关领导表示，现在户外运动发展迅速，参与人数不断增长，监管也要跟上去。“一方面要确保赛事的安全底线，另一方面也要加强引导，提高安全服务水平”。

近年来，随着人们对冰雪运动热情的持续高涨，冬季户外运动参与人数不断增多。然而，由于管理方面仍存在漏洞以及部分参与者安全意识的淡薄，越野滑雪、单板速降等冬季户外运动也不时出现意外事故，甚至造成人员伤亡。

对此，张家口云顶滑雪公园的滑雪教练任鸿生认为，虽然现在滑雪场的安全措施越来越细化，但滑雪者自己要有安全意识。“不能把无知当无畏，参加滑雪等冬季户外运动一定要结合自身情况量力而行，千万不能逞能”。

经常参加马拉松、自行车骑行等户外运动的资深选手赵俊提醒大家，守护户外运动安全，选手自身要做到两点：一是确认线路安全。户外越野运动环境复杂多变，选择安全可靠的赛道、线路是基础；二是一定要根据自己的身体状况，选择适合的赛事，平时注意掌握安全急救知识，以备不时之需。比如出现运动呕吐的情况自己应该怎么做，要提前掌握这些知识，不打无准备的仗。

（资料来源：《工人日报》，2022 年 4 月 6 日，有改动）

第一节 体育锻炼中的卫生保健

一、运动卫生

（一）环境卫生

田径场跑道应结实、平坦、无浮土、富有弹性。投掷区还应有明确划分，一个投掷区内不允许同时进行几种投掷运动，不允许面对面投掷，铁饼和链球场应设置护笼等。

球类场地的四周 2.5 米范围内不应放置任何障碍物，以免碰伤。篮球场、排球场应平坦、结实。

体操器械要符合标准，进行体操练习时器械下面应有垫子，注意加强设备隐患排查。

不建议在江河湖泊里游泳，以免发生危险。在游泳池游泳时要先进行淋浴、洗脚、踏经消毒池，以减少池水的污染。凡经医生检查患有肝炎、肺结核、肠道传染病、皮肤病、眼结膜炎、中耳炎等均不得入池游泳。

(二)衣着与器材卫生

运动衣着和运动鞋应符合运动项目的要求，并具有透气性、吸湿性等性能。运动衣着要选择轻便、舒适、美观大方的款式。夏季应选择浅色薄运动衣裤，冬季应选择保暖又不妨碍运动的款式。运动衣裤要勤换、勤洗，以免汗液滋生细菌。

运动器械要安装得当，并注意检查维修，防止生锈以及连接处脱落。健美、举重类器械用后归回原处；体操垫应硬度适中，并保持整洁、美观。

(三)锻炼卫生

机体与外界环境通常保持平衡状态，但也时常受到外界因素，如阳光、空气和水的影响。经常进行户外锻炼能增强机体对上呼吸道感染疾病的抵抗力，增强机体对外界环境的适应力。但进行锻炼时必须循序渐进，实施全面锻炼原则，并根据自己的年龄、健康状况、运动水平来选择锻炼方法。

二、保健按摩

保健按摩是人类在同疾病与死亡斗争中产生并发展起来的一种保健方法，在我国有悠久的历史，是中华民族的宝贵财富。不论过去、现在，还是将来，保健按摩对于人们强身健体、延年益寿都起到一定作用。

(一)保健按摩的概念

保健按摩是指医者运用按摩手法，在人体的适当部位进行操作所产生的刺激信息通过反射方式对人体的神经体液调整功能施以影响，从而达到消除疲劳、调节体内环境、增强体质、健美防衰、延年益寿的目的。

随着市场经济的发展和人们物质生活水平的逐步提高及人们的健康的需要，各种保健按摩服务行业应运而生，如保健按摩、运动按摩、减肥按摩等。

(二)保健按摩的方法

按摩在我国已流传了 2000 多年，有调节神经功能、促进血液循环、提高机体抗病能力、舒筋活络、消炎散淤止痛的作用。

1. 一指禅推法

(1)指端一指禅推法。以拇指的指端着力于一定部位或穴位，通过指间关节的屈伸和腕关节的摆动，产生的力持续地作用在治疗部位上。在操作时应注意沉肩、垂肘、悬腕、掌虚、指实、紧推、慢移。

(2)偏峰一指禅推法。以拇指的偏峰着力于一定部位或穴位，通过指间关节的屈伸和腕关节的摆动，产生的力持续地作用在治疗部位上。在操作时应注意沉肩、垂肘、指实、紧推、慢移。

(3)螺纹面一指禅推法。以拇指的螺纹面着力于一定部位或穴位，通过指间关节的屈伸和腕关节的摆动，使产生的力持续地作用在治疗部位上。在操作时应注意沉肩、垂肘、悬腕、掌虚、指实、紧推、慢移。此方法也可以用拇指的螺纹面着力于一定部位，其余四指附着于肢体的另一侧，通过指间关节的屈伸和腕关节的摆动，使产生的力持续地作用在治疗部位上。

(4)跪推法。以拇指指间关节的背部桡侧着力于一定部位，通过腕关节的摆动，产生的力持续地作用在治疗部位上。

(5)蝶推法。以两手同时在患者前额部做偏峰一指禅推法，称为蝶推法。

2. 滚法

(1)侧滚法。用手背近小指侧着力于一定部位，以小指掌指关节背侧为支点，肘关节微屈并放松，靠前臂的旋转及腕关节的屈伸，使产生的力持续地作用在治疗部位上。

(2)立滚法。用小指、无名指、中指背侧及掌指关节着力于一定部位，以小指掌指关节背侧为支点，肘关节伸直，靠前臂的旋转及腕关节的屈伸，使产生的力持续地作用在治疗部位上。

3. 揉法

(1)指揉法。用指端着力于一定部位或穴位，做轻柔缓和的环旋活动。

(2)掌揉法。用手掌着力于一定部位，做轻柔缓和的环旋活动。

(3)鱼际揉法。用手掌的大鱼际或小鱼际着力于一定部位，做轻柔缓和的环旋活动。

(4)掌根揉法。用掌根着力于一定的部位，做轻柔缓和的环旋活动。也可双掌重叠，以掌根着力于一定部位，左右方向地用力按揉。

(5)前臂揉法。用前臂的尺侧着力于一定部位，用力做环旋揉动或左右揉动。

(6)肘揉法。用尺骨鹰嘴着力于一定部位，用力做环旋揉动或左右揉动。

4. 按法

(1)指按法。用拇指指端螺纹面按压在体表，其余四指自然伸直放松，拇指垂直向下用力按压，用力要由轻到重。

(2)掌按法。用单手或双手手掌掌面紧贴体表，手指自然放松，腕关节稍背伸，若力量不足，上半身前倾，将部分上半身重力通过肩、肘传至手掌，垂直于治疗部位向下按压，用力方式同指按法。

(3)肘按法。将肘关节屈曲，用突出的尺骨鹰嘴着力按压。适用于背、腰以及臀部、大腿等肌肉丰满的部位。

5. 摩法

(1)指摩法。食指、中指、无名指、小指四指并拢，掌指关节自然伸直，腕部微悬屈，以指面着力，附着在体表一定的部位或穴位上，前臂主动运动，通过腕关节做顺时针或逆时针方向的环形按摩。

(2)掌摩法。掌指关节自然伸直，腕关节微背伸，用掌面着力，附着在体表一定部位上，腕关节放松，前臂主动运动，通过腕关节连同着力部分做顺时针或逆时针方向的环形按摩。

6. 捏法

(1)三指捏法。用拇指与食指、中指两指夹住一定部位，相对用力挤压。

(2)五指捏法。用拇指与其余四指夹住一定部位，相对用力挤压。在相对用力挤压时要循序而下，均匀而有节律性。

7. 拿法

拿法主要有三指拿法、四指拿法、五指拿法三种，是指用拇指与其他手指相对用力，用腕关节的力量向上提拿一定部位或穴位，继而放下，持续有节律的重复操作。

8. 点法

用拇指指端着力于一定部位或穴位，其余四指自然屈曲握空拳，肩肘放松，上臂主动发力，通过肘、腕关节传导，使力量持续向下点压。

知识延伸

眼保健操（北京新版）

第一节：按揉攒竹穴

用双手大拇指螺纹面分别按在两侧穴位上，其余手指自然放松，指尖抵在前额上。随音乐口令有节奏地按揉穴位，每拍一圈，做四个八拍。

第二节：按压睛明穴

用双手食指螺纹面分别按在两侧穴位上，其余手指自然放松、握起，呈空心拳状。随音乐口令有节奏地上下按压穴位，每拍一次，做四个八拍。

第三节：按揉四白穴

用双手食指螺纹面分别按在两侧穴位上，大拇指抵在下颌凹陷处，其余手指自然放松、握起，呈空心拳状。随音乐口令有节奏地按揉穴位，每拍一圈，做四个八拍。

第四节：按揉太阳穴刮上眼眶

用双手大拇指的螺纹面分别按在两侧太阳穴上，其余手指自然放松，弯曲。伴随音乐口令，先用大拇指按揉太阳穴，每拍一圈，揉四圈。然后，大拇指不动，用双手食指的第二个关节内侧，稍加用力从眉头刮至眉梢，两个节拍刮一次，连刮两次。如此交替，做四个八拍。

第五节：按揉风池穴

用双手食指和中指的螺纹面分别按在两侧穴位上，其余三指自然放松。随音乐口令有节奏地按揉穴位，每拍一圈，做四个八拍。

第六节：揉捏耳垂脚趾抓地

用双手大拇指和食指的螺纹面捏住耳垂正中的眼穴，其余三指自然并拢弯曲。伴随音乐口令，用大拇指和食指有节奏地揉捏穴位，同时用双脚全部脚趾做抓地运动，每拍一次，做四个八拍。

北京版新眼保健操图解如图所示。

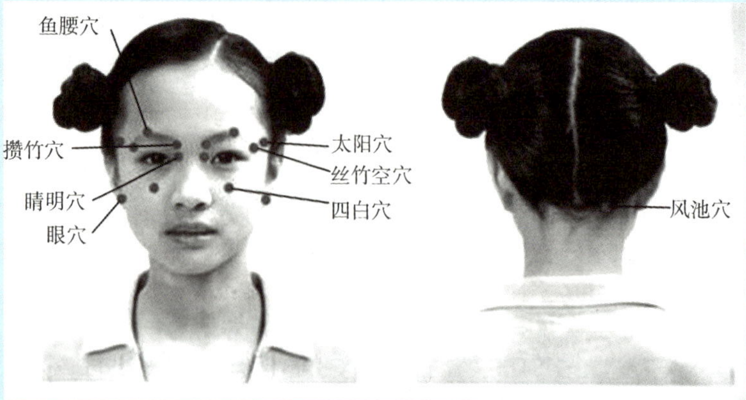

眼保健操(北京新版)图解

第二节 体育锻炼中的运动损伤

一、运动损伤的概念与分类

在体育运动中所发生的身体损伤，称为运动损伤。它与在生产或生活中发生的一般损伤有所不同，它的发生与运动训练安排、运动项目、技术动作、运动训练水平、运动环境及条件等因素有关。为了有效地预防和及时地处理好运动损伤，掌握运动损伤的分类、产生的主要原因和预防运动损伤的方法是非常必要的。

对运动损伤可作如下分类。

①按损伤组织可分为韧带拉伤、关节扭伤、四肢骨折、内脏损伤、脑震荡等。严重的运动损伤较少见，多数是肌肉、韧带、关节的损伤。

②按损伤组织是否有创口与外界相通可分为开放性损伤和闭合性损伤。开放性损伤是指损伤后皮肤的完整性遭到破坏，伤口与外界相通，如擦伤、刺伤与开放性骨折等；闭合性损伤是指损伤后皮肤仍保持完整，伤处无裂口与外界相通，如挫伤、关节扭伤、肌肉拉伤与闭合性骨折等。

③按伤情轻重可分为轻伤、中等伤和重伤。

④按损伤病程可分为急性损伤和慢性损伤。

二、运动损伤的预防原则

思政数字课堂

人们参加体育锻炼是为了增强体质，增进身心健康，促进德、智、体、美、劳全面发展。如果在体育锻炼时，不重视运动损伤的预防工作，没有采取积极的预防措施，就可能发生各类伤害事故，严重妨碍运动技术水平的提高，并造成不良的心理影响，轻者影响学习和工作，重者可造成残疾甚至危及生命。因此，积极预防运动损伤对广泛开展大众体育活动、体育教学和运动训练有重要的意义。

(一)加强思想教育

平时加强安全教育。在体育教学、运动训练和比赛中，要克服麻痹思想，认真贯彻以预防为主的方针，发扬良好的体育道德风貌。

(二)认真做好准备活动

剧烈运动前要认真做好准备活动，准备活动内容要根据教学训练和比赛内容而定，既要有一般性准备活动又要有专项性准备活动，准备活动最后部分的内容最好与课程的内容相似。对运动中负担较大和易伤的部位，要特别注意做好准备活动，适当地做一些力量练习和伸展性练习。

准备活动的量要根据自身情况、气候条件和教学训练或比赛情况而定。一般认为，兴奋性较低、锻炼基础或训练水平较高、运动持续时间较短或天气寒冷时，准备活动的强度可稍大些；相反，对于年龄小、基础差的运动员在运动持续时间长或天气炎热时，强度应小一些，时间应短一些。对于受伤部位的准备活动要谨慎小心，全套准备活动要循序渐进，准备活动的量以身体感到发热、微微出汗为宜。准备活动结束距正式运动时间不应过长，以 1～4 分钟为宜，在运动中若间歇时间过长或教学训练转项，都要补做准备活动或补做专项性准备活动。

(三)加强易伤部位的训练

循序渐进地加强易伤部位或相对较弱部位的训练，提高它们的功能，是预防运动损伤的一个积极手段。例如，为防止髌骨劳损，可采用站桩方法以增强股四头肌和髌骨功能；为了预防腰部损伤，除加强腰背肌训练外，还应加强腹肌力量训练；为预防股后肌群拉伤，要加强股后肌群的力量和伸展性训练；等等。

(四)加强保护和自我保护

自我保护在器械体操练习中十分重要，因为它是一项复杂多变、空中动作较多的项目，很容易发生技术错误或失手跌下，特别是学习新动作时，应有专人保护和帮助。每个参加体育锻炼的大学生都应该掌握自我保护的方法。例如，身体失去平衡时，要立即向前跨步或向后撤步，以保持身体平衡；当快要跌倒时，应立即低头、屈肘团身、顺势滚翻，不可直臂撑地；从高处跳下时，用前脚掌先着地后屈膝，以增强缓冲作用；等等。

(五)加强保健知识学习

不论是大学生还是经常参加体育锻炼的人，都应定期进行体格检查。患有各种慢性病的人，更要加强医学观察，进行定期或不定期检查。禁止伤病患者或身体素质不合格的人参加剧烈运动或比赛。做好自我保健工作，必要时要做医学检查。

要认真做好场地、器材和个人防护用具的管理和安全卫生检查。对已损坏的设备及时维修，禁止穿不合适的服装和鞋子参加运动。

平时要加强体育保健知识的学习，增强自我保健意识，提高遵守体育卫生要求的自觉性。

三、常见运动损伤及其处理方法

(一)韧带拉伤

韧带有较强的抗伤能力，以保护关节的正常活动，防止关节出现异常。但当外力使关节活动超越韧带所能承受的范围时，就会发生韧带拉伤。

韧带轻度拉伤，只是产生轻微的疼痛或局部水肿，对关节功能不会有明显的影响；严重时，会造成韧带撕裂，并丧失其功能。其主要症状表现为伤处疼痛、肿胀和皮下淤血。

处理方法：受伤后，应立即冷敷、加压包扎、抬高伤肢。24 小时后对伤部热敷或按摩，重度损伤乃至韧带撕裂时，可用绷带固定伤肢后立即送往医院治疗。

(二)腰部扭伤

人体的腰椎是由 5 块脊椎骨连接起来的。有很多韧带和细小肌肉群连接腰椎骨，腰部活动就是靠这些韧带、肌肉收缩牵动来进行的。但如果人体运动超越了肌肉韧带的伸展限度，或收缩不协调，就会造成腰部扭伤。腰部扭伤时，人会立即感到疼痛，有时会听到瞬间“咯咯”的响声，有时会出现肌肉痉挛，活动受阻。

处理方法：发生腰部扭伤后，应立即停止运动，让伤者平卧，一般不应挪动。如果疼痛剧烈，救护者应用担架移动伤者，尽快送往医院诊治。处理后，应卧硬板床，腰下可垫薄软枕头，以放松腰部肌肉，减轻疼痛。

(三)关节扭伤

关节没有充分准备时，过猛的扭转超过其正常的活动范围，撕裂附着在关节外面的关节囊、韧带及肌腱，就是扭伤，俗称“筋伤”，最常见于手腕及踝关节。扭伤的常见症状有疼痛、肿胀、关节活动不利等，肿胀及皮肤青紫、关节不能转动都是扭伤的常见表现。

处理方法：若手腕扭伤，应立即停止运动，然后用冰块冷敷，没有条件时，可用净水代替。检查手指的活动度，如果手指的伸直弯曲都受限或者末节手指呈下垂样，可能是发生了撕脱性骨折，应立即就医诊治。

若踝关节扭伤，则可以用毛巾包裹冰块外敷局部，48 小时后可以用热毛巾外敷(皮肤破损不严重时)。首先要强制休息，用枕头把小腿垫高，促进静脉回流、淤血消散。

(四)运动引起的腹痛

运动引起的腹痛常在中长跑和剧烈运动时发生。大量资料表明，在运动前准备活动不充分，或者运动前吃得过饱、饮水过多或者腹部受凉，都会使脏腑功能失调，引起腹痛；也有部分原因是运动时间过长或过于激烈，使下腔静脉压力上升，引起血液回流受阻；还有部分原因是呼吸节奏紊乱，引起膈肌运动失常，或者肝脾积气淤血，导致两肋部胀痛等。

处理方法：如果没有器质性疾病，一般采用减慢运动速度，进行腹式呼吸，按压疼痛部位等方法，短时间内即可减轻疼痛，直至消失；数分钟后，如果疼痛仍不减轻，甚至加重，就应停止运动，必要时可服相关药物，或揉按相关穴位。若仍不见效，则应送医就诊。

(五)骨折

骨的完整性遭到破坏的损伤，叫作骨折。骨折可分为闭合性骨折和开放性骨折两种。前者皮肤完整，容易治疗；后者皮肤破裂，骨折断处与外界相通，容易发生感染，较难治疗。运动中发生的骨折多为闭合性骨折，它是严重的损伤之一。骨折发生后，伤处立即出现肿胀、皮下淤血、剧烈疼痛等症状。活动时，疼痛加剧，肢体失去正常功能，肌肉发生痉挛。骨折部位可能变形，移动骨折部位时可听到骨擦音。严重的骨折常伴有大出血、休克等情况。

处理方法：

(1)保持伤者呼吸道畅通。

(2)防止伤者休克。

(3)临时固定伤者骨折肢体。

(4)拨打急救电话，及时将伤者送至医院治疗。

(六)运动性贫血

人体血液中红细胞数与血红蛋白量低于正常值，称为贫血。运动性贫血是指运动引起血红蛋白量减少，并低于正常值(男性的血红蛋白低于 12g/100mL，女性低于 10.5g/100mL)。通常情况下，女性发病率高于男性。

处理方法：适当减轻运动量，必要时进行休息。立即饮服糖开水或口服硫酸亚铁，并同时服用维生素 C 和胃蛋白酶合剂，这样有利于铁的吸收。

(七)运动性昏厥

运动过程中或运动后由于脑部短暂的供血不足或因脑血管发生痉挛，而出现一时性知觉丧失的现象，称为运动性昏厥。在日常生活中，长时间站立，过久下蹲后骤然起立，或者情绪过分紧张激动，或病后体弱参加剧烈性运动等情况都可能发生类似昏厥的现象。昏厥前，患者感到全身软弱，头昏眼花，面色发白；昏倒后，面色苍白、手脚发凉、出冷汗、脉搏减弱、血压下降、呼吸缓慢。

处理方法：发病时，立即让患者平卧，松解衣领，抬高下肢，按压人中穴、合谷穴，并从小腿向心做推摩和揉捏。如果有昏迷现象，应拨打急救电话，及时将伤者送至医院治疗。

(八)休克

休克的病因虽有许多种，但其共同的特点是生命重要器官的微循环血流发生障碍，导致新陈代谢紊乱。其症状是表情淡漠、反应迟钝、皮肤潮湿、四肢冷凉、脉搏弱而快、呼吸急促、血压有所下降等。很多严重的运动损伤都伴有休克现象，这时，必须马上采取措施，使休克者尽快苏醒。

处理方法：一般应让休克者平卧，下肢抬高，保持体温正常、呼吸畅通。掐人中等穴位使其尽可能快速苏醒。在一般处理后，应立即将休克者送往医院进行抢救。

思政元素

深圳医校合办夏令营，医学生沉浸式学习运动损伤的防与治

为更好地吸纳高质量的运动医学人才，传播运动损伤知识，深圳市第二人民医院运动医学科与深圳大学医学部将携手开展2023年暑期学校——运动损伤与诊治的多元模块化沉浸式学习。

据悉，在这个特别的暑期学校，医学生将有机会聆听行业“大咖”的讲座，领悟医学之道，与精英们深入交流；通过沉浸式体验手术医生、康复医生、运动处方师、运动爱好者等不同角色，对运动医学专业、运动损害健康知识有初步认识；初步了解深圳大学、深圳市第二人民医院及深圳的医疗环境；与深圳市第二人民医院的优秀导师们面对面交流，获得推免资格或优先录取资格。暑期学校还将与健康宣教科携手，就运动损伤知识进行大众健康科普，开展义诊、讲座等内容丰富的健康科普活动。

（资料来源：《深圳特区报》，2022年7月17日，有改动）

知识延伸

运动损伤的急救

急救是指对运动中突然发生的严重损伤进行初步紧急和临时性处理，以减轻患者痛苦，预防并发症，为转送医院进一步治疗创造条件。运动损伤的急救，是一项极为重要的工作，如处理不当，轻者加重损伤，导致感染，增加患者痛苦，重者致残，甚至危及生命。因此，急救者必须具有相关的专业知识，才能准确、合理、有效地采取急救措施。急救的方法通常有止血法、人工呼吸法、搬运法等。

教学检测

1. 在体育运动中所发生的身体损伤，称为（　　）。
A. 运动损伤　　B. 心理创伤　　C. 情感伤害　　D. 精神创伤
2. 按损伤病程，运动损伤分为急性损伤与（　　）。
A. 轻伤　　B. 重伤　　C. 中性损伤　　D. 慢性损伤
3. 人体的腰椎由几块脊椎骨连接？（　　）
A. 4块　　B. 5块　　C. 6块　　D. 7块
4. 骨头的完整性遭到破坏的损伤叫（　　）。
A. 骨痛　　B. 骨裂　　C. 骨刺　　D. 骨折
5. 运动过程中或运动后由于脑部短暂的供血不足或因脑血管发生痉挛，而出现一时性知觉丧失的现象，称为（　　）。
A. 骨折　　B. 贫血　　C. 运动性昏厥　　D. 休克

思政园地

爱国卫生运动创造“中国奇迹”

2022年是爱国卫生运动70周年。

爱国卫生运动不是简单的清扫卫生，而是从人居环境、饮食习惯、社会心理健康、公共卫生设施等多个方面开展工作，提倡文明健康、绿色环保的生活方式。

爱国卫生运动是中国共产党把群众路线运用于卫生防病工作的伟大创举和成功实践，创造了卫生与健康的“中国奇迹”。

全国地级以上国家卫生城市占比超60%

全国爱国卫生运动委员会(以下简称“全国爱卫会”)办公室、国家卫生健康委员会规划信息司相关负责人表示，爱国卫生运动这些年来围绕“健康环境促进”这样一个主题开展了很多工作。

打造健康环境，建设健康家园。启动第二轮城乡环境卫生整洁行动，对老旧小区、城乡接合部、农贸市场等重点区域场所开展环境卫生的集中整治。

涵养健康理念，提升健康素养。围绕疾病防控、健康生活方式等广泛地开展科普活动，特别是针对常态化疫情防控要求，在全国启动了倡导文明、健康、绿色、环保生活方式活动，引导广大公众将疫情防控中养成的一些好习惯、好做法长期坚持下去。

强化健康治理，助力健康中国建设。在全国全面开展卫生城镇创建和健康城镇建设，将健康融入城市规划、建设、管理全过程、各环节。目前全国地级以上国家卫生城市占比超过60%，打造了一批健康城市建设的样板市，为健康中国建设打下了坚实的基础。

在各地区各部门和社会各界的共同努力下，城乡人居环境不断优化，人群健康水平大幅提高，农村的卫生厕所普及率、城镇生活垃圾无害化处理率、空气质量等环境指标达标率以及人均预期寿命等健康指标均较十年前有明显提升。

“将健康融入所有政策”的理念得到实现

新冠疫情发生后，开展健康知识普及，树立良好的饮食风尚，推广文明健康的生活习惯，成为社会各界的共识。

对此，全国爱卫会办公室相关负责人表示，一直以来，群众都在广泛参与爱国卫生运动，比如疫情发生后，公众用实际行动积极投身到疫情防控之中，大家能够做到戴口罩、勤洗手、常通风、少聚集、用公筷、保持一米社交距离，主动学习健康知识，养成合理膳食、适量运动、戒烟限酒、心理平衡的良好生活习惯。这些看似简单的小事其实就是爱国卫生运动的主要内容。

十年来，通过持续推进爱国卫生运动的发展，中国的卫生健康事业取得巨大成就，实现了良好的社会效益。比如全民健康水平显著提升。通过开展广泛的健康科普活动，健康的理念和基本的技能日益深入人心，目前经常参加体育锻炼的人数比例达到37.2%，居民健康素养水平达到了23.15%，人均预期寿命达到77.3岁，人均健康状况大幅改善。

爱国卫生运动是具有中国特色的卫生工作方式，也为国际社会所称赞。世界卫生组织给予了“远在健康融入所有政策成为全球口号之前，中国就已经通过爱国卫生运动践行着这一原则”的高度评价。通过实施爱国卫生运动，“将健康融入所有政策”的理念在中国真正得到实现，并取得了良好效果。

健康城市建设进入快发展、显成效时期

《“健康中国2030”规划纲要》提出，要把健康城市作为健康中国建设的重要抓手。2016年，全国爱卫会全面启动了健康城镇建设工作。

“我们先后印发了健康企业、学校、社区等健康细胞和健康乡镇、健康县区建设的规范，打造了健康中国、健康城市、健康县区、健康乡镇、健康细胞这样一套全链条的建设体系，实际上把健康中国建设的目标任务，通过全国各地的城市县区一步步地落实落细。”全国爱卫会办公室相关负责人说，目前已经形成了党委领导、政府主导、多部门合作、专业机构支持、全社会共同参与的健康城市建设的工作格局。

在这个过程中，形成了“6+X”的建设模式。“6”就是建立党委和政府领导工作机制，制定健康城市发展规划，开展“健康细胞”建设，推进一批重点建设项目，建立全民健康管理体系，开展建设效果评价。

“X”是指推进特色建设，鼓励各个地方结合本地的实际来探索适合本地的建设模式。比如，四川省成都市形成了自上而下提升健康意识、自下而上汇聚健康细胞的建设模式，探索适合西部地区的建设路径。安徽省马鞍山市则以微城管、微细胞、微志愿“三微”行动为抓手，发动市民全方位地参与健康治理。

为了推进爱国卫生运动和健康中国行动，全国 15 个城市开展了“健康城市建设推进健康中国行动”的创新模式试点工作，将健康城市建设与妇幼健康促进、癌症防治行动相结合；同时，在健康城市建设中推动开展健康影响评估试点工作，加强影响健康的各类风险隐患的源头发现和早期控制，促进将健康融入所有政策。

通过近几年的工作，各地健康城市的综合指数和分指数稳步提升，人群健康状况持续改善，婴幼儿死亡率、5 岁以下儿童死亡率、孕产妇死亡率持续下降，达到或优于高收入国家平均水平。健康城市建设进入了快发展、显成效的重要时期。

把医院建设成为健康促进的场所

“健康中国，医者先行”。在实施健康中国战略、推进健康中国行动过程中，医院、医务人员发挥了主阵地、主力军的作用。

“医院是推动健康促进事业的一个核心机构。无论是医院还是医务人员，都是健康理念的倡导者，健康知识的传播者，同时也是健康行为的推动者。”北京协和医院相关负责人说，抗击新冠疫情期间，北京协和医院录制了如何进行规范消毒、洗手的小视频，推广“七步洗手法”，一上线点击量就破百万。

“从洗手这个简单行为，就可以看出医疗机构对健康促进工作所产生的重大推广意义。”北京协和医院相关负责人说，20 世纪五六十年代，以张孝骞、林巧稚、曾宪九、黄家驷教授为代表的医学大家，走入农村、走到田间地头，帮助改善农村医疗卫生理念，推动广大农民健康行为的改善和提高，编撰了《农村妇女卫生常识问答》等书籍推动健康知识传播。后来随着电视等媒体的推广，医务人员从幕后走到台前，更广泛地宣传健康知识，促进健康传播。

在健康促进方面，协和医院只是一个缩影，所有医疗机构都在践行。在健康促进工作中，医疗机构和医务人员正从以治病为中心向以人民健康为中心转变，治疗疾病过程中更加注意健康知识的普及、健康技能培训，让公众更关注到疾病预防以及病后的康复，从而真正提升公众健康水平。

（资料来源：人民网，2022 年 7 月 5 日，有改动）

讨论：

1. 爱国卫生运动创造了什么样的“中国奇迹”？
2. 爱国卫生运动对于体育锻炼有何借鉴意义？请结合材料和所学知识简要分析。

第四章 田径运动

育人目标

◎喜欢体育、参与健身、磨炼意志，促进身心健康成长。

◎通过参加田径运动，培养运动兴趣，建立规则意识，培养积极进取、勇敢拼搏的精神。

◎通过田径活动享受运动乐趣，养成终身运动的习惯，传播拼搏、团结、公平竞赛的体育文化。

学习目标

◎了解田径运动的各种项目。

◎掌握走、跑、跳跃、投掷等田径运动的基本技术。

情境导入

“发展体育运动，增强人民体质”题词70周年，中国田径协会首次推出大众田径健身达标系列赛圆满落幕

在毛泽东同志“发展体育运动，增强人民体质”题词70周年之际，中国田径协会在国家体育总局群众体育司指导下，联合地方田径主管部门，在严格执行疫情防控要求的前提下，倡导“安全、简约、活力、开放”的理念，因地制宜、因时制宜，采取线上线下相结合的方式，推出了田径全民健身活动新IP——大众田径健身达标系列赛。

自2022年6月11日起至7月13日，共有来自全国9个省区市的12场达标赛事成功举办(11场线下、1场线上)。参赛群众年龄从6岁至59岁，参赛总人数达6503人，其中达到大众田径健身活动标准的有2574人，达标率39%。赛事覆盖人群数量为471.1万人，赛事公众满意度抽调结果为93.5%。

本次系列赛由中国田径协会发起和指导，作为面向广大田径业余爱好者的赛事，协会通过设置包括28个小项、各9个等级的《大众田径健身活动达标标准》，让大众不但能够方便参与从100米到10000米各种距离的径赛项目，还可以挑战跳高、跳远、铅球等相对普及的田赛项目。选手通过参与不同年龄和人群组别的比赛，检验和挑战自身田径水平，其中达到大众或精英级别锻炼标准的选手，可以获得大众选手等级证书，并可以在中国田径协会的大众田径选手成绩库记录下自己的成绩和挑战晋级的历程。

作为路跑运动之外一项新的大众田径赛事IP，中国田径协会将“安全”理念放在首位。协会为赛事设计了安全办赛的三道防线：一是4月协会出台了《大众田径健身达标赛事办赛指南(试行)》等文件，为赛事组织者、参赛者提供专业的办赛和参赛技术指导；二是在赛事征集环节即要求赛事组织者需在属地体育部门指导下，提交竞赛组织、安全防范、应急处置和疫情防控“四个方案”，协会组织赛事陈述会议协助审核方案，将安全要求和落实举措工作前置；三是发动相关省级田径协会共同参与监管，发挥就近就便优势，选派属地比赛监督参与赛前、赛中的监督管理工作，确保大众在参与达标活动、享受专业田径赛事服务的同时，安全参与并留下满意的体验。

在确保“安全”的前提下，达标赛事组织还秉承“简约、活力、开放”和办“老百姓身边赛事”的理念。赛事提倡在保证公平基础上，简化流程、仪式和专业竞赛设施，提倡环保理念、降低办赛成本、简约办赛；通过公开征集，来自多个省市的田径协会、学校、专业体育赛事公司、体育俱乐部和体育中心等单位承办了赛事，在赛事组织形式上进行了不少创新，设计了“3000米公园跑”“10000米精英赛”“5K跑团联赛”等形式多样且参与性、趣味性强的项目，让田径赛事也充满了活力和吸引力；赛事范围除了覆盖福建、浙江、山东等经济发达地区，还包括了西藏、宁夏、广西3个少数民族自治区。值得一提的是，在西藏拉萨站比赛中，藏族、门巴族、洛巴族等少数民族跑步爱好者也参与了达标活动。此外，具体比赛举办的时间地点，从四川眉山清晨的苏堤公园到杭州亚运会场地晚间的黄龙体育中心，大江南北、清晨晚间，也体现了赛事形式的多样、活力和开放。

田径项目作为“运动之母”，在体育强国和健康中国建设中发挥基础性作用。本次系列赛的举办，为百姓提供了参与和体验田径运动的机会，展示了田径魅力，弘扬了挑战自我、坚忍不拔的田径正能量，在疫情防控常态化形势下，带动了田径全民健身的新热潮。接下来，田径协会将继续以“大众田径健身达标系列赛”作为窗口和载体，进一步倡导全民健身，发动社会力量参与，发挥基层赛事组织者的智慧和创意，为推动“让全民健身蔚然成风”贡献田径力量。

（资料来源：中国田径协会官方网站，2022年7月20日，有改动）

田径运动包括竞走、赛跑、跳跃和投掷等40多个单项以及由部分跑、跳、投等项目组成的全能运动。以时间计算成绩(走和跑)的项目称为径赛，以高度和远度计算成绩(跳跃和投掷)的项目称为田赛。田赛和径赛合称为田径运动。

第一节　跑

跑是人类的基本活动技能之一，它能使全身的肌肉有节律地收缩和松弛，是一种全身运动。跑包括短跑、中长跑和跨栏跑。

一、短跑

短跑是田径运动的基础项目，短跑竞赛项目包括 50 米、60 米、100 米、200 米、400 米及 4×100 米接力跑和 4×400 米接力跑。短跑按技术动作的结构可分为起跑、起跑后的加速跑、途中跑和终点跑 4 个部分。

(一)起跑

起跑的任务是使人体摆脱静止状态，为起跑后的加速跑创造条件。按田径竞赛规则要求，短跑比赛须使用起跑器。起跑器的安装方式有拉长式和普通式两种，通常使用普通式，它的安装为：前起跑器距离起跑线一脚半的距离，后起跑器距离前起跑器一脚半的距离，前后起跑器支撑面与地面分别成 45°和 60°左右，两起跑器的中轴线间隔距离为 15～20 厘米。

短跑比赛必须采用蹲踞式起跑，蹲踞式起跑包括各就位、预备和鸣枪三个阶段。

1. 各就位

各就位时，两手撑地于起跑线后，间距稍宽于肩，两臂伸直，两脚依次蹬在前后起跑器的抵足板上，后腿膝关节跪地(见图 4-1)。

图 4-1　各就位

2. 预备

预备时，逐渐抬起臀部，使臀部高于肩 10～20 厘米，身体重心适度前移，集中注意力听枪声(见图 4-2)。

预备

图 4-2　预备

3. 鸣枪

听到枪声瞬间，两手迅速推离地面，屈肘做有力地前后摆动，同时两脚快速用力蹬离起跑器，迅速转入加速跑阶段(见图 4-3)。

鸣枪后的后蹬启动

图 4-3　鸣枪后的后蹬启动

(二)起跑后的加速跑

起跑后的加速跑的任务是使人体获得最大的加速度，进入最快的途中跑。通常加速跑的距离为 30 米左右，在此过程中，技术上注意逐渐抬起上体，逐渐加大步幅和加快步频，逐渐使两脚跑进的轨迹趋向于一条直线(见图 4-4)。

起跑后的加速跑

图 4-4　起跑后的加速跑

（三）途中跑

途中跑的任务是保持最高跑速和较长的高速跑程。途中跑技术是短跑过程中最重要和最关键的技术，途中跑支撑与腾空交替，一个单步的动作由着地、缓冲、后蹬、腾空所组成，两个单步构成一个复步。

现代短跑技术注重前摆腿高抬，积极送髋，强调脚掌的“扒地”技术，动作快速有力，蹬摆配合协调而富有弹性，强调跑的过程中保持动作的连续性和直线性（见图 4-5）。

图 4-5　途中跑

途中跑

（四）终点跑

终点跑是全程跑的最后一段，任务是尽力保持最快的速度冲过终点。终点跑的技术与途中跑的技术基本相同，只是要求在离终点线 15～20 米时，尽量保持上体前倾角度，加快两臂摆动的速度和力量（见图 4-6）。当跑到距离终点线一步时，上体急速前倾，用胸部或肩部撞终点线后沿的垂直面，并跑过终点，然后逐渐减慢跑速，但不要立即停止跑动。

图 4-6　终点跑

知识延伸

短跑的运动特点与健身价值

短跑是短时间内持续高速跑的极限强度运动，它对下肢肌肉力量要求较大；运动强度极大，机体处于高度缺氧状况，氧债百分比高；依靠无氧代谢供能，要求运动员有较好的神经过程灵活性。

长期进行短跑练习，能较好地提高无氧代谢能力和机体抗缺氧能力，增强神经过程灵活性、神经肌肉协调性；能使心脏功能加强，表现为左心室壁肥厚，每搏输出量增加；另外，还可使下肢力量增加，速度素质提高。

思政元素

“95后”残奥冠军邓培程　田径赛场上的“飞人”

2021年9月4日，在广东省肇庆市怀集县怀城镇一户人家的电视机前，邓培程的母亲在一片欢呼声中激动地抱住身边的亲友，流下了开心的眼泪。电视机的画面里，邓培程刚在东京残奥会男子100米T36级决赛中，以11秒85的成绩打破残奥会纪录并夺得金牌。

1996年出生的邓培程，患有先天性脑瘫，身体四肢不协调，但他从小热爱跑步，展现出很强的运动天赋。2008年的一天，电视里正播放北京残奥会田径比赛，正在上小学的邓培程被勇敢追梦的残疾人运动员震撼，他在心中埋下“奥运梦”的种子，之后他便开始利用课余时间练习跑步。

转眼十年过去，广东省残运会召开在即，肇庆正招募田径运动员，邓培程主动自荐参加比赛。那是他首次参加广东省残运会，便一举勇夺5金、打破3项省纪录。正是那次运动会，让教练胡正观发现了邓培程这个“好苗子”，并极力邀请他加入自己的训练团队。

2019年，邓培程正式成为一名残疾人运动员，走上与训练、比赛为伴的竞技体育之路，他也付出了远超常人的汗水与艰辛。

2021年1月，邓培程右脚踝不慎崴伤，出征东京残奥会前，脚伤还未完全恢复。赛前，队医还在为他治疗伤病，双腿绑满了黑色的肌贴。在那场夺金的百米决赛中，当邓培程爆发出最高速度时，腿脚伤病又被触发，赛后疼痛感再次袭来，他说：“拼尽全力，跑的过程中忘记痛了。”

从“野生训练”到残奥会上夺冠，身残志坚的邓培程在追梦的路上，全力以赴、奔跑不止。

（资料来源：人民网，2022年7月20日，有改动）

二、中长跑

思政数字课堂

中长跑包括中距离跑和长距离跑，中距离跑通常指800米、1500米跑，是对速度耐力要求较高的项目。长距离跑通常指3000米及3000米以上距离跑的项目，它包括在跑道、公路上举行的长跑和越野跑。

中长跑各项目的完整技术均分为起跑、起跑后的加速跑、途中跑和终点跑。

中长跑的起跑采用站立式起跑(见图 4-7)，发令员的口令为“各就位”、鸣枪。途中跑是决定中长跑成绩的主要环节，跑时应强调轻松、省力、节奏稳定和连续性强，强调在获得一定匀速运动的基础上充分利用动作的惯性，尽可能减少体力的消耗。从跑步战术角度讲，冲刺速度快的运动员通常采用跟随跑方式，而速度耐力强的运动员常采用领跑方式。终点跑是临近终点的一段冲刺跑，终点冲刺的距离要根据项目、个人特点、训练水平、战术需要及比赛的具体情况而定。速度冲刺能力强的运动员往往在最后一个弯道突然加速，而耐力好的运动员多采用更长距离的冲刺跑。

各就位

各就位

起跑

起跑

图 4-7　站立式起跑

三、跨栏跑

跨栏跑是技术较为复杂的田径项目。跨栏跑比赛的项目有女子 100 米栏，男子 110 米栏，男子、女子 200 米栏和男子、女子 400 米栏等。每个项目都设十个栏架，但栏高和栏距不同。

跨栏跑比赛和短跑比赛一样，必须使用起跑器和蹲踞式起跑，起跑至第一栏起跨点一般采用 8 步起跨，起跑后上体抬起要比短跑时快。

跨栏跑技术分为过栏技术和栏间跑技术。

(一)过栏技术

跨越栏架的一步叫作跨栏步，包括起跨、过栏和下栏三个部分。

1. 起跨

起跨点距栏架约 2 米，随跑速、身体条件和技术特点不同稍有变化，因为起跨点的远近会影响过栏。距栏过近会使起跨蹬地角加大，身体腾起过高，妨碍过栏动作；起跨点过远则削弱蹬地力量，造成过栏困难，甚至腿部碰栏。

起跨前应保持较高的跑速，最后一步用前脚掌或脚外侧先着地，随着身体重心向前运动，起跨腿的膝关节微屈进行缓冲，此时腰部保持正直，髋部前移。身体重心移过支撑点后，起跨腿蹬伸加速上体前移，同时起跨腿由体后向前摆动，大小腿随惯性在体后开始折叠，夹角较小，脚跟尽量靠近臀部，膝关节向前，迅速向栏上方摆动，膝关节摆到超过腰部高度的同时完成鞭打动作。

在两腿蹬摆配合完成起跨动作过程中，上体随之加大前倾，摆动腿异侧臂向前方摆出，肘关节达到肩的高度，另一臂屈肘摆至体侧，整个身体集中向前用力，平衡舒展，形成良好的“攻栏”姿势(见图 4-8)。

图 4-8　起跨

起跨

2. 过栏

过栏是指起跨结束，即从身体转入无支撑阶段起到摆动腿过栏后着地为止的动作。此时，起跨腿已离开地面，摆动腿继续向栏架前上方“攻”摆，起跨腿与摆动腿之间在栏架前形成一个大幅度的“空中劈叉”动作(两腿夹角在 120°左右)。当摆动腿移过栏时，大腿带动小腿积极下压。同时，起跨腿带动小腿，屈膝外展勾脚尖，膝高于踝，脚尖高于脚跟，大小腿收紧(夹角小于 90°)，以膝领先经体侧向前提拉至胸前，两腿在空中形成一个协调有力的“剪绞”动作。与此同时，起跨腿同侧手臂向后弧形摆动。这个无支撑的腾空阶段，要特别注意上下肢动作协调配合、连贯和身体的平衡，尽量加快栏上的动作速度(见图 4-9)。

图 4-9　过栏

过栏

3. 下栏

当摆动腿过栏后，要积极下压形成“鞭打”动作。切栏而下后用前脚掌着地，踝关节缓冲，尽量保持膝、髋关节伸直，使着地点尽量靠近身体重心投影(见图 4-10)。起跨腿越过栏架后，应迅速提拉至胸前，小腿仍保持收起，准备跑出栏间第一步。此时，上体仍保持一定前倾，不要过早抬起，更不能后仰。摆动腿下栏的着地点离栏架在 1.50 米左右为宜，太远则产生制动，使动作停顿。

图 4-10　下栏

下栏

(二)栏间跑技术

栏间跑最好跑三步。这三步的长度各不相等，每步的步速和支撑、腾空时间的关系都有变化。栏间跑的技术主要是用前脚掌着地，保持较高的身体姿势跑，三步频率要快(见图 4-11)。过第十栏后，应逐渐前倾躯干并迅速大步跑向终点。

图 4-11　栏间三步跑

栏间三步跑

名人名言

我每看运动会时常常这样想：优胜者固然可敬，但那虽然落后而仍非跑至终点不止的竞技者，和见了这样竞技者而肃然不笑的看客，乃正是中国将来的脊梁。

——鲁迅

第二节 跳跃

跳跃运动是指运用人体的能力(或借助一定的器材)越过一定的高度障碍或越过一定的远度，是人体力量、速度、灵敏性的综合反映，技术要求高。

各类跳跃运动项目，按其动作过程的顺序和特征，分为助跑、起跳、腾空和落地(落垫)四个基本部分。

一、跳高

跳高是指人体通过快速助跑和有力起跳，采用合理的过杆姿势，使身体腾越过尽可能高的垂直障碍的运动项目。在跳高运动发展的一百多年里，曾出现过跨越式、剪式、滚式、俯卧式、背越式五种姿势。目前，在跳高竞技场上，背越式是最为流行的姿势。在学校体育教学中，跨越式跳高和背越式跳高经常被列为跳高项目的主要教学内容。这里仅介绍背越式跳高的基本技术。

背越式跳高的完整技术包括助跑、起跳、过杆和落垫四个部分。

(一)助跑

助跑的任务是使人体获得一定的预先速度和为起跳做好充分的准备。背越式跳高的助跑线大多采用“J”字形曲线。助跑的全过程，或者是一条近似抛物线，或者是一条直线与抛物线的结合。

背越式跳高采用8～12步助跑，有行进间起动和原地起动两种方式。无论采用哪一种起动方式，都要注意动作放松、保持速度与节奏的稳定。助跑的前段跑与普通加速跑相似。跑进时，身体重心高而平衡，上体适当前倾，后蹬充分有力，前摆积极抬腿，脚着地时靠近身体重心投影点，两臂配合大幅度地摆动。后段是弧线助跑4～5步，在弧线跑进时，身体逐步向内倾斜，加大外侧臂和腿的摆动幅度与节奏感，并自然加快步伐，最后一步最快(见图4-12)。

图4-12 助跑

助跑

(二)起跳

起跳点一般在近端跳高架立柱向内约 100 厘米、距横杆投影线 60～100 厘米的地面。助跑倒数第二步摆动腿屈膝支撑下压时，身体保持向圆心方向倾斜的姿势。在摆动腿进行有力的后蹬和积极送髋的同时，起跳腿以髋带动大腿，沿助跑弧线的切线快速用起跳腿以脚跟外侧先着地，并迅速滚动至全脚掌着地，脚尖朝向弧线的切线方向起跳。起跳放脚时身体仍保持向圆心方向倾斜并稍后仰，此时前后摆动的两臂屈臂摆至躯干的两侧。

起跳脚着地后，起跳腿及时屈膝缓冲，身体逐渐由倾斜转为竖直，身体重心轨迹和脚行进的轨迹重合。待缓冲结束，摆动腿屈膝摆至大腿与起跳腿几乎平行时，摆动腿的大、小腿折叠最紧。然后摆动腿沿助跑弧线方向由前摆转为向上并稍向内摆动，同时起跳腿进行有力的蹬伸，两臂配合腿部动作积极摆动，提肩拔腰，使身体向上腾起(见图 4-13)。

图 4-13　起跳

起跳

起跳时的摆臂方法有两种，一种是两臂同时向上摆动，另一种是摆动腿的同侧臂领先向上摆动。摆动腿和两臂摆到一定位置时要同时制动，这样有利于增加起跳蹬地的力量，提高身体重心，产生身体在空中的旋转力和连接过杆动作。在保证动作幅度的前提下，起跳腿应积极蹬伸，快速完成起跳动作，缩短起跳时间。

(三)过杆和落垫

人体腾空后，逐渐转为背对横杆的姿势，摆动腿自然下放。头、肩部过杆后，及时仰头、收肩、展髋，两臂放于体侧，提臀挺髋，弯曲的两腿稍向外分开，小腿下垂，身体呈反弓形。然后肩部继续下沉，髋部上挺，使两膝上升。臀部过杆后，及时低头含胸，小腿上举，使整个身体依次越过横杆(见图 4-14)。过杆后，肩、背部先落于海绵垫上(见图 4-15)。

图 4-14　过杆

过杆

落垫

图 4-15　落垫

小贴士

决定跳高成绩的主要因素：运动学因素(腾起初速度、腾起角度)、动力学因素(下肢伸肌最大快速力量、下肢退让收缩能力)、身体形态(身高、下肢长)、心理因素(动机、焦虑水平)。

当前跳高运动的发展逐渐趋向于以速度为核心，其特征是“快”，即要求助跑速度快、起跳速度快、过杆速度快。

二、跳远

跳远也叫急行跳远，是指人体通过快速助跑和有力起跳，采用合理的空中姿势和动作，使身体尽可能腾越远的水平距离的运动项目。跳远的完整技术包括助跑、起跳、腾空和落地四个部分。

(一)助跑

助跑是为了获得最大的水平速度，并为踏板和起跳做准备(见图 4-16)。

助跑

图 4-16　助跑

(1)助跑的开始姿势有两种。一种是从静止状态开始，一般采用两腿微屈，两脚左右开立的“半蹲式”，或两脚前后分立的“站立式”，从静止开始助跑的方式第一步的速度和幅度易做到稳定，有利于提高助跑的准确性。另一种是行进间开始，先走几步或跑几步踏上起点后，开始加速跑，这种方法的助跑动作比较放松、自然。

(2)起动后的加速方式有两种。一种是积极加速方式，跑法是一开始就加速跑，步频始终较高，以增加步长来提高速度。另一种是平稳加速方式，跑法是开始阶段步频较慢，然后在逐渐加大步长或保持步长的同时提高步频。

(二)起跳

起跳时，运动员的身体重心向前移动1米左右的距离，向上约25厘米。完成起跳的时间为0.1～0.3秒。起跳瞬间，起跳腿屈膝前摆用全脚掌踏板，此时躯干呈正直姿势；随后身体迅速前移；当身体与地面垂直时，迅速充分地伸展起跳腿，摆动腿屈膝上摆至大腿约与地面平行；此外，躯干抬起，两臂弯曲上摆，完成起跳动作(见图4-17)。

图4-17　起跳

起跳

(三)腾空和落地

在跳远技术的发展过程中，有蹲踞式、挺身式和走步式三种不同的空中姿势。走步式是现代跳远竞技场上最为流行的姿势。但是，由于其动作难度较高，要求人体腾空后有较长的滞空时间，所以在高校体育教学中一般不采用走步式，而采用蹲踞式和挺身式。

1. 蹲踞式

起跳腾空后，摆动腿继续高抬，两臂向前摆动，在跳跃起1/3～1/2时，起跳腿向前上方提举与摆动腿靠拢，形成空中蹲踞姿势，然后两腿屈膝进一步向胸部靠近，准备下落着地，落地前两臂由体前经体侧摆至体后，接着两腿膝关节伸直，小腿尽量前伸落地(见图4-18)。

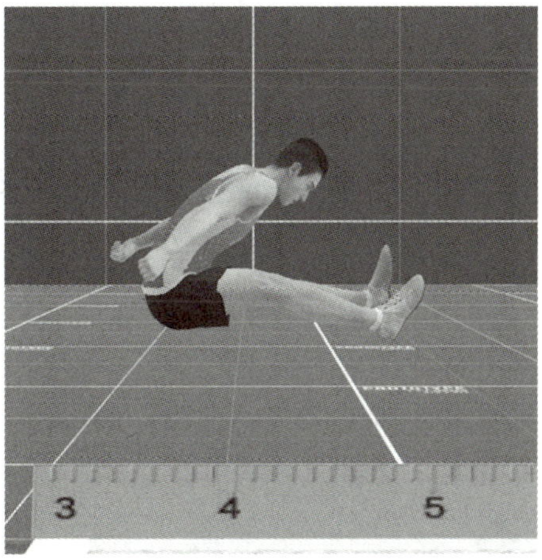

图4-18　蹲踞式

蹲踞式

2. 挺身式

起跳腾空后，起跳腿继续蹬伸留在体后，然后摆动腿展髋下放，与起跳腿靠拢，两臂外展，并挺胸、送髋使躯干呈反弓形，形成展体并拉开身体前部肌群，然后两腿同时前收举高。两臂开始时一前一后，随着摆动腿继续向后运动，继而收腹举腿，两臂上举，准备做落地动作，落地时注意举大腿、伸小腿。着地前尽量减小双腿与地面的夹角，以便脚的落点更靠近身体重心轨迹落点，增加跳跃距离。两脚着地后，应及时屈膝缓冲，头部迅速前移，两臂快速前摆，将臀部迅速移过落地点（见图 4-19）。

图 4-19　挺身式

挺身式

第三节　投掷

投掷运动是人体运用自身的力量将器械投掷得尽可能远的运动，它可以有效地发展和提高人体的力量和动作速度。田径运动的投掷类有铅球、铁饼、标枪和链球四个项目。本书主要介绍推铅球和掷标枪。

一、推铅球

推铅球是一个速度力量性项目。投掷原理表明，铅球出手的初速度、出手角度决定了铅球飞行的远度。

推铅球的方法目前主要有两种，背向滑步推铅球和旋转推铅球。由于旋转推铅球对运动员的技术、身体素质要求高，故大多采用背向滑步推铅球。

完整的背向滑步推铅球技术可分为握、持铅球，预备姿势，滑步，最后用力，维持身体平衡五个部分。下面以右手推铅球为例，来具体讲解推铅球的步骤。

（一）握、持球

右手五指自然分开，将球置于食指、中指和无名指的指根，大拇指和小指扶球的两侧，以保持球的稳定(见图 4-20)。握好球后，把球放在右锁骨内端上方处并紧贴颈部，掌心应向前上方，右肘约与肩同高，右臂自然放松。

图 4-20 铅球的握法

(二)预备姿势

背对投掷方向站在投掷圈内的后部，两脚前后开立，右脚尖靠近投掷圈内后缘，脚跟对着投掷方向。左脚在右脚后约一步远，前脚掌着地。身体重心落在右脚上，两眼平视前方(见图 4-21)。

图 4-21 预备姿势

(三)滑步

滑步的任务是使投掷者和器械获得一定的预先速度，为最后用力创造有利的身体条件，也为发挥运动员全身的能力创造发力前的最佳身体姿势。滑步开始时，运动员的身体重心应尽量水平地向投掷方向快速运动，左腿以大腿带动小腿的形式向抵趾板方向踹出，左脚尽量沿地面滑动，左脚背朝下，当左脚经过投掷圈直径约 3/4 距离时有个外翻动作，左脚最后落在抵趾板中间略偏左处，左脚的纵轴与投掷方向构成 90°～ 100°角。左腿踹出后，在侧面看整个身体从左脚到左肩成一直线。配合左腿的动作，右腿有个蹬伸动作，身体重心由右脚前掌过渡到脚后跟，右脚的动作似一滚动动作，滑步过程中右膝不要伸直，双腿的夹角要大，髋部动作要伸展，然后右小腿迅速内收，右脚稍内扣，落在圆心附近，右脚纵轴与投掷反方向夹角为 20°～ 45°角(见图 4-22)。

滑步过程中身体重心的移动要尽量平稳，努力做到沿地面平行运动，对于具有一定水平的运动员，开始滑步时可以要求其臀部向抵趾板方向(后下方)运动，这样有利于提高滑步速度和减少身体重心起伏。

滑步

图 4-22　滑步

(四)最后用力

最后用力阶段是推铅球技术的主要环节。在滑步即将结束，左脚积极着地的一刹那，右腿和髋向投掷方向蹬转发力，同时上体也迅速向投掷方向抬起，左臂也向投掷方向牵引，形成了推球的有利姿势。右腿的继续蹬转，右髋不断向投掷方向转动，头、胸对正投掷方向之后，左腿和右腿同时用力蹬地，右肩前送，右臂用力将铅球推出(见图 4-23)。铅球出手时手腕、手指用力抛球，两腿蹬直。

铅球出手后，为了保持身体平衡，一般是两腿弯曲，降低身体重心，左脚和右脚及时协调交换位置。

最后用力

图 4-23　最后用力

(五)维持身体平衡

铅球出手后，应及时交换两脚的位置，以保持身体平稳，防止犯规。

二、掷标枪

掷标枪是一项比较复杂的多轴性旋转项目，它是经过持枪助跑获得一定预先速度，通过爆发式的最后用力作用于标枪轴上，将标枪经肩上投出的一项运动，大体可分为握、持枪，持枪助跑，投掷步三个部分。下面以右手掷标枪为例，来具体讲解掷标枪的步骤。

(一)握、持枪

标枪的握法是将标枪线把斜放在掌心上，拇指和中指握在线把末端第一圈上沿，食指自然握在标枪上，无名指和小指握在线把上。

持枪多采用肩上持枪，右手持枪于右肩上方，稍高于头，枪尖略高于枪尾，持枪臂要放松(见图 4-24)。

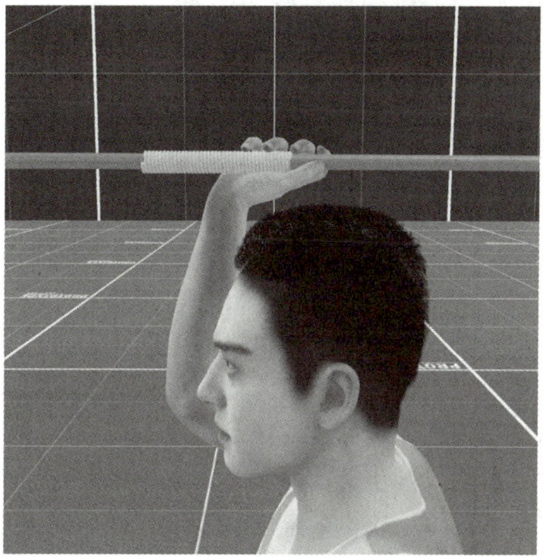

图 4-24　标枪的握法

(二)持枪助跑

掷标枪的助跑的作用如同推铅球的滑步、掷铁饼的旋转一样，能使器械获得预先速度，并有利于控制好标枪的位置，为引枪和投掷创造良好的条件。

掷标枪的助跑由两个阶段组成：第一个阶段是预跑阶段，也就是持枪跑；第二个阶段是掷标枪特殊的助跑——投掷步阶段(见图 4-25)。

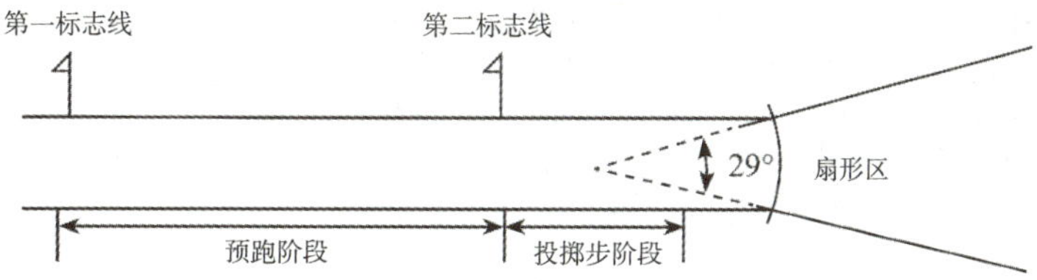

图 4-25　助跑

1. 预跑阶段

第一标志线到第二标志线为预跑阶段，通常跑 8～14 步。预跑阶段时，投掷臂持枪，上体稍前倾，用前脚掌着地；高抬大腿，蹬伸动作有力，动作轻快而富有弹性，并且跑步的节奏性要强；持枪臂和另一臂要与两腿动作协调配合；两眼平视，头部自然抬起(见图 4-26)。

预跑应是逐渐加速的，步长要稳定。对初学者来说，预跑阶段的助跑速度要控制，随着技术熟练程度的提高，可逐步提高预跑的速度。

图 4-26　预跑

预跑

2. 投掷步阶段

投掷步是从第二标志线开始，到投掷弧这一段距离内的助跑，实际上是从预跑加速过渡到最后用力直至标枪出手这一系列的动作阶段。投掷步的任务是通过特殊的助跑技术，使下肢动作加快，在快速向前运动中完成引枪，为最后用力和出手创造良好条件。

当左脚踏上第二标志线时，开始投掷步。前两步时完成引枪动作。此时，右臂与肩轴在一条直线上，身体左侧正对投掷方向，眼看前方。获得一定加速度后，开始交叉步。右腿迅速前摆，用脚外侧后半部分先着地，同时左腿快速蹬地。此时躯干进一步向右转动，形成右肩轴与右髋轴交叉，左臂右摆至胸前，身体重心大部分落在右腿上(见图 4-27)。

图 4-27　交叉步

交叉步

(三)最后用力

最后用力是充分利用助跑速度所获得的动量作用于标枪，使枪在出手瞬间以最大的力和合理的角度掷出。右脚落地后，体重压在右腿上，左腿前摆伸出小腿，左脚用脚跟或脚内侧先着地，落在投掷方向线左侧 20～30 厘米处，并用力支撑。右腿用力的同时，右臂转肩翻肘正对投掷方向，形成满弓姿势。此后，右脚继续用力，胸部向前牵引，投掷臂大臂带动小臂，形成鞭打动作，最后手指“拨枪”，把枪从右肩上投出。标枪的出手角度为 30°～36°(见图 4-28)。

图 4-28　最后用力

最后用力

(四)保持身体平衡

标枪出手后，投掷者继续向前运动，为防止犯规，右脚应及时向前跨出 1～2 步，同时身体向左转，重心下降，保持身体平衡。

小贴士

在投掷项目中，常见损伤主要在肩部、腰部、膝关节、肘关节及腕关节，其中，肩肘以肌肉、肌腱的损伤为主，腰部以肌肉、韧带损伤为主，膝关节主要是十字韧带和半月板损伤较为常见。

预防运动损伤的措施：加强易伤部位的肌肉、韧带的弹性、韧性和力量训练；认真做好准备活动和整理活动，多采取一些促进机体恢复的措施，使机体不在过度疲劳的情况下进行投掷训练和比赛；训练负荷要逐渐提高，切忌跳跃式的上升，注意训练的系统性和连续性。

教学检测

1. 田径运动是田赛与(　　)的合称。

A. 径赛　　B. 竞赛　　C. 球赛　　D. 比赛

2. 蹲踞式起跑包括各就位、预备和(　　)三个阶段。

A. 鸣枪　　B. 起跑　　C. 起跳　　D. 抬腿

3. 一般而言，800 米、1500 米跑被称为(　　)。

A. 短距离跑　　B. 中距离跑　　C. 长跑　　D. 跨栏跑

4. 所有的跨栏跑比赛项目途中都设置几个栏架？(　　)

A. 9 个　　B. 10 个　　C. 11 个　　D. 12 个

5. 人体通过快速助跑和有力起跳，采用合理的过杆姿势，使身体腾越过尽可能高的垂直障碍的运动项目叫(　　)。

A. 跳台　　B. 跳绳　　C. 跳远　　D. 跳高

6. 跳远的完整技术包括助跑、起跳、腾空和(　　)。

A. 降落　　B. 转化　　C. 落地　　D. 过杆

7. 田径运动的投掷类有铅球、铁饼、标枪和(　　)。

A. 链条　　B. 跳远　　C. 链球　　D. 跳高

思政园地

田径赛场追梦人

7 月 16 日，因新冠疫情推迟一年举行的世界田径锦标赛在美国俄勒冈州尤金市开幕。本届田径世锦赛，中国代表团派出 53 名运动员参加其中 23 个项目的角逐。2 个比赛日过去，中国选手取得 1 金 1 银 1 铜的成绩，有突破、有遗憾，亦有收获。每一次突破、每一份坚守的背后，都是运动员无限的热爱。对于这些运动员而言，每一次踏上赛场，依靠的是超越自我的勇气，诠释的是对梦想与荣耀的不懈追求。

王嘉男：从全能少年到世界冠军——梦想成真后继续稳步向前

8 米 36！在 7 月 17 日的男子跳远决赛中，中国选手王嘉男最后一跳超越了所有对手一举夺冠。这是本届世锦赛上中国军团取得的第一金，也是中国跳远在世锦赛上的第一金！

从 2012 年初登国内赛场，到如今站上世界大赛最高领奖台，稳步前进的王嘉男用了十年时间，终于一跃冲天。

对于中国田径队来说，这是一枚有些出乎意料的金牌。尽管王嘉男此前的最好成绩是 8 米 47，与李金哲共同保持着中国男子跳远国家纪录，但在此前的三届世锦赛上，王嘉男最好的成绩只是铜牌。

在赢下冠军之后，王嘉男在现场喜极而泣。在此前的资格赛中，他跳出 7.98 米的成绩晋级决赛。而在决赛中，王嘉男此前五跳的成绩都不够站上领奖台。面对东京奥运会冠军希腊名将滕托格鲁早早跳出的 8 米 32 的成绩，王嘉男在最后一跳破釜沉舟，以 8 米 36 绝杀所有对手，表现惊艳全场。这是王嘉男的第一枚世锦赛金牌，也是他多年来在世界舞台上的最好成绩。

喜讯传来，王嘉男启蒙教练——现任沈阳市体育运动学校全能和撑竿跳高教练的杨克强难掩激动的泪水："他从小就特别能拼，最后一跳太完美了！"

得益于出色的身体条件和运动天赋，1996 年出生的王嘉男在 9 岁时就与田径结缘。"当时是在沈河区中小学运动会上，也没拿什么成绩，但我一看这孩子就特别有灵气，腿也很长，觉得他是个好苗子。之后他就跟着我进行撑竿跳高和全能项目的专业训练。"杨克强回忆说。

最初练习田径时，王嘉男并没有明确专攻的单项，而是主练十项全能，跑、跨、跳、投统统不落。在全方位打下训练基础的情况下，根据运动员自身条件确定发展方向，恰恰也是很多田径高水平强国经常选择的培养模式。很快，全面发展的王嘉男就找到了自己的突破方向。

"第一次比全能时跳远就跳了 7 米 80，达到国家健将水平。当时省队教练就跟我说，别练全能了，于是我就开始练跳远。"王嘉男此前接受采访时说。

2012 年 9 月在江苏昆山举行的全国田径锦标赛上，王嘉男以 8 米 04 的成绩获得跳远冠军。这是他职业生涯第一次突破 8 米大关，当时他才刚刚过完 16 岁生日。

年少成名的王嘉男国际大赛经验可谓丰富：2013 年首次代表中国参加国际比赛，获得印度浦那亚锦赛冠军；2014 年在尤金世界青年田径锦标赛上以 8 米 08 的成绩赢得金牌；2015 年的北京田径世锦赛上以 8 米 18 的成绩获得铜牌，成为第一个登上世锦赛男子跳远领奖台的亚洲运动员……

但之后的几年里，世界男子跳远整体水平提升明显，美国、南非、古巴、希腊等国家涌现出一批成绩在 8 米 50 之上的运动员，让王嘉男、黄常洲、高兴龙等中国年轻跳远选手在大赛中创造佳绩的难度大大增加。2021 年举行的东京奥运会，王嘉男发挥失常未能进入决赛。

“东京的跟头我栽得太狠了。后来我经常把东京比赛时用的一些物品放在身上，警示自己。”王嘉男说。

知耻后勇。在这次尤金世锦赛上，王嘉男终于抓住了机会。“世锦赛金牌的梦，我这些年做了至少 3 次，今年还梦到一回”，王嘉男赛后透露，每次醒来他都会告诫自己，要现实一点，还是稳步前进比较好。

“我现在的想法，包括未来两年的计划，还是要稳步前进，也不会给自己定太高的目标，包括 2023 年的世锦赛，包括 2024 年的奥运会。我就努力训练，然后做好自己的事就好了。”王嘉男说。

苏炳添：遗憾错失决赛，来年重整旗鼓——我还在路上，还会继续努力

“我会继续加油，希望明年能够重整旗鼓。”

2022 年 7 月 17 日，在男子百米“飞人”大战半决赛中，中国选手苏炳添以 10 秒 30 的成绩排名小组第八，无缘晋级决赛。赛后，对于苏炳添接受采访时流露出的歉意，网友纷纷表示：“努力拼搏过的人都不需要说对不起。”

东京奥运会上，苏炳添的“逆天”表现令人们记忆犹新。打破 9 秒 90 大关、刷新亚洲纪录的同时，他让奥运会最具看点的男子百米决赛赛场上，第一次出现了中国人的身影，给中国乃至亚洲短跑树立了新的丰碑。

“他对百米有着一种异乎寻常的执着。”苏炳添的启蒙教练宁德宝说。

然而，进入新赛季后，苏炳添遭遇了意想不到的挑战——他的备战重心原本一直放在杭州亚运会上，并不打算参加世锦赛，亚运会推迟后，出战计划的调整带来重重问题，外加膝盖伤病集中爆发，导致本赛季以来从未参加过正式比赛，训练和备战情况不甚理想。

走进俄勒冈大学海沃德体育场，热情的观众让苏炳添提升了信心。以 0.003 秒的微弱优势杀出预赛后，他在半决赛中被安排在第二组第二道出发，左手第一道是日本选手坂井隆一郎，右边第三道是预赛跑出最快成绩 9 秒 79 的美国名将克利，同组还有卫冕冠军科尔曼。由于出发就被打乱了节奏，苏炳添未能发挥出自己的水平，45 米过后还位居第三，但随后逐渐落后，最终与决赛失之交臂。

“太久没比赛，影响肯定有，但不是特别大，主要是自己赛前没有系统训练，能力不足的话肯定没法表现很好，做了多少准备就有多少收获。”苏炳添直言。

尽管抱有遗憾，但对于下个月就将年满 33 岁的苏炳添而言，能够继续在跑道上奔跑和奋斗，在自己喜欢的运动中跑下去，已经感到非常荣幸和开心。他说，未来几年最大的目标，是将成绩保持在 10 秒左右，“这是一个国际门槛，只要关键时候能拿出这个成绩，参加世锦赛和奥运会都没有问题”。

与此同时，苏炳添还惦记着尚未开赛的男子 4×100 米接力项目。不久前，中国短跑接力队刚刚递补获得该项目东京奥运会铜牌，创造了中国短跑的又一项辉煌历史。本届世锦赛中，中国队派出新老结合阵容，由苏炳添、谢震业、吴智强、汤星强携手陈冠锋、邓智舰两位年轻小将出战。

“作为中国男子百米接力队的一员，自己亲历了中国队在这个项目一步一步的成长和突破，非常不容易。2022 年世锦赛，队伍正处在新老交替阶段，希望我们能有好的表现，不过最终目标还是 2024 年巴黎奥运会。”苏炳添透露，中国队接力比赛起用新人的概率较大，自己希望起到带头作用，给他们传授更多经验。

亚洲人根本没有什么极限之说——苏炳添记得自己说过的话，并始终为之拼搏：“我还在路上，还会继续努力的。”

（资料来源：《中国纪检监察报》，2022 年 7 月 18 日，有改动）

讨论：

1. 从中国田径运动员的身上，你学到了什么？
2. 结合材料和所学知识，谈谈田径运动的魅力所在。

第五章 球类运动

育人目标

◎在球类运动中感受集体力量，体验运动乐趣，强健身体素质。

◎增强对球类运动的认知，提高参与全民健身的热情，将体育锻炼变成良好的生活习惯。

◎保持积极向上的生活态度，促进身心全面发展，从而推动中国体育事业蓬勃发展。

学习目标

◎了解球类运动的基本概念。

◎掌握球类运动的基本技术。

◎了解球类运动的基本战术。

情境导入

贵州“村超”踢出精彩人生，踢出幸福生活

贵州“村超”全名为“贵州榕江(三宝侗寨)和美乡村足球超级联赛”。这项比赛由群众主创、参赛者以村民为主，参赛队伍有20支，以各个村为单位。2023年5月开赛以来，丰富多彩的民族文化和热烈的现场氛围，“接地气”的办赛风格引发全网爆火。

贵州“村超”比赛现场，数以万计的观众，用激情和欢呼，点燃了夏日夜晚。

每周五到周日连续三天进行比赛，周六更是被称作“超级星期六”，贯穿着当地民俗特色表演，众多球迷和游客纷纷去“村超”现场打卡，即使不上赛场，也会在球场加油助威。比赛队员来自当地各行各业，只为在绿茵场上为自己村的荣誉而战。

榕江县的足球运动有着广泛的群众基础，每年都会举办各类足球比赛，已连续了几十年，鼎盛时期有40多支球队。2021年，榕江县被评为首批全国县域足球典型县。

“榕江的足球氛围太好了，我们周末要进行友谊赛的时候，要提前好几天才能预约到体育馆黄金时间，队员们周一至周五下班后也会到周边的小型场地进行小组训练。”榕江县月寨村足球队队长李远攀说。

截至 2023 年，月寨足球队已成立 22 年，队长李远攀说：“月寨足球队又叫‘李家军’，队员基本都姓李，可能同时上场的都有兄弟、侄子，而且队里还有很多年轻的队员，他们都比较有冲劲。”

2023 年 15 岁的李俊卓是月寨村足球队里最小的一名队员，他说：“我们学校一周有两节足球课，我平时都是在学校练习足球，学校也有足球队，每年还会组织足球比赛。”

李华江是榕江县疾控中心的一名工作人员，也是月寨村足球队的一名队员，从小热爱足球，空余时间经常和大家一起踢球，他说：“这里不管是大人小孩都喜欢足球，踢足球是兴趣，更是为了强身健体。”

“小时候，村里没有踢足球的场地，只有一个篮球场，我们都是在篮球场地训练，”队长李远攀笑着说：“我们是从篮球场上走出来的足球队！”

“现在村里条件好了，大家生活水平提高了，这让我们有了追逐足球梦想的底气、勇气和志气。”队长李远攀说，从“80 后”到“90 后”再到“00 后”，大家在赛场上充满底气，团结一致，全力拼搏。

2023 年 6 月 17 日，下午五点半的“村超”比赛中，月寨村足球队对阵两汪村足球队。月寨村在上半时先入一球，取得领先。下半场比赛，落后的两汪村加强了进攻，但实力略胜一筹的月寨村最终赢得了比赛。当天，现场观众人数已有 8 万人左右，当凌晨球赛接近尾声时，全场还约有 2 万人尚未离去。

一场场“村超”比赛，踢出快乐，踢出健康，踢出美好生活，踢出精彩人生。据初步测算，榕江县已累计接待游客 50 万人次。

一方球场上，人人都可参与的“村超”，展现出了榕江人民“敢追敢拼敢闯”的奋斗精神和对美好生活的向往，呈现出贵州在乡村振兴、体育文化和精神文明建设有机结合的幸福乡村模样。

（资料来源：新华网，2022 年 7 月 13 日，有改动）

第一节 篮球运动

一、篮球运动概述

篮球运动是 1891 年由美国人詹姆斯·奈史密斯发明的。当时，他在马萨诸塞州斯普林菲尔德市的学校任教。由于当地盛产桃子，这里的儿童又非常喜欢做用球投入桃筐的游戏，这使他从中得到启发，并结合足球、曲棍球等其他球类项目的特点，创造了篮球运动。

最初的篮球运动比较简单，场地大小和参加运动的人数没有限制。比赛队员分成人数相等的两队，分别站在球场的两端，在裁判员向球场中央抛球后，双方队员立即冲进场内抢球，并力争将球投进对方的篮筐。随着场地设施的不断改进，篮筐取消了筐底，并改用铁圈代替桃篮，用木板制成篮板代替铁丝挡网，场地增设了中线、中圈和罚球线，比赛改由中场跳球开始。与此同时，场上比赛队员也改为每队 5 人，开始有后卫、守卫、中锋、前锋、留守位置之分。此外，詹姆斯·奈史密斯制定了最初的竞赛规则，共 13 项条款，其中规定不允许带球跑、抱人、推人、绊人、打人等。这大大提高了篮球运动的趣味性，并且吸引了更多的人来参加这一游戏，从而使篮球运动得到了快速的普及和发展。

二、篮球运动的基本技术

思政数字课堂

（一）移动

移动是篮球运动中队员为了改变位置、方向、速度和争取高度所采用的各种脚步动作的统称。移动是篮球技术的基础，也是完成战术的前提。

1. 基本站立姿势

基本站立姿势是一切移动步伐的技术关键。

动作要领：两脚前后或左右开立，距离比肩稍宽，脚跟微离地，身体重心在两腿之间，两膝微屈，上体稍向前倾，抬头含胸，两眼平视前方，两臂屈肘垂于体侧。

基本站立姿势的针对练习：做好基本站立姿势后，重心转移至一脚，再转移到另一脚，反复调换身体重心，并保持平稳。

2. 起动

起动是队员在球场中由静止状态到运动状态的起始动作，是获得移动初速度的方法。及时、突然、快速地起动是进攻队员摆脱防守的有效方法之一。

动作要领：从正确的基本站立姿势开始，起动时，身体重心向跑动方向移动，后脚或者异侧脚的前脚掌内侧迅速用力地蹬地，同时上体迅速前倾或侧转，手臂配合摆动，充分利用蹬地的反作用力迅速向跑动方向迈出。另外，起动时身体各部位放松，并注意观察球和队员、对手和篮筐的位置。

3. 跑

跑是队员为了改变位置、方向和提高速度的方法，是篮球比赛中运用最多的一种移动方法。

(1)变速跑。变速跑是队员在跑动中运用速度的变换来进行攻守转换的一种方法。

动作要领：跑动加速时，前脚掌短促而有力地向后蹬地，上体稍前倾，前两三步步幅小而频率快，两臂配合摆动；减速时，前脚掌用力抵住地面，以减缓身体重心前移，步幅稍大，上体稍直起，从而降低跑的速度。

(2)变向跑。变向跑是队员在跑动中突然改变跑的方向来摆脱防守的一种方法。

动作要领(以从右向左为例)：在跑动中，右脚前脚掌落地，屈膝降低身体重心，用前脚掌内侧用力蹬地，同时扭腰转胯，左脚突然加速向左前方迈出一小步，同时上体向左侧转，腰腹配合转移重心，上体前倾向左加速跑动。

(3)侧身跑。侧身跑是队员在跑动中为了更好地观察场上的情况和快速摆脱防守的一种方法。

动作要领：向前跑动时，头部和上体自然地转向球，上体放松，脚尖朝向跑动的前进方向，保持跑动速度，同时观察场上局面。

(4)闪躲跑。闪躲跑是队员在跑动中，合理运用虚晃动作改变跑的方向和加快跑的速度，来摆脱防守获得进攻机会的一种方法。

动作要领：与变向跑相似。

4. 跳

跳是队员在比赛中控制空间、争取高度和远度的一种方法。

(1)双脚起跳。双脚起跳在原地或者停后运用较多，主要用于跳球、跳起投篮、抢篮板球等。

动作要领：两脚自然开立，屈膝，重心下降，上体稍向前倾，两臂屈肘微外张。起跳时，两脚用力蹬地，两臂同时快速向上挥摆，并用提腰的力量使身体向上腾起，身体在空中要自然伸展，维持平衡。落地时，用前脚掌先着地，屈膝缓冲。

(2)单脚起跳。单脚起跳多在助跑的情况下运用，主要用于行进间投篮、接球和冲抢篮板球等。

动作要领：起跳时，最后一步一般较小，起跳脚微屈前送，用脚跟先着地过渡到全脚掌用力蹬地，两臂上摆提腰，另一腿屈膝上提，当身体达到最高点时，两腿自然并拢，落地时要屈膝缓冲。

5. 急停

急停是指队员在快速跑动中突然制动。

(1)跳步急停(一步急停)。

动作要领：在跑动中，用单脚或双脚起跳，腾空低，两脚同时落地，落地时两脚前脚掌用力抵地，上体稍向后仰，屈膝使身体重心降低，两臂屈肘置于体侧，以保持身体平衡。

(2)跨步急停(两步急停)。

动作要领：在快速跑动中，先向前跨出一步，用全脚掌着地抵住地面，屈膝缓冲，同时上体稍后仰；第二步着地时，脚尖稍向内转(向第一步的方向内扣)，并用前脚掌内侧用力蹬地，屈膝使身体重心下降，两臂屈肘置于体侧，以保持身体平衡。

6. 跨步

跨步是进攻队员急停后，以一脚为中枢脚，另一脚向前方或侧方跨出，但不改变身体方向的一种步法，是持球突破技术常用的步法。

(1)异侧步。

动作要领：以左脚为中枢脚跨步时，两膝弯曲，左脚前脚掌用力踝地，右脚用力蹬地向左前方跨出，上体向左侧转动并前倾。

(2)同侧步。

动作要领：以左脚为中枢脚跨步时，上体积极前倾，右脚迅速向右前方跨一大步，同时上体右转，左肩积极下压。左脚内侧用力蹬地，在左脚离地前，用右手推按球于右脚外侧前方，然后左脚迅速跨步抢位，加速运球超越对手。

7. 转身

转身是以一脚为中枢脚，另一脚蹬地向前或向后方跨出，来改变身体方向的一种动作方法。转身在篮球比赛中运用非常广泛，如转身保护球、转身摆脱、转身跳投、转身抢篮板等。

(1)前转身。

动作要领：转身时，移动脚向中枢脚前的方向跨步，中枢脚提踵，前脚掌踝地，移动脚用力蹬跨，腰部扭转带动身体平稳转体。

(2)后转身。

动作要领：移动脚向中枢脚后的方向跨步，前脚掌踝地，膝关节内扣，配合腰部扭转，带动向后转身。

(二)传、接球技术

传、接球技术是篮球运动的重要技术之一，它是进攻队员在场上相互联系和组织进攻的纽带，是实现战术配合应具备的基本技术。传、接球应做到及时、准确、隐蔽。

1. 传球技术

(1)双手胸前传球。双手胸前传球是最基本而又最常用的传球方法之一，可在不同方向、不同距离中使用。

动作要领：两手手指自然分开，两手拇指相对呈“八”字形，用指根以上部位持球的两侧后方，手心空出。肩、臂、腕部肌肉放松，两肘自然弯曲于体侧，将球置于胸腹之间。身体呈基本站立姿势，两眼注视传球目标。传球时，后脚蹬地，身体重心前移的同时前臂迅速前伸，手腕前屈，翻腕抖腕加拨指，拇指用力向下压，食、中指用力弹拨将球传出。球出手后拇指和手心向下，其余四指向前。整个动作要协调，两手用力要均匀，全身动作要连贯，身体应保持平衡(见图 5-1)。

图 5-1　双手胸前传球

(2)双手头上传球。双手头上传球也是最基本的传球方法之一，这种传球技术出手点高，便于与头上投篮结合。

动作要领：持球方法与双手胸前传球相同。双手举球于头上，两肘和手心向前。传球时，脚蹬地，腰腹用力带动上臂发力，小臂前摆，手腕前扣并外翻，同时拇、食、中指用力向前拨球，将球传出。

(3)单手肩上传球。单手肩上传球也是最基本的传球方法之一，而且是运动员经常运用的一种远距离传球方法。

动作要领(以右手传球为例)：两脚平行开立，传球时，左脚向传球方向迈出半步，同时双手将球引到右肩侧上方，右手上臂与地面近似平行，前臂与地面近似垂直，手腕后屈，右手持球的后下方(单手持球)，重心落在右脚上。出手时，右脚用力蹬地，同时转体带动上臂迅速前甩，手腕迅速前扣，通过食、中、无名指的弹拨下压动作将球传出。球出手后，右脚向前迈出半步，保持基本站立姿势(见图 5-2)。

单手肩上传球

图 5-2 单手肩上传球

2. 接球技术

(1)双手胸前接球。

动作要领：接球时，两眼注视来球，两臂自然伸出迎球，手指自然分开，肘关节微屈，两手拇指相对呈“八”字形，掌心稍向前，两手成半圆状。当手接触球后，两臂随球后引，置胸腹之间。

(2)双手头上接球。

动作要领：与双手胸前接球相同，但要求两手臂向前上方伸出迎球，手指向上。

(3)双手腰部接球。

动作要领：接球时，一脚向前跨出，上体前倾，重心落在前脚。双手向前方伸出迎球，手指自然分开，掌心向来球方向。触球后，两臂顺势屈肘收回，接球于胸腹之间，保持基本站立姿势。

(4)双手接反弹球。

动作要领：接球时，目视来球，迎球上步，身体前倾。两臂向前下方伸出迎球，在球刚刚弹起时，两手五指张开触球，顺势接球于胸腹之间，保持身体基本站立姿势。

(5)单手接球。

动作要领(以右手接球为例)：两眼注视来球，手臂微屈，手指迎着来球方向自然分开，触球时，右手顺势向后下方引球，左手帮助持球。

名人名言

篮球的魅力是无穷无尽的，即使你打一年、打十年也不会厌倦的。

——钱伟长

(三)运球技术

运球是持球队员在原地或移动中，用单手连续按拍和迎引从地面反弹起来的球的动作方法，是控制、支配球，组织战术配合及突破防守的重要手段。

1. 高运球

动作要领：运球时，抬头目视前方，上体稍向前倾，以肩为轴，手用力向前下方拍按球，球的落点在身体的侧前方。高运球反弹的高度高、距离远、速度快，便于观察场上情况。

2. 低运球

动作要领：运球时，两腿深屈，降低重心，上体前倾角度要大，以身体和靠近防守队员一侧的腿来保护球。拍球时，以肘为轴，球的反弹高度在膝关节以下，以便更好地控制球和摆脱防守继续前进。

3. 运球急停急起

动作要领：在快速运球中，突然急停时，手拍按球的前上方，两脚做跨步急停，并降低重心，维持身体平衡；运球急起时，后脚用力蹬地，上体迅速前倾用手拍按球的后上方，迅速起动向前运球，要注意用身体和腿来保护球。

4. 体前变向换手运球

动作要领：运球队员从对手右侧突破时，先向对手左侧运球，当对手向左侧移动时，运球队员突然改变方向。变向时，右手拍按球的右上方，使球的落点靠自己左侧，同时，左脚向左前方跨出，上体向左扭转，侧肩，以臂、腿和上身护球，然后用左手拍按球的正后方，手的动作要快，球反弹的高度要低，右腿迅速跨出，从对手的右侧突破。

5. 运球转身

动作要领(以右手运球为例)：运球转身时，侧对防守，左脚在前做中枢脚，将球控制在身体右侧，右手拍按球的右上方，在后转身、右脚蹬地后撤的同时，将球拉向身体侧后方落地反弹，即换左手运球，从对手的右侧突破。

(四)投篮技术

投篮是进攻队员将球投入篮筐的方法，是篮球运动中最重要的技术，是唯一的得分手段。

进攻方运用各种技术、战术，是为了创造更多更好的投篮机会并力求投中得分；防守方积极防御，是为了阻挠进攻队投篮得分。投篮是一切进攻技战术的最终目的和全部攻守的矛盾的焦点。

1. 原地投篮

原地投篮是篮球运动中最基本的投篮方法，是行进间投篮和跳起投篮的基础。

(1)原地双手胸前投篮。原地双手胸前投篮是双手投篮中基本的投篮方法，是其他双手投篮技术动作的基础。

动作要领：双手持球于胸前，肘关节自然下垂，两膝微屈，两脚前后或左右开立，重心落在两脚上，上体稍向前倾，目视瞄准点。投篮时，两脚蹬地，腰腹伸展，抬肘，两手腕同时外翻，指端拨球，用拇指、食指、中指将球投出，腿、腰、臂自然伸直。

(2)原地单手肩上投篮。单手肩上投篮是现代篮球运动中应用最广泛的一种投篮方法。

动作要领(以右手投篮为例)：右手五指分开，向后屈腕，屈肘持球的后部稍下部位，左手扶球的左侧，前臂与地面接近垂直，目视瞄准点。投篮时，两脚蹬地发力，腰腹伸展，两臂充分伸直，拇指向前压送，两手腕同时外翻，用拇指、食指、中指指端拨球将球投出，腿、腰、腹、臂自然伸直。身体重心应随出球的方向上升，脚跟提起(见图 5-3)。

图 5-3　原地单手肩上投篮

2. 行进间投篮

(1)行进间单手肩上投篮。行进间单手肩上投篮是快攻和突破到篮下时常运用的一种投篮方法，投球命中率较高。

动作要领：以右手投篮为例，首先右脚向前跨出一大步接球，接着左脚跨小步用力起跳，右腿屈膝上抬，同时举球于肩上做好投篮准备。投篮时，借左脚蹬地起跳使身体腾空，上体稍向后仰，当身体腾空至最高点时，右手臂柔和地向上伸直，用手腕前屈和手指的力量将球投出。

(2)行进间单手低手投篮。

动作要领：以右手投篮为例，首先跨右脚接球，接着用力蹬地向前上跳起，同时将球置于胸前，然后，左脚蹬地身体腾空，球转移到右手并上举，右手五指自然分开，掌心向上，手臂伸直，当接近球篮时，指腕上挑球前旋投出。

3. 跳起投篮

(1)原地跳起单手投篮。

动作要领：以右手投篮为例，两手持球于胸前，两脚前后(或左右)自然开立，降低重心，两膝微屈，然后迅速用力蹬地向上跳起。同时，两手持球至肩上或头上，右手持(托)球，左手扶球的侧方，当身体接近最高点时，右臂抬肘向上伸直，腕、指用力将球投出(见图 5-4)。

图 5-4　原地跳起单手投篮

(2)接球急停跳起投篮。

动作要领：在快速移动中接球，用跳步急停或跨步急停，突然起跳，双手持球迅速上举，同时举球至肩上方，伸臂屈腕，手指拨球将球投出。

(五)持球突破技术

持球突破是持球队员运用合理的脚步动作与运球技术，快速超越防守队员的一项攻击性很强的进攻技术。

根据持球突破采用的步法，可分为交叉步持球突破和同侧步持球突破两种。

1. 交叉步持球突破

动作要领：以右脚做中枢脚为例，突破时，左脚向左前方迈出一小步，将防守队员引向自己左侧，同时左脚前脚掌内侧迅速蹬地，向右前方跨一大步，上体稍向右转，左肩向前下压，重心向右前方移动，左脚向右前方跨出，将球引于身体右侧，用右手推按球于左脚右前方，接着右脚蹬地加速超越对手。

2. 同侧步持球突破(顺步突破)

动作要领：以左脚做中枢脚为例，突破时，上体积极前倾，右脚迅速向右前方跨出一大步，同时上体右转，左肩积极下压。左脚内侧用力蹬地，在左脚离地前，用右手推按球于右脚外侧前方，然后左脚迅速跨步抢位，突破对手。

(六)防守技术

防守是指防守队员合理利用脚步移动和手臂动作，积极抢占有利位置，阻止和破坏对手的进攻，以夺取控球权。

具体运用时，要“以球为主，人球兼顾”，采取正确的姿势，选择和抢占有利的防守位置，保持适当的距离，运用灵活多变的步法，以宽阔的视野观察、判断对手的意图，随时依据对手和球的动向及时调整防守位置、距离和角度。

1. 防守无球对手

(1)防守位置。防守队员要根据球和自己防守对手所处的位置来确定和调整自己的防守位置。防守无球对手时，防守队员要处于对手与球之间，与对手、球要成钝角三角形。防守距离要根据对手与球、球篮的距离而定，对离球和球篮近的对手防守要紧，对远离球和球篮的对手可适当放松。

(2)防守姿势。防守离球较近的对手时，应采用面对人、侧向球的姿势，屈膝，重心在两脚之间，以便随时起动。近球手臂前伸，封锁其接球路线，并注意球的动向，根据对手的移动，积极堵截对手。当进攻队员离球较远时，可采用面向球、侧对人的姿势，两臂自然侧伸，密切观察球和人的动向，便于断球和进行协防。

(3)移动步法。防守时，防守队员要根据球和对手的移动，合理运用上步、撤步、滑步、交叉步和跑动等脚步动作，并配合身体动作，堵截对手摆脱移动路线，抢占有利的防守位置，不让对手在有威胁的进攻位置上接球。

2. 防守有球对手

(1)防守位置。防守队员应位于持球对手与球篮之间。一般对手离球篮近则应靠近对手一些，离球篮远则离对手远些，具体根据对手的技术特点和整体防守战术而定。

(2)防守姿势。采用平步防守时，两脚平行站立，两手臂侧伸或在体前不停挥摆。这种步法防守面积大，便于向左右移动，适合于贴身防守，攻击性强，能有效地阻止对手向前的趋势。

采用斜步防守时，两脚前后站立，前脚同侧手臂向前上方伸出，另一手臂平伸。这种姿势便于前后移动。

小贴士

篮球基本功

手功：是指手指、手腕控制球和支配球的能力。手指、手腕对球的感应能力，通常指手感。

脚功：是指运动员转移身体重心、变化移动速度和移动方向时，脚掌用力蹬地的能力和灵活性。

腰功：是指运动员控制身体平衡和控制身体重心转移的能力。

眼功：是指运动员观察篮球场上情况的广度、深度的能力。

三、篮球运动的基本战术

(一)进攻战术基础配合

进攻基础配合包括传切、突分、掩护、策应 4 种配合方法。

1. 传切配合

传切配合是进攻队员之间利用传球、切入等技术组成的简单配合。它包括一传一切和空切配合两种。

如图 5-5 所示，④传球给⑤后，立刻摆脱对手向篮下切入，接⑤传来的球投篮。

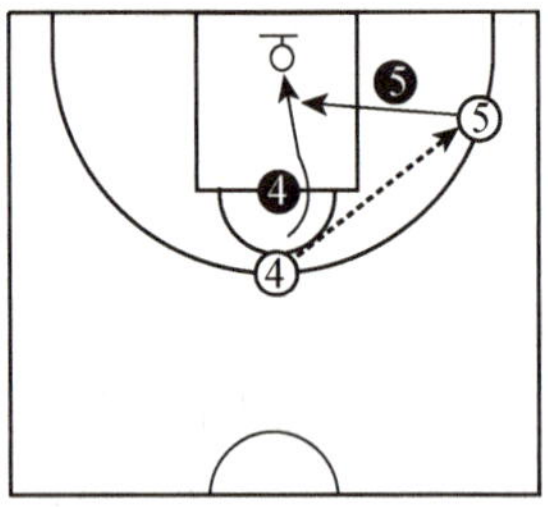

图 5-5　一传一切

如图 5-6 所示，在⑤与⑥相互传球之际，④趁其对手不备，突然空切篮下，接外围队友的传球，然后投篮。

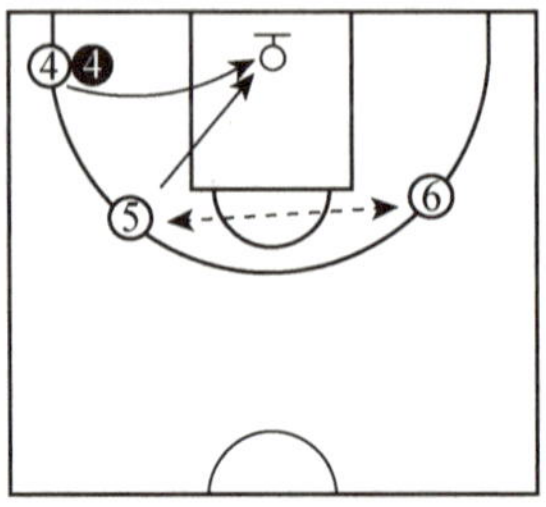

图 5-6　空切配合

传切配合要求切入队员根据实际情况掌握切入的时机，果断快速摆脱对手，并随时注意接队友的传球。当切入队员已摆脱对手并处于有利位置时，传球队员应及时、准确地把球传给他。

2. 突分配合

突分配合是持球队员突破对手后，遇到对方补防时，及时将球传给进攻时机最好的队友的配合方法(见图 5-7)。

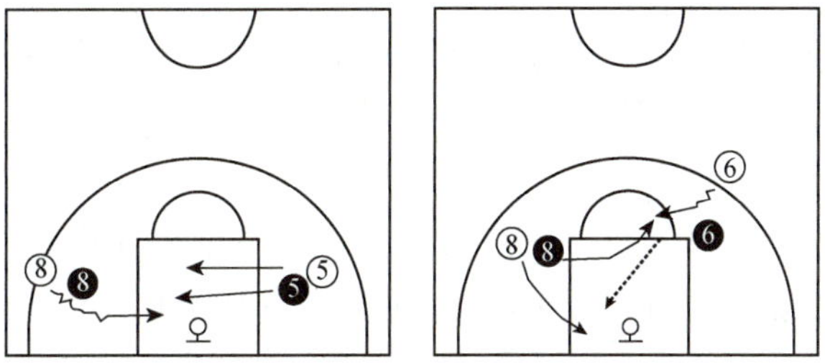

图 5-7　突分配合

突破要突然、快速，在突破过程中做好投篮的准备，同时也要随时注意观察场上攻守队员的位置和行动，以便及时、准确地把球传给位置更有利的队友。

3. 掩护配合

掩护配合是掩护队员采用合理的行动，用自己的身体挡住防守队友的移动路线，使队友借以摆脱防守，或利用队友的身体摆脱防守，从而接球进攻的一种配合方法(见图 5-8)。

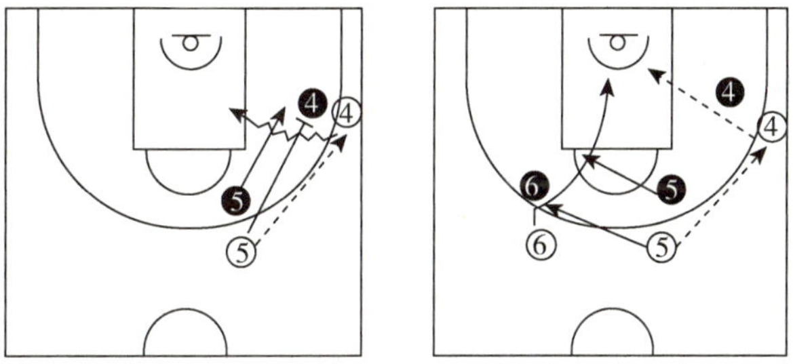

图 5-8　掩护配合

掩护配合可以由无球队员给有球队员掩护，也可以由有球队员给无球队员掩护和无球队员给无球队员掩护。

根据掩护的位置和方向不同，掩护可分为前掩护、侧掩护和反掩护三种。

4. 策应配合

策应配合是指处于内线的队员背对或侧对篮球接球，由他做枢纽，与外线队员的空切相配合而形成的一种里应外合的方法(见图 5-9)。

通常高大的中锋运用策应配合较多。策应配合可以根据策应的区域和位置分为内策应、外策应、高策应、底线策应等，其策应配合方法都基本相似。

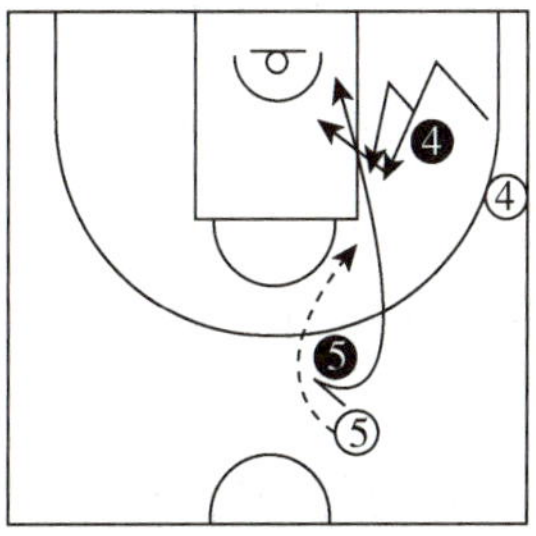

图 5-9　策应配合

知识延伸

篮球比赛阵容中的主要位置

1. 控球后卫

控球后卫是球场上拿球机会最多的人，负责组织本队的进攻，将球传到最容易得分的地方，让队友的进攻更为顺利。

2. 得分后卫

得分后卫以得分为主要任务。得分后卫的外线准头和稳定性要好，并且出手的速度要快。一个优秀的得分后卫总能在很短的时间内找机会出手，并命中目标。

3. 小前锋

小前锋是球队中最主要的得分者。小前锋最根本的任务是采取各种方法策略争取得分。

4. 大前锋

大前锋是球队中的工兵型角色。其要做好的两件事就是抢篮板和防守。

5. 中锋

中锋是一个球队的中心人物，是球队的攻防枢纽。

(二)防守战术基础配合

防守基础配合包括挤过、交换防守、关门、夹击等配合方法。

1. 挤过配合

挤过配合是指当对方做掩护，被掩护队员的防守队员主动上前时，要迅速向前跨出一步，靠近对手，从两个进攻队员之间侧身挤过，继续防守自己的对手。挤过时要贴近对手，上前抢步要快，同时要提醒队友，并选择协防的有利位置。

2. 交换防守配合

交换防守配合是指当进攻队员利用掩护已经摆脱防守时，防守掩护的队员及时与队友交换各自的对手。

交换防守前，防守掩护者的队员要主动提示队友，换防时，动作要果断、快速。

3. 关门配合

关门配合是指当进攻队员运球突破时，邻近的两名防守队员向进攻者的突破方向迅速合拢，像两扇门一样关起来，堵住进攻者的前进路线。

“关门”时，防守突破的队员要积极防守，堵住进攻队员的突破路线，邻近突破一侧的防守队员及时、迅速地向队友靠拢并进行“关门”，不给突破对手留空隙。

4. 夹击配合

夹击配合是指当进攻对手向边角运球或在边角停球时，邻近的防守队员突然上前协同夹击，限制对手的正常传球和活动范围。

夹击配合要果断夹击，并积极挥动手臂，封阻其传球路线。

四、篮球运动的比赛规则

(一)比赛场地

比赛场地应是一块平坦、无障碍物的硬质地面。其尺寸为长 28 米、宽 15 米，从界线的内沿丈量。比赛场地是由两条端线和两条边线组成的界线所限定的。这些线不是比赛场地的部分。中线应从两条边线的中点画出并平行于两条端线。它向每条边线外延伸 0.15 米。中圈应画在比赛场地的中央，半径为 1.80 米(从圆周的外沿丈量)。两个罚球半圆应画在比赛场地上，半径为 1.80 米(从圆周的外沿丈量)，它的圆心在两条罚球线的中点上。罚球线应画成与每条端线平行。从端线内沿到它的最外沿应为 5.80 米，其长度为 3.60 米。它的中点应落在连接两条端线中点的假想线上。限制区应是画在比赛场地上的一个长方形区域，由端线、延长的罚球线和起自端线(外沿距离端线中点 2.45 米)终于延长的罚球线外沿的线所限定。除端线外，这些线都是限制区的一部分。

(二)球队和比赛时间

每队不超过 12 名有资格参赛的球队成员，包括一名队长。在比赛时间内，每队应有 5 名队员在场上并可被替换。比赛应由 4 节组成，每节 10 分钟。在第 1 节和第 2 节(上半时)之间，第 3 节和第 4 节(下半时)之间，以及每一决胜期之前，应有 2 分钟的比赛休息期间。两个半时之间的比赛休息期间应是 15 分钟。如果在第 4 节比赛结束时比分相等，比赛有必要再继续若干个 5 分钟的决胜期来打破平局。

(三)得分

当球已进入对方的球篮，对中篮的队按如下计得分：一次罚球中篮计 1 分，从 2 分中篮区域球离手，中篮计 2 分；从 3 分中篮区域球离手，中篮计 3 分；在最后一次罚球中，球接触篮圈后，在球进入球篮之前被任一队员合法接触，中篮计 2 分。

(四)违例

违例是违犯规则。将球判给对方队员，从最靠近发生违例的地点掷球入界。

1. 带球走

当队员在场上持着一个活球，其一脚或双脚超出本条款所述的限制，向任一方向非法的运动是带球走。在场上正持着一个活球的队员用一脚(称为“中枢脚”)始终接触着该脚与地面接触的那个点，而另一只脚向任一方向踏出一次或多次的合法运动是旋转。

2. 球出界

在球出界，以及球接触了除队员以外的其他物体而出界之前，最后接触球或被球接触的队员是使球出界的队员。如果球出界是由于接触了界线上或界线外的队员，是该队员使球出界。在争球期间，如果队员移动到界外或他/她的后场，一次跳球情况发生。

3. 有关时间的违例

(1)3 秒违例：某队在前场控制活球并且比赛计时钟正在运行时，该队的队员在对方队的限制区内持续停留超过 3 秒。

(2)8 秒违例：每当一名在后场的队员获得控制活球时，或在掷球入界中，球接触后场的任一队员或者被后场的任一队员合法接触，掷球入界队员所在队仍拥有在后场的球权。该队没有在 8 秒内使球进入该队的前场。

(3) 24 秒违例：每当一名队员在场上获得控制活球时。在掷球入界中，球接触任一场上队员或被任一场上队员合法接触时，并且掷球入界队员的球队仍然控制球时。该队没有在 24 秒内尝试投篮。

(五)犯规

1. 侵人犯规

侵人犯规是无论在活球或死球的情况下，攻守双方队员发生的非法身体接触的犯规。

罚则：应登记犯规队员一次侵人犯规。如果对没有做投篮动作的队员发生犯规，则由非犯规的队在最靠近犯规的地点掷球入界重新开始比赛。如果对投篮队员发生犯规，应按下列所述判给投篮队员若干罚球：如果从中篮区域的出手投篮成功：应计得分并追加 1 次罚球。如果从 2 分中篮区域的出手投篮不成功，则判 2 次罚球。如果从 3 分中篮区域的出手投篮不成功，则判 3 次罚球。

2. 双方犯规

双方犯规是两名互为对方的队员大约同时相互发生侵人犯规或违反体育运动精神犯规/取消比赛资格犯规的情况。

罚则：应给每一犯规队员登记一次侵人犯规或违犯体育运动精神犯规/取消比赛资格犯规。如果：中篮得分或最后一次罚球得分，应将球判给非得分队从该队端线后的任何地点掷球入界。如果某队已控制球或拥有球权，应将球判给该队从最靠近违犯的地点掷球入界。如果任一队都没有控制球也没有球权，一次跳球情况发生。

3. 技术犯规

技术犯规是没有身体接触的犯规。

罚则：宣判队员技术犯规，应作为队员的犯规登记在该队员名下，并计入全队犯规中。队席人员犯规，应登记在主教练名下，并不计入全队犯规次数中。应判给对方队员 1 次罚球。罚球后，由宣判技术犯规时控制球队或拥有球权队在比赛停止时距离球最近的地点执行掷球入界。

4. 取消比赛资格的犯规

取消比赛资格的犯规是队员、替补队员、主教练、助理教练、出局的队员和随队人员的任何恶劣的违反体育运动精神的行为是取消比赛资格的犯规。

罚则：应给犯规者登记一次取消比赛资格的犯规。每当犯规者依据这些规则的各个条款被取消比赛资格，他/她应去该队的休息室，并在比赛期间留在那里，或者如果他/她愿意，也可以选择离开体育馆。如果是一起非身体接触犯规，由对方主教练指定的任一本队队员执行罚球。

思政元素

乡村篮球“筑梦记”

岳塘区荷塘街道，清水村文化广场。

这个占地392平方米、清水村唯一的篮球场，在过去7年间为人们所熟知，是因为一个叫“乡村篮球夏令营”的公益行动。

运球、护球、交叉运球……一堆孩子围着一名青年，听他讲解、演示打篮球的要领。孩子们在认真听的同时，努力练习每一个动作，球场上满是“啪、啪、啪”的声音。

这只是乡村篮球夏令营训练时的一个片段。

90分钟的篮球课，30多个孩子，人手一个篮球，在条件简陋的水泥地上挥汗如雨，肆意欢笑，谁都不愿停下来，生怕错过任何一个技术细节。

清水村的村民已经习惯了这种场面。从2016年夏天至今，村里有超过200个孩子在这个球场接受篮球启蒙教育，年龄从7岁到16岁不等。如今，最早的一批学员中有人已进入了社会。而篮球夏令营的创始人戴哲还在这里，乐此不疲地为新一批乡村儿童点亮梦想。

（资料来源：湘潭在线，2022年7月26日，有改动）

第二节　排球运动

一、排球运动概述

1895年，美国人威廉·摩根发明了排球运动，因参与者在场上分排站立击球而得名。1905年，排球运动传入我国。排球运动在发展过程中先后经历了16人制、12人制、9人制的比赛形式及相应的规则，直到20世纪50年代初才正式开展6人制排球运动。

1947年，国际排球联合会成立，现在已成为拥有200多个协会会员的体育组织。1964年，第18届奥运会上排球被列为正式比赛项目。目前世界性的排球比赛有世界排球锦标赛、世界杯排球赛、奥运会排球比赛、世界青年排球锦标赛等。

知识延伸

软式排球

软式排球是继正规(硬式)排球及沙滩(沙地)排球之后的又一项既有竞技体育形式和内容，又符合全民健身要求的新兴体育运动项目。

1995年8月，北京体育大学举办了我国首届软式排球比赛，受到了人们的欢迎。2000年6月1日，教育部正式将软式排球列入九年义务教育《体育与健康教学大纲》中。近年来，在国家体育总局、教育部的大力倡导下，软式排球在我国迅速发展。目前，软式排球已成为全民健身的一个新亮点，活跃在中国体坛。

软式排球技术简单，易于掌握，规则灵活，受场地的限制也较少。而且软式排球球体轻、软，比赛者不易受伤。一个队由4～6名队员组成，比赛时双方上场队员人数相等，在一个长16米、宽9米或长18米、宽9米的场区进行集体对抗。比赛采用三局两胜制，采用每球得分制，以某队赢得25分并至少高出对方2分为该局获胜(如25∶23、26∶24)，无最高分限制。

软式排球的球有充气式和免充气式两种。软式排球的突出特点是球柔软且质量轻，飞行速度慢，使接球的难度减小，来回球次数较多，从而增加了趣味性。

总之，软式排球作为排球家族的后起之秀，对身体素质、技术和年龄的要求不高，不进行直接的身体接触，但又有相当的对抗性，适合在青少年学生、大学生和中老年等人群中开展，因而，其发展前景十分广阔。

名人名言

女排精神不是赢得冠军，而是有时知道不会赢，也竭尽全力。

——郎平

二、排球运动的基本技术

排球技术是指在排球规则允许的条件下，运动员采用的各种合理的击球动作和为完成击球动作所做出的必不可少的配合动作的总称。排球运动包括准备姿势和移动、垫球、传球、发球、扣球、拦网六大基本技术。

(一)准备姿势和移动

准备姿势和移动是完成各项击球技术的前提和基础，并对各项击球技术动作的运用起着连接作用。

1. 准备姿势

在起动、移动和击球前所采用的合理的身体动作或姿势，称为准备姿势。准备姿势是为了迅速起动、快速移动，及时助跑、起跳、倒地，便于完成各种击球动作。准备姿势按身体重心高低可分为稍蹲、半蹲和低蹲三种。其中应用最多的是半蹲准备姿势。

(1)半蹲准备姿势。两脚开立，略比肩宽，两膝弯曲，脚跟自然提起，上体前倾，身体重心靠前，膝部的垂直线在脚尖前面，两臂放松，自然弯曲置于腹前，两眼注视来球，两脚始终保持微动。

(2)稍蹲准备姿势。动作方法与半蹲准备姿势基本相同，不同的是身体重心稍高，一般多用于扣球和发球前。

(3)低蹲准备姿势。两脚开立的距离比半蹲准备姿势更宽一些，两膝弯曲的程度更大一些，身体重心更低、更靠前，主要用于接扣球、接拦网球。

2. 移动

从起动到制动之间的位移动作称为移动。移动的目的是及时接近球，保持好人与球的位置关系，以便击球，同时迅速占据场上的有利位置。排球比赛中的移动大多是短距离的，两三步的移动最多，从动作结构来分析，主要分为起动、移动、制动三个环节。距离稍长时，还包括途中的步法和频率。其中，移动的步法有并步与滑步、交叉步、跨步、跑步与综合步等。

(1)并步与滑步。当来球距身体一步左右时可采用并步移动。两脚前后站立，与肩同宽，两膝微屈，上体稍向前倾，两手自然放松置于腰腹。并步时，前脚向来球方向跨出一步，后脚迅速蹬地跟上，并做好击球前的姿势。并步可向前、后、左、右各方向移动。连续并步移动称为滑步。

(2)交叉步。当来球距体侧两米左右时，可采用交叉步移动。向右侧移动时，上体稍向右转，左脚从右脚前向右交叉迈出一步，然后右脚再向右侧方向跨上一大步，同时身体重心移至右脚，身体转向来球方向，保持击球前的姿势。

(3)跨步。当来球较低时，离身体二三米左右时采用跨步。跨步前膝部弯曲，上体前倾，身体重心移至跨出脚上；跨步时，一脚用力蹬地，另一脚向来球方向跨出一大步，后脚随身体重心前移自然跟上，两臂做好迎球动作。

(4)跑步与综合步。球距人较远时应采用跑步，跑步时两臂要配合摆动，不要过早做击球动作的准备，以免影响跑步速度。球在侧方或后方时，应一边转身观察球一边跑。两种移动步法综合运用称为综合步，如跑步移动后接侧滑步、滑步移动后接交叉步移动等。

(二)发球技术

队员在发球区用一只手将自己抛起的球直接击入对方场区的技术动作称为发球。发球是比赛的开始，也是进攻的开始。准确而有攻击性的发球，不仅可以直接得分或破坏对方进攻战术的组成，还可以减轻本方防守压力，为本方防守反击创造有利条件。

发球技术根据动作结构大体可分为 8 种：正面上手发球、勾手发球、正面上手发飘球、勾手发飘球、正面下手发球、侧面下手发球、发高吊球、跳发球。其中，正面上手发球是最基本的和运用最多的发球方法，正面下手发球和侧面下手发球是初级技术，适合初学者使用。

1. 侧面下手发球

以右手发球为例，左肩对网，两脚左右开立，与肩同宽，两膝微屈，上体稍向前倾，重心落在两脚之间，左手持球置于腹前。左手将球平稳上抛于胸前约一臂距离，球离手高度约一个半球。在抛球的同时，右臂摆至右后下方，接着利用右脚蹬地向左转体的力量，带动右臂向前上方摆动，在腹前用全掌、虎口或掌根击球后下部。击球后，立即进场比赛(见图 5-10)。

图 5-10 侧面下手发球

这种发球动作较简单，容易掌握，适合初学者。其特点是发球失误少，但攻击性不强。

2. 正面上手发球

以右手击球为例，发球时面对球网，两脚自然开立，左脚在前，左手托球于体前。然后左手将球平稳地抛于右肩的前上方，高度适中，同时右臂抬起，屈肘后引，肘与肩平，上体稍向右侧转动，抬头，挺胸，展腹，手掌自然张开，利用蹬地，使上体向左转动，同时收腹，带动手臂向前上方快速挥动；在右肩前上方伸直手臂的最高点，用全掌击球的后中下部。击球时，手指和手掌要张开与球吻合，手腕要迅速做推压动作，使击出的球呈上旋飞行，击球后，随着重心前移，迅速进场比赛(见图 5-11)。

图 5-11　正面上手发球

这种发球击球点高，可以充分利用胸腹和上肢的爆发力，加之运用手掌的推压动作使球呈上旋飞行，不易出界，具有较大的攻击性和准确性。

(三)传球技术

利用全身协调力量并通过手指手腕的弹力，将球传至一定目标的击球动作称为传球。传球是排球运动中的一项重要的基本技术，是组织进攻战术的基础。双手传球的技术动作通常分为正面传球、背向传球、侧向传球三类。下面主要介绍正面传球(见图 5-12)。

图 5-12　正面传球

面对目标的传球称为正面传球。它是最基本的传球方法，是掌握和运用其他各种传球技术的基础。其动作方法如下。

1. 准备姿势

采用稍蹲姿势，上体稍挺起，仰头看球，屈肘，两手自然抬起，放松置于脸前。

2. 迎球和击球点

当来球接近额前时，开始蹬地、伸膝、伸臂，两手手指微张，从脸前向前上方迎出。击球点在额前上方约一球距离处。

3. 手型

手触球时，十指应自然张开使两手呈半球状，手腕稍后仰，以拇指内侧，食指全部，中指的二、三指节触球的后下部，无名指和小指在球两侧辅助控制球的方向，两拇指相对近“一”字形。两肘分开，两臂之间约成 90°角。

4. 用力

在迎球动作的基础上，在手和球即将接触前，手腕和手指要有前伸迎球的动作。当手与球接触时，各大关节应继续伸展，最后用手指手腕的弹力将球击出。

(四)垫球技术

用除手指弹击动作外的身体任何部位击球的动作称为垫球。垫球是排球的基本技术之一，最常用的是前臂垫球。垫球主要用于接发球、接扣球、接拦网球以及防守和处理各种困难球。垫球按动作方法分为正面双手垫球、体侧双手垫球、背向双手垫球、跨步垫球、低姿垫球、单手垫球、滚翻垫球、侧倒垫球、鱼跃垫球、挡球、前扑垫球以及其他部位垫球。下面主要介绍正面双手垫球、体侧双手垫球和跨步垫球。

1. 正面双手垫球

(1)准备姿势。面对来球，呈半蹲或稍蹲姿势站立。

(2)手型、击球点和触球部位。当球接近腹前时，两手掌根相靠，两手手指重叠，手掌互握，两拇指平行向前，手腕下压，两前臂外翻成一个平面，用这个平面击球的后下部。击球点保持在腹前高度，从而便于控制用力大小和根据垫球的方向调整手臂与球的角度。击球时，两臂靠拢前伸，插到球下，靠手臂上抬力量增加球的反弹力，同时配合蹬地跟腰动作，使身体重心继续协调地向抬臂方向伴送球。垫击动作结束后，立即松开双臂做好下一动作(见图 5-13)。

图 5-13　正面双手垫球

正面下手双手垫球技术

2. 体侧双手垫球

在体侧用双手击球称为体侧垫球。当来球飞向体侧，队员来不及移动对正来球时，可采用体侧双手垫球。当球向右侧飞来时，左脚蹬地，跨右脚，重心右移，两臂夹紧向右伸出，左臂微向下倾斜，用向左转腰和提右肩的动作，配合两臂自右后方向前截住球飞行的路线，用两前臂垫击来球的后下部。当球向左侧飞来时，以相反方向的动作击球(见图 5-14)。

体侧双手垫球的特点是伸臂动作快，控制范围大，但不易控制垫球方向，准确性不及正面双手垫球。

3. 跨步垫球

当来球部位低、离人远时，要看准来球，及时向前或向侧方跨一大步，两臂前伸，用前臂击球后下部(见图 5-15)。

图 5-14　体侧双手垫球

图 5-15　跨步垫球

(五)扣球技术

队员跳起，在空中用一只手或手臂将本方场区上空高于球网上沿的球击入对方场区的一种击球方法称为扣球，它是排球的基本技术之一，也是排球中攻击性最强的一项技术。扣球是排球比赛得分的主要手段，也是进攻中最积极有效的武器。扣球技术按动作方法分为正面扣球、勾手扣球、单脚起跳扣球等。这里仅介绍正面扣球(见图 5-16)。

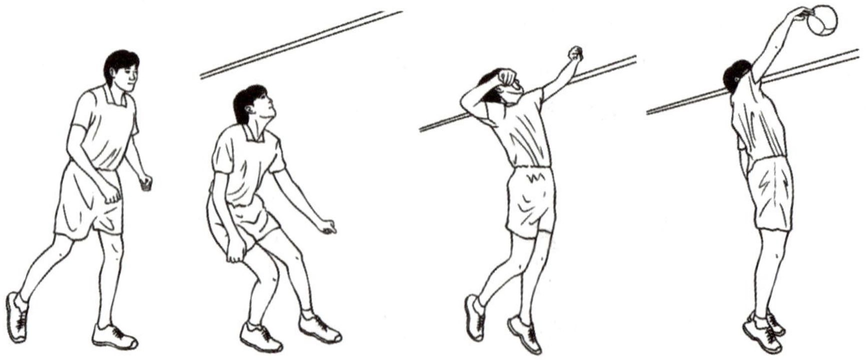

图 5-16　正面扣球

1. 准备姿势

扣球助跑前采用稍蹲姿势，两臂自然下垂，离网 3 米左右，观察来球，做好向各个方向助跑起跳的准备。

2. 助跑

助跑开始时，左脚先向前迈出一步，紧接着右脚再快速跨出一大步，左脚及时并上，踏在右脚之前，两脚尖稍向右转，两臂绕体侧向上引摆。

3. 起跳

在助跑跨出最后一步(第二步)，左脚并上踏地制动的同时，两臂自后积极向前摆动，随着两腿蹬地向上起跳，两臂配合起跳有力地向上摆动。

4. 空中击球

起跳后，挺胸展腹，上体稍向右转，右臂向后上方抬起，身体呈反弓形。挥臂时，以迅速转体、收腹动作发力，依次带动肩、肘、腕各部位关节向前上方成鞭打动作向前上方挥动，击球时，五指微张，以掌心为主，全掌包满球，在手臂伸直的最高点前上方击球的后中部，同时主动用力屈腕屈指向前推压，使扣出的球呈上旋。

5. 落地

两脚前脚掌先着地，再过渡到全脚掌，顺势屈膝、收腹，以缓冲下落的力量。

(六)拦网技术

靠近球网的队员，将手伸向高于球网处阻挡对方的来球，并触及球，称为拦网。拦网是防守的第一道防线，也是第一道进攻线。它不仅可以将对方的扣球拦回、拦起，减轻后排防守的压力，而且可以直接将球拦死，使之成为得分的重要手段。拦网分为原地起跳拦网和助跑起跳拦网两种，根据组成拦网的人数又可分为单人拦网、集体拦网。

1. 单人拦网

(1)准备姿势：队员面对球网，两脚左右开立，约与肩同宽，距网 30～40 厘米，两膝微屈，两臂屈肘置于胸前。

(2)移动：常用的步法有并步、交叉步、跑步等。无论采用哪种步法，都要做好制动动作，以保证向上起跳顺利，避免触网和冲撞同队队员。

(3)起跳：原地起跳时，两腿屈膝，重心降低，用力蹬地，垂直向上跳起。

(4)空中动作：起跳时，两手从额前沿球网向上方伸出，两臂伸直并保持平行，两肩上提。拦网时，两臂应伸过网去接近球。两手自然张开，屈指屈腕呈半球状，当手触球时，两手要突然紧张，手腕下压盖在球的前上方。

(5)落地：拦网后，要做含胸动作，以保持身体平衡。手臂要先后摆或上提，从网上收回至本方上空，再屈肘向下收臂，以免触网。与此同时屈膝缓冲，两脚落地。

2. 集体拦网

集体拦网是以单人拦网为基础，进行两人或三人协同一致拦一个进攻点的配合行动，目的在于扩大拦截面，主要在对方扣球手进攻力强、路线变化多、不善吊球的情况下采用。

三、排球运动的基本战术

排球战术是指运动员在排球比赛中，根据排球竞赛规则、排球运动的规律、比赛双方的具体情况和临场变化，合理运用个人技术及集体配合所采取的有意识、有组织的行动。

排球战术分为个人战术和集体战术两大类，集体战术又分为进攻战术和防守战术两大系统。

(一)进攻战术

进攻战术由一传、二传和扣球三个环节组成，分为进攻阵形和进攻打法两个方面。进攻阵形即进攻时采用的组织形式。合理的进攻阵形有助于某些集体战术的组成，是完成各种进攻打法的基础。进攻阵形主要有三种："中一二""边一二"和"后排插上"。这里只简单介绍一下前两种进攻阵形。

1."中一二"进攻阵形

"中一二"进攻阵形是指由前排 3 号位队员担任二传，其他队员将球垫、传给二传队员，再由二传队员将球传给前排 4 号位队员、2 号位队员或后排三名队员进攻。

采用"中一二"进攻阵形时应注意以下两点。

①当二传队员轮换到 4 号位或 2 号位时，应根据"中一二"战术的需要，采用换位方法，把二传队员换到 3 号位，以便组织进攻。

②3 号位二传队员如果向两边都采用正面传球，可以居中站位；如果二传队员利用正面长传或背后短传，站位可偏近 2 号位区。

这种阵形是排球战术中最基础、最简单的一种进攻阵形。其优点是二传队员位置居中，距离场上各个位置都比较近，一传的目标明确，二传队员也易于接应，加之战术配合简单，因此便于组织；缺点是战术配合方法少，进攻点较清楚，战术意图易被对方识破，对方容易组成集体拦网。

2."边一二"进攻阵形

"边一二"进攻阵形是指由前排 2 号位队员站在 2 号位与 3 号位之间，担任二传，其他队员将球传、垫给二传队员，再由二传队员将球传给前排 3 号位队员、4 号位队员或后排三名队员进攻。

"边一二"进攻阵形比较简单，容易掌握，但由于对一传、二传的要求都较高，组织"边一二"进攻阵形要比组织"中一二"进攻阵形的难度大，其战术配合也较为复杂。

采用"边一二"进攻阵形时应注意以下三点。

①当二传队员轮换到 3 号位或 4 号位时，应根据"边一二"战术需要，采用换位方法，把二传队员换到 2 号位。

②二传队员应在 2 号位与 3 号位之间，不要紧靠边线站立，以便运用背快球战术。

③前排二传队员可根据对方拦网情况，采用两次进攻的战术。

(二)防守战术

防守战术的形式可分为接发球阵形和站位，接扣球防守阵形和站位，接拦网球阵形和站位，接传、垫球阵形站位。这里只简单介绍一下接扣球防守阵形中，双人拦网下的"心跟进"防守阵形和"边跟进"防守阵形。

1."心跟进"防守阵形

固定由 6 号位队员跟进防吊球及前区球，称为"心跟进"防守阵形，或称为"6 号位跟进"防守阵形。这种防守阵形，多在对方采取以扣吊结合为主的进攻战术时，为了解决心空问题时所采用。其特点是加强了网前的防守，但后场防守人少，空隙较大，力量相对有所减弱。

以对方 4 号位队员进攻为例，本方由 2 号位和 3 号位队员拦网，封住中区，4 号位队员后撤 4 米左右防守，6 号位队员跟至拦网队员身后 3 米附近，1 号位和 5 号位队员防守后场，每人负责一个防区。

2.“边跟进”防守阵形

由 1 号位或 5 号位队员跟进防吊球及前区球，称为“边跟进”防守阵形，也称为“1、5 号位跟进”防守阵形。这种阵形一般在对方进攻力量较强、战术变化较多、吊球较少时采用。

思政元素

惠若琪身体力行为全民健身发展贡献力量

退役之后，惠若琪一直进行体育推广，特别是排球项目的推广工作。她表示，排球项目是国人喜闻乐见的一项集体球类运动，大家对在奥运会和各项世界大赛中取得优异成绩、为国争光的中国女排以及各支国字号排球队的表现都非常关注，但是真正参与排球运动的人相对其他项目还比较少。因此，她在大力推广排球项目时，牵头发起了由业余排球爱好者参与的 VAL 排球联赛。经过这些年的推广和运作，这项赛事从一开始只有几支球队参赛，发展到目前有几十支球队参与其中。惠若琪说，参加奥运会和世界大赛为国争光、实现梦想，是专业运动员在体育赛场上的追求，但走下赛场后带动更多人参与体育运动，并保持积极向上的生活态度，更是专业运动员义不容辞的社会责任。

在惠若琪看来，大力发展全民健身不仅能够带动体育产业的蓬勃发展，也能够增进人与人之间的沟通，推动优秀中华文化的对外传播，促进社会和谐发展。惠若琪希望全民健身事业未来能够达到新高度，带动更多人参与到体育运动中，让越来越多的人喜欢上体育，并养成健康的生活方式。

（资料来源：《中国体育报》，2022 年 7 月 29 日，有改动）

四、排球运动的比赛规则

（一）比赛场地

比赛场地为对称的长方形，包括比赛场区和无障碍区。比赛场区为 18 米×9 米的长方形，其四周至少有 3 米宽的无障碍区。国际排联（FIVB）比赛、世界性比赛和正式比赛中，比赛场区边线外的无障碍区的宽度应为 5 米，端线外的无障碍区的宽度应为 6.5 米。比赛场地上空的无障碍空间至少高 12.5 米。室内比赛场区的地面必须为浅色。国际排联（FIVB）比赛、世界性比赛和正式比赛中的场地界线为白色。

（二）比赛胜负

每局（决胜的第 5 局除外）先得 25 分同时至少超过对方 2 分的队胜 1 局。当比分为 24∶24 时，比赛继续进行至一支球队领先 2 分（26∶24、27∶25……）为止。

胜 3 局的队胜 1 场。如果 2∶2 平局时，决胜的第 5 局先得 15 分并至少领先对方 2 分的球队获胜。

(三)技术性犯规

1. 发球犯规

球被抛起或持球手撤离后，必须在球落地前，用一只手或手臂的任何部分将球击出。球只能被抛起或撤离手 1 次，但拍球或在手中摆弄球是被允许的。发球队员在击球时或发球起跳时，不得踏及场区(包括端线)或发球区以外地面。发球队员必须在第一裁判员鸣哨允许发球后 8 秒内将球发出。裁判员鸣哨允许发球前的发球无效。

2. 4 次击球犯规

一个队连续击球 4 次(拦网除外)为 4 次击球犯规。

3. 持球和连击犯规

球被接住和(或)抛出，而不是被弹击出，为持球犯规。1 名队员连续击球 2 次，或球连续触及身体不同部位，为连击犯规。

4. 过网击球犯规

对方进攻性击球前或击球时，在对方空间触及球或对方队员为过网犯规。

5. 过中线犯规

比赛进行中，队员的双脚(单脚)全部越过中线进入对方场区为过中线犯规。

6. 拦网犯规

(1)在对方进攻性击球前或击球的同时，在对方空间完成拦网。

(2)后排队员或自由防守队员完成拦网或参加了完成拦网的集体。

(3)拦对方的发球。

(4)拦网出界。

(5)从标志杆以外伸入对方空间拦网。

(6)自由防守队员试图进行个人或参加集体拦网。

第三节 足球运动

一、足球运动概述

足球运动是以脚为主支配球，两队相互对抗、激烈竞赛的一种球类运动项目。足球运动是世界上开展得最为广泛、影响最大的体育运动项目之一，被誉为“世界第一运动”。

我国是开展足球运动最早的国家。早在 3000 多年前的商朝，就有了“足球舞”，这是古代足球游戏的雏形。战国时期民间已盛行“蹴鞠”游戏，它以脚为主支配球，类似现在的足球游戏。现代足球起源于英国，1863 年 10 月 26 日，英国成立了世界上第一个足球运动组织——英格兰足球协会，制定了较为统一的足球竞赛规则，这标志着足球运动的发展进入了一个崭新的阶段。1900 年，第二届奥运会将足球列为正式比赛项目。

二、足球运动的基本技术

足球技术是指队员在足球比赛中所采用的合理动作的总称，是在足球的历史演变中不断形成、发展和完善起来的。足球基本技术包括踢球、接球、运球、运球过人、头球、抢截球、守门员技术等。

(一)踢球技术

1. 脚内侧踢球

脚内侧踢球是脚内侧部位(跖趾关节、舟骨、跟骨等所形成的平面)踢球的一种方法(见图 5-17)。

脚内侧踢球

图 5-17　脚内侧踢球

脚内侧踢球的特点是脚与球接触面积大，出球准确平稳，且易于掌握。但由于踢球时要求大腿前摆到一定程度时需要外展且屈膝，大腿与小腿的摆动部受到限制，所以出球力量相对较小。因此脚内侧踢球只适用于近距离传球配合和射门。

踢定位球时，直线助跑，支撑脚踏在球的侧后方 15 厘米左右处，膝关节微屈，在支撑脚着地时，踢球腿大腿带动小腿由后向前摆动。在前摆的过程中大腿外展，当膝关节的摆动接近球的正上方时小腿做爆发式摆动。在触球前将脚跟送出使得脚内侧部位所形成的平面与出球方向垂直，踢球脚脚底与地面平行，脚尖微微翘起，踝关节保持紧张，用脚内侧部位击球的后中部。

2. 脚背内侧踢球

脚背内侧踢球是用第一跖骨及跖趾关节部位触击球的一种踢球方法。此法踢球的力量大，出球的路线变化多，是应用最多的一种踢球方法，适用于中远距离传球和射门。比赛中常用脚背内侧踢定位球，传过顶球或转身踢球(见图 5-18)。

图 5-18　脚背内侧踢球

踢定位球时，斜线助跑，助跑方向与出球方向约成45°角，最后一步稍大，以支撑脚底积极着地，脚尖指向出球方向，距球的侧后方20～25厘米，膝关节微屈，身体稍向支撑脚一侧倾斜。在支撑脚着地的同时踢球腿以髋关节为轴，大腿带动小腿由后向前摆。当身体转向出球方向，膝盖摆至接近球的内侧上方的瞬间，小腿做爆发式前摆，脚尖稍外转，脚背微屈，脚趾扣紧，脚背绷直，脚尖指向斜下方，以脚背内侧踢球的后中部，踢球腿继续前摆，两臂外展以维持身体平衡。

3. 脚背正面踢球

脚背正面踢球是用脚背正面的楔骨和趾骨末端部位触球的一种踢球方法。脚背正面踢球，摆幅相对较大，加之用脚背踢球，接触面(与球)相对较大，因而踢球力量也较大，准确性也较高。但受以上因素影响，出球的方向及性质相对变化也较小。在比赛中经常使用脚背正面踢定位球、地滚球、空中球等。球的性质多为不旋转的直线球(见图5-19)。

图5-19　脚背正面踢球

踢定位球时，直线助跑，最后一步稍大，支撑脚全掌积极着地，踏在球的侧方10～15厘米处，脚尖正对出球方向，膝关节微屈，踢球腿屈膝后摆，在支撑脚着地的同时，以大腿带动小腿，加快小腿的摆速由后向前摆，脚背绷直，当膝关节摆至接近球的正上方时，小腿做爆发式的摆动，脚趾紧屈，以脚背正面部位击球的后中部。

4. 脚背外侧踢球

脚背外侧踢球是用第三、四、五趾骨部位接触球的一种踢球方法。因脚背外侧踢球的脚跟灵活性较大，摆腿方向变化较多，且助跑时又是正常的跑动姿势，所以出球隐蔽性较强，运用范围广，变化多，突然性强，难度大，适用于中远距离的传球和射门(见图5-20)。

图5-20　脚背外侧踢球

踢定位球(平直球)时，基本与脚背正面踢球相同，只是在踢球的瞬间，摆动腿的膝关节和脚尖内转，脚面绷直，脚趾紧屈并提膝，以脚外侧部位踢球的后中部。

名人名言

当人们问及我哪一个进球是最精彩、漂亮的，我的回答是：下一个！

——球王贝利

(二)接球技术

接球是指队员有目的地用身体合理部位把运行中的球接控在所需要的控制范围内，更好地为传球、运球过人和射门的动作服务。因此，接球质量的好坏直接影响下一个动作能否顺利完成。比赛中来球的性质、状态有所不同，因此接球应根据不同情况采用不同的动作方法。接球的方法很多，可根据来球的高度及落点采用不同的部位接球。接地滚球和空中球时要做好缓冲来球力量的动作或改变球的方向，接反弹球时应掌握好球的落点及脚触球的时间和角度。

接球方法主要有脚底接球、脚内侧接球、脚背外侧接球、胸部接球等。

1. 脚底接球

由于脚底接触球的面积大，易将球接稳，脚底接球一般用于接正面地滚球和反弹球。

(1)脚底接地滚球：身体正对来球方向，移动前迎，支撑脚站在球的侧面(或前或后均可)，脚尖正对来球方向，膝关节微屈，同时接球腿提起，脚略背屈，一般以前脚掌接触球的上部为宜。

(2)脚底接反弹球：根据来球的落点，及时前移迎球，支撑脚站在球落点的侧后方，脚尖正对来球方向，球落地瞬间，用前脚掌去触球的中上部，微伸膝，用脚掌将球接在体前。

2. 脚内侧接球

脚内侧接球比较容易掌握，脚接触球的面积大，易接稳，用途广，并便于改变球的方向和与下一动作的结合，可以用来接地滚球、反弹球和空中球。

脚内侧接反弹球：及时移动到位，支撑脚与球落点的相对位置在球的侧前方，支撑腿膝关节微屈，身体向接球后球运行的方向偏移。接球脚提起，脚尖微翘，脚内侧对着接球后球运行的方向并与地面成锐角，当球落地反弹刚离地面时，大腿向接球后球运行的方向摆动，用脚内侧部位轻轻推球的中上部。

3. 脚背外侧接球

脚背外侧接球常与假动作结合起来做，具有隐蔽性，适用于接地滚球、反弹球和空中球。

4. 胸部接球

由于胸部面积大，有弹性，位置高，胸部接球适用于接高球。面对来球，两脚左右或前后开立，两臂自然张开，挺胸迎球，触球瞬间收胸、收腹、臀部后移，将球接在体前。

(三)运球技术

运球是指队员在跑动中用脚的推、拨、扣使球保持在自己控制范围内的连续触球动作，目的是突破对方防守，组织进攻。

运球时，身体自然放松，上体稍向前倾，两臂自然摆动，步幅适中。带球脚提起，膝关节微屈，脚背正面带球要脚尖下指，脚背外侧带球要脚内转，在迈步前，用脚推拨球，扩大视野，同时兼顾球和场上情况。

常用的运球技术有脚内侧运球、脚背正面运球、脚背外侧运球、脚背内侧运球。

1. 脚内侧运球

在运球前进时支撑脚始终领先于球，位于球的侧前方，肩部指向运球方向，支撑腿的膝关节微屈，重心放在支撑腿上，运球腿提起屈膝，用脚内侧推球前进，然后运球脚着地(见图 5-21)。

图 5-21　脚内侧运球

由于肩部指向运球方向，身体侧转，虽然移动速度较慢，但身体前倾有利于将对方与球隔开，所以这种技术多用在运球寻找机会传球时，或有对方阻拦须用身体做掩护时。

2. 脚背正面运球

运球时身体持正常跑动姿势，上体稍向前倾，步幅不宜过大，运球腿提起，膝关节稍屈，髋关节前送，提踵，脚尖下指，在运球脚着地前用脚背正面部位触球后中部，将球推送前进(见图 5-22)。

图 5-22　脚背正面运球

由于脚背正面运球时身体持正常跑动姿势，可以发挥出较快的速度，所以这种技术多用在运球前方一定距离内无对手阻拦时。

3. 脚背外侧运球

运球时身体持正常跑动姿势，上体稍向前倾，步幅不宜过大，运球腿提起，膝关节稍屈，髋关节前送，提踵，脚尖绕矢状轴向内旋转，使脚背外侧正对运球方向，在运球脚落地前用脚背外侧推拨球的后中部(见图 5-23)。

图 5-23　脚背外侧运球

脚背外侧运球时，身体姿势与正常跑动时相同，因而可以发挥出较快的速度，与脚背正面运球有相同的用途。另外，利用踝关节的动作可以很快改变脚背外侧面所正对的方向，所以在运球脚一侧改变方向时也多采用这种运球方法。这种方法能用身体将对手与球隔开，所以掩护时也常使用。

4. 脚背内侧运球

运球时身体稍侧转并自然协调放松，步幅小，上体前倾，运球腿提起外展，膝关节微屈外转，提踵，脚尖外转，使脚背内侧正对运球方向，在运球脚落地前用脚背内侧推拨球，使球随身体前进(见图 5-24)。

图 5-24　脚背内侧运球

脚背内侧运球，由于身体稍侧转，不能采用正常跑动姿势，所以不适用于高速运球。但由于接触部位和支撑位置的特点，易于完成向支撑脚一侧的转动，所以多用于向支撑脚一侧的转动变向运球。

(四)运球过人技术

1. 运球过人的种类

(1)拨球。利用踝关节向侧的转动，以达到用脚背内侧或脚背外侧触球，将球运向身体的侧前方、侧方、侧后方。

(2)拉球。将前脚掌放在球的上方或侧上方，另一脚在球的侧后方支撑，然后触球脚向后下方用力将球拉回。拉球一般都是躲开或引诱对方出脚抢球的瞬间将球拉回，造成对方抢球落空，使其重心随抢球脚前移，趁对手难于返回的瞬间将球迅速推送出去越过防守者。拉球时，除了往回拉以外，也常使用接触球的上方向左、右侧拉球。

(3)扣球。这种方法与拨球相同，不同的是它的用力是突然的，并伴随着突然转身或急停，使对手在来不及调整身体重心的瞬间，突然从反方向推送球越过对手的防守。

2. 运球过人的方法

在初步掌握了运球基本技术后，在无对手阻拦时可以将球控制在自己的周围。但若遇对手阻挡，要想越过对手的阻拦，就必须恰当地综合使用这些方法，抓住对手瞬间出现的漏洞，越过对手。

(1)利用速度强行过人。运球队员以突然的快速推拨球，并与快速的奔跑相结合越过对手的阻拦。使用这种方法必须具备以下几个条件：对手身后的较大空间内无其他的防守队员，或其他防守者难以补位，或运球队员高速运球，或运球队员与防守队员僵持时运球队员突然推拨球起动。这种方法主要是利用自己的起动速度抓住对手突停突起的时间差。

(2)利用身体的掩护强行过人。当运球队员接近对手时双方速度减慢，运球队员侧身用身体挡住对手以另一侧脚将球拨出，同时转身将对手倚在身后并随球越过对手。使用这种方法的要求如下：运球队员有能力倚住对手而不被对方挤开；将球控制在远离对手一侧，对手伸脚时不能触及球；在抵住对手时不可将重心偏离支撑面，否则一旦对手闪开时自己也会失去平衡。

(3)恰当地组合推、拨、挑、扣、拉等动作过人。以单脚或双脚轮流选用上述动作，组合起来的动作适时地变化运球的方向与速度，使对手难以判断过人的方向与时机，或造成对手重心出现错误的移动，运球队员抓住其漏洞而越过对手。

(4)运球假动作过人。这种方法是运球队员利用腿部、上体的晃动使对手产生错觉，在对手做抢球动作时，使其身体重心产生错误的移动，运球队员则抓住时机从另一方向越过对手。

(五)头球技术

各种头球都是由蹬地、摆体、颈部紧张、甩头或头正面击球等动作所组成的。头触球的部位和触球的时间是头球的关键。头球的方法分为前额正面和侧面顶球等，可以原地和跳起顶球，还可以鱼跃顶球。

原地头顶球时，身体正对来球方向，两眼注视来球，两脚左右开立(或前后开立)，两膝微屈，身体重心置于两脚之间，两臂自然张开。当球将要运行到身体垂直于地面的垂线时，两腿用力蹬地，迅速向前摆体，颈部保持紧张，微收下颌。在触球的瞬间，颈部做爆发式振摆，用前额正面击球中部，上体随球前摆。

(六)抢截球技术

抢截球技术是指队员在规则允许的范围内，使用身体的合理部位将对手控制的球夺过来或破坏掉。

1. 正面跨步堵抢

抢球队员迎着控球队员而站，两膝微屈，身体重心下降并置于两脚之间，当运球队员与抢球队员之间的距离缩小到一定范围(抢球队员向前跨一大步可能触及球)，运球队员脚触球后即将落地或刚刚落地时，抢球队员后脚用力蹬地并跨步向前，以脚内侧去堵截球，当已堵住球时，另一只脚迅速上步，身体重心也迅速跟上，并将球控制好。

2. 合理冲撞抢球

当防守队员并肩与控球队员跑动追球时，防守队员身体重心稍下降，靠近对手一侧的手臂紧贴身体，利用对方同侧脚离地的过程，用肘关节以上部位适当冲撞对手同样部位，使对手身体失去平衡，乘机将球控制住。

3. 正面铲球

移动接近控球队员，膝关节微屈，身体重心下降，当控球队员触球脚触球后尚未落地时，抢球队员两脚沿地面向球滑铲，随即用手扶地做向一侧的翻滚，并尽快起身。

4. 异侧脚铲球

当控球队员和防守队员都不能用正常的动作触球时(跑动中)，防守队员应根据自己与球的距离，同侧脚用力蹬地使身体跃出，异侧脚向前沿地面对着球滑出，脚底将球铲出，然后小腿外侧、大腿外侧、手依次着地。或铲出球后身体向铲球腿一侧翻转，手撑地后立即起身，使身体恢复到与下一动作衔接的状态和位置。

5. 同侧脚铲球

防守队员在跑动中根据控球队员和自己离球的距离做出判断，当对手不能立即触球时，用异侧脚用力蹬地，使身体向前跃出，同侧脚沿地面向前滑出的同时向外摆踢(踝关节应有向外的动作)，用脚背外侧将球踢出。也可用脚尖将球捅出，接着向对手一侧翻转，手撑地迅速恢复到下一个动作所需要的位置。

6. 截球

选择恰当的位置和时间，从对方背后突然插上，果断快速地利用踢、铲和接球等动作把对方队员传出的地滚球和空中球抢截下来或破坏掉。

在没有把握抢截球的情况下运用的一种手段：在比赛中需采用“照相”的方法先判断传球角度，然后边判断边堵上去，看准机会再出脚抢球。两脚前后开立，两膝微屈，身体重心下降，均匀地落在两脚上，面向对手，两眼注视对手的下肢动作，随着球的变化，迅速调整防守重心。

(七)守门员技术

1. 位置选择

守门员为了守住球门，首先要选择正确合理的位置。位置的选择应根据对方射门地点和射门时球所处的位置而定。

2. 跪撑式接球

跪撑式接球多用于向一侧移步接球。接左侧球时，屈左腿，右腿跪撑于左脚附近，距离不得超过球的直径，两手掌心向上，前迎触球后将球抱于怀中。接右侧球时，动作相同，方向相反。

3. 扑接球

扑侧面球时，异侧脚用力蹬地，两手快速向侧方伸出，一手置于球后，另一侧手置于球的侧后上方。同时，身体向同侧脚方向倒地，落地时小腿、大腿、臀、肘外侧依次着地，落地后即团身。

三、足球运动的基本战术

足球战术是指在比赛攻守过程中，为了战胜对手，根据主客观的实际所采取的个人行动和集体配合的总称。足球战术可分为进攻战术和防守战术两大系统，其中又分别包含个人战术和由两人或两人以上协同配合的集体战术。正确地组织战术和运用战术是夺取比赛胜利的重要因素。比赛阵形是指队员在场上的攻守力量搭配、职责分工、位置排列，它有助于各种战术目的和方法的实现。足球战术通常采用的阵形有“4-3-3”阵形、“4-4-2”阵形、“3-5-2”阵形等(见图 5-25)。

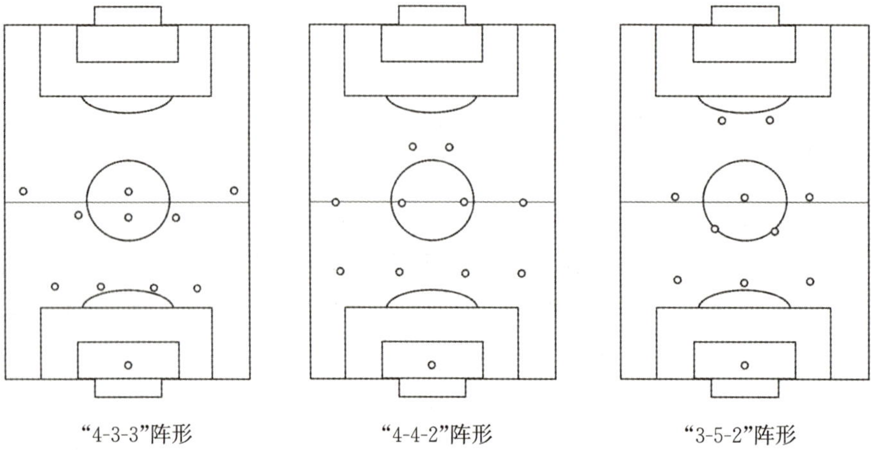

图 5-25　比赛阵形

(一)进攻战术

1. 个人进攻战术

个人进攻战术是指队员在比赛中为战胜对手，完成全队进攻战术任务而采取的行动。下面简单介绍摆脱与跑位。

(1)摆脱。摆脱可以采用突然起动、冲刺跑、急停、突然变向、突然变速和假动作等方法。

(2)跑位。跑位可以起到接应、策动、牵制、突破等作用。

2. 局部进攻战术

足球比赛中，全队的进攻战术配合都由若干局部进攻配合所构成。无论多么复杂、精细的全队进攻配合，都必须通过局部进攻配合来完成。局部进攻配合是指在局部区域中，通过 2 名或 3 名队员之间的运球、传球、跑位等配合，突破 1 名或 2 名防守队员的方法。

比赛中经常采用的两人配合进攻方法有传切配合二过一、碰墙式配合二过一、回传反切二过一和交叉掩护二过一。“二过一”是足球比赛中最常用、最有效、最简捷的进攻配合方法。不论在球场任何一个区域，任何两名同队队员都可以随时采用此种方法。在局部区域，两人进攻配合能力的强弱直接反映了全队进攻配合的质量，也反映了队员的技术水平、战术意识及配合默契的程度。

(1)传切配合二过一。传切配合二过一是两名进攻队员通过一传、一切配合越过一名防守队员的配合方法，有斜传直插二过一和直传斜插二过一两种形式(见图 5-26)。

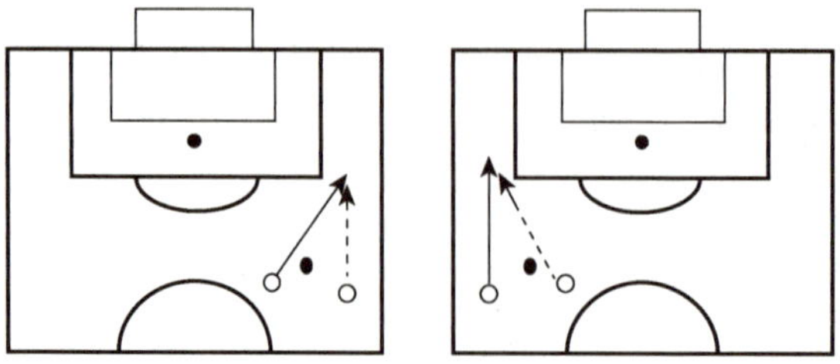
图 5-26　传切配合二过一

斜传直插二过一和直传斜插二过一都是只通过一次传球和穿插就越过一名防守队员，十分简捷和实用。在进行配合时，两名进攻队员要保持适当的距离。控球队员可采用运球或其他动作，诱使防守队员上前阻截。插入的队员必须突然、快速起动，但应避免越位。

(2)碰墙式配合二过一。碰墙式配合二过一是两名进攻队员通过两次传球越过一名防守队员的配合方法(见图 5-27)。

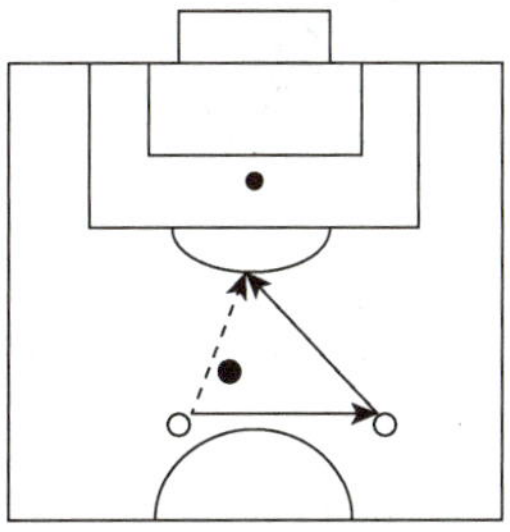

图 5-27　碰墙式配合二过一

运用这项技术时，持球队员要带球逼近防守队员，把防守队员吸引过来，在距离 2～3 米处传球。最好传地滚球，传球后立即快速插入，准备接球。接应队员要突然摆脱防守队员与持球同伴形成三角形位置，并侧对进攻方向，以利于观察来球。传球时，力量应适当，方向要准确。

(3)回传反切二过一。回传反切二过一是通过三次传球组成的配合方法。运用回传反切二过一配合时，要有一定的纵深距离，特别是在罚球区前中路地区，要估计到守门员可能出来断球的情况。持球队员要在距接球队员 8～10 米处传球，要向接球队员脚下传球，力量应稍大些，接回传后，立即将球传到防守队员身后的空当，传球要到位，力量要适当。反切队员回撤接球要逼真，以引诱防守队员实施紧逼，制造防守队员身后的空当。回传后，迅速转身，插向防守队员身后的空当。

(4)交叉掩护二过一。交叉掩护二过一是两名进攻队员通过运球与身体的掩护越过一名防守队员的配合方法。

持球队员要用远离防守队员的脚带球，将身体置于球与对手之间来保护球，完成配合后要继续跑位进攻。接球切入队员要靠近运球队友以接应之势迷惑对手，选择有利时机突然起动，接带球越过对手。

3. 全队进攻战术

全队进攻战术是指进攻的面比较广，投入的人数比较多的进攻配合。下面重点介绍边路进攻和中路进攻。

(1)边路进攻。在半场两侧地区发展的进攻称为边路进攻。在对方半场两侧地区发展的进攻，以创造射门为目的。由于两侧地区防守队员相对较少，空隙较大，攻方在这一地区便于发动进攻，突破防线，创造攻门机会。但是由于离球门远、角度小，直接得分的可能性小，大多数的攻门仍然由边路突破传中后，由中路和异侧同伴包抄完成(见图 5-28)。

图 5-28　边路进攻

(2)中路进攻。在场地中间地带发展的进攻称为中路进攻。中路进攻主要通过中锋、内切的边锋或插上的前卫，运用个人突破、“二过一”配合等方法，达到射门得分的目的。一般有由守门员发动进攻、后卫发动进攻等形式(见图 5-29)。

图 5-29　中路进攻

(二)防守战术

1. 个人防守战术

个人防守战术有选位与盯人。后插防守时应选位于对手与本方球门中心构成的直线上，此处应能够清楚地观察到场上情况和球的移动方向，使之控于自己的视野之内。盯人有紧盯人和松盯人两种。一般情况下，离球近或有可能接球的队员以及对球门有威胁的队员要紧盯人；距球远的一侧采取松盯人。

2. 局部防守战术

保护与补位是局部防守的基础。保护是补位的前提，没有保护也不可能有效地补位。队员间适当的斜线位是保护与补位的基本要求，也是后卫线防守站位的基本原则。后卫的斜线站位，相互间的纵深距离不能太大。补位是防守队员补同伴在防守中出现的漏洞，是防守队员间相互协助的一种方法。

3. 全队防守战术

全队防守战术包括盯人防守、区域防守和混合防守。混合防守是目前足球比赛中普遍采用的一种防守战术，它集合了盯人防守和区域防守两者的优点，在防守中能够根据场上情况进行逼抢、盯人和补位，延缓对方的进攻。快速回防到位，保持防守层次，相互保护，及时补位保护门前重地是防守的关键。

四、足球运动的比赛规则

(一)比赛场地

比赛场地必须为全天然草皮。若竞赛规程允许，可使用全人造草皮。人造草皮场地的表面必须为绿色。比赛场地形状必须为长方形，且由不具危险性的连续标线标示。两条较长的边界线为边线，两条较短的边界线为球门线。比赛场地有一条连接两侧边线中点的中线划分为两个半场。中线的中心位置为中点。以中点为圆心画一个半径为 9.15 米的圆圈。边线必须长于球门线。一般场地边线长度为 90～120 米，球门线长度为 45～90 米。国际比赛场地边线长度为 100～110 米，球门线长度为 64～75 米。

(二)比赛时间

一场比赛分为两个 45 分钟的半场。依照竞赛规程，在比赛开始前经裁判员和双方球队同意后，方可缩短各半场比赛时长。队员享有中场休息的权利，休息时间不得超过 15 分钟。

(三)队员人数

一场比赛有两队参加，每队最多可有 11 名上场队员，其中 1 名必须为守门员。如果任何一队场上队员少于 7 人，则比赛不得开始或继续。国际足联、各洲际联合会或各国足球协会可决定在其正式赛事中可使用的替补队员人数，但最多不能超过 5 人次替换。

(四)比赛判罚

1. 任意球

任意球的种类：当场上队员、替补队员、已替补下场的队员、已被罚令出场的队员或者球队官员犯规或违规时，判由对方球队罚直接或间接任意球。

罚任意球时，如果对方队员距离球不足规定的距离，除非可掌握有利，否则应重罚任意球。如果队员快速罚出任意球，随后距球不足 9.15 米的对方队员将球截获，裁判员允许比赛继续，然后对故意阻止对方快速发球的队员必须以延误比赛恢复为由予以警告。

2. 罚球点球

队员在本方罚球区内，或在正常比赛移动中离开比赛场地后，犯有可判罚直接任意球的犯规，则判罚球点球。罚球点球可直接射入球门得分。

罚球点球时，球必须放定在罚球点上。守方守门员必须处在球门柱之间的球门线上，面向主罚队员，且不可触碰球门立柱、横梁或球网，直至球被踢出。主罚队员和守门员以外的其他场上队员必须：距离罚球点至少 9.15 米；在罚球点后；在比赛场地内；在罚球区外。

3. 罚令出场的犯规

场上队员、替补队员或已替换下场的队员犯有如下行为时，应被罚令出场：①通过手球犯规破坏对方球队进球或明显的进球得分机会(守门员在本方罚球区内除外)；②通过可判罚任意球的犯规，破坏对方的进球或总体上朝犯规方球门方向移动的明显的进球得分机会(“破坏进球或明显进球得分机会”中说明的相关情况除外)；③严重犯规；④咬人或向任何人吐口水；⑤暴力行为；⑥使用攻击性、侮辱性或辱骂性的语言和/或行为；⑦在同一场比赛中得到第二次警告；⑧进入视频操作室。

第四节　乒乓球运动

一、乒乓球运动概述

乒乓球运动由网球运动发展而来，欧洲人至今把乒乓球称为“桌上的网球”。19 世纪末，欧洲盛行网球运动，但受到场地和天气的限制，英国人便把网球移到室内，以餐桌为球台，书做球网，用羊皮纸做球拍，在桌上推来挡去，便形成了“桌上网球”游戏，也由此形成了现代乒乓球运动的雏形。1890年左右，英格兰运动员从美国带回了空心塑料球，用它代替原来的软木塞。空心塑料球击在木板拍上会发出乒乓声响，故称“乒乓球”。1926年，第一届乒乓球锦标赛举行，同年，国际乒乓球联合会成立。1988年，乒乓球运动被列入奥运会正式比赛项目。1904年，乒乓球运动传入我国。

乒乓球被称为我国的“国球”。中华人民共和国成立后，乒乓球运动得到了快速的普及和发展，我国国家乒乓球队的竞技水平位居世界前列。

二、乒乓球运动的基本技术

（一）握拍方法与准备姿势

下面均以右手握拍为例，介绍乒乓球运动的基本技术。

1. 握拍方法

乒乓球握拍方法分为直拍握法和横拍握法两种，不同的握法各有其优点，从而产生各种不同的打法。

（1）直拍握法（见图5-30）。直拍握法的特点是正反手都用球拍的同一拍面击球，出手快，正手攻球快速有力，攻斜、直线球时，拍面变化不大，对手难以判断。

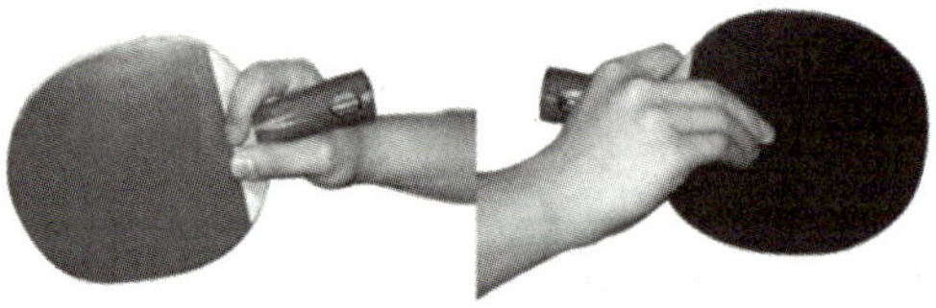

图5-30　直拍握法

（2）横拍握法（见图5-31）。横拍握法的特点是正反手攻球力量大，攻削球时握法变化小，反手攻球容易发力，也便于拉弧圈；但正反手交替击球时，需变换击球拍面，攻斜、直线球时调节拍形的幅度大，易被对手识破。

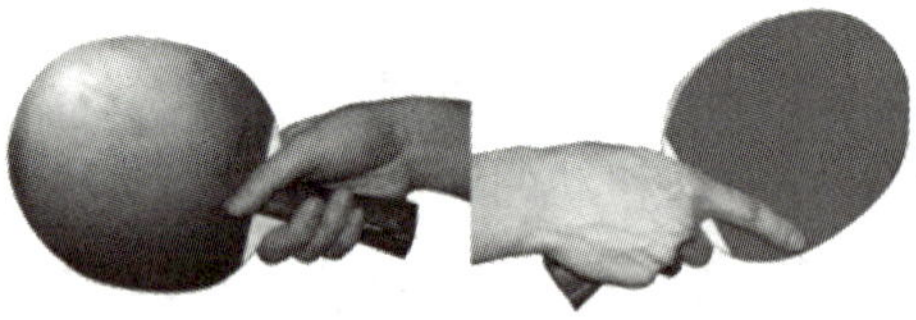

图5-31　横拍握法

（3）握拍的注意事项

①无论哪种握法，握拍都不应过紧或过松。过紧会使手腕僵硬，影响发力时的手腕动作，过松则影响击球力量和击球的准确性。

②握拍不宜太浅。直握拍时，食指和拇指构成的钳形不能过大或过小，以免影响手腕动作的灵活性。

③横握拍时，在变换击球的拍面、调节拍面角度时，要充分利用手指的作用。

④不应经常变换握拍方法，否则会影响打法类型及风格的形成，尤其是初学者更应注意。

2. 准备姿势

两脚平行站立，与肩同宽或稍宽，微微提踵，前脚掌内侧用力着地，保证快速起动移步。两膝微屈并向内扣。稍稍含胸收腹，上体略向前倾，以便快速移动和转腰击球。持拍手臂自然弯曲，直握拍时，握拍手臂的肘部略向外张，手腕放松，球拍置于腹部右前侧 20～30 厘米处，以利于左右照顾，加快击球速度。横握拍时，握拍手臂的肘部向下，前臂自然平举，两眼注视来球，以加强判断。

(二)基本步法

1. 单步

以一脚为轴，另一脚向前、后、左、右不同方向移动一步，身体重心也随之落到移动脚上。单步移动简单，范围小，身体重心移动平稳，当来球离身体比较近时使用。

2. 滑步

两脚几乎同时向来球方向蹬地，并几乎同时离地，来球异侧脚先落地，同侧脚紧随着地，挥臂击球。滑步移动范围较大，身体重心转换迅速，当来球离身体较远时使用。移动后两脚之间的距离基本不变，适合连续快速地回击来球。

3. 跨步

来球距离身体较远，且速度快、角度大，此时，一脚内侧蹬地，另一脚向移动方向跨一大步，蹬地脚随即跟上后，迅速还原。跨步移动幅度较大，身体重心起伏大，不利于连续击球。

名人名言

一天不练，自己知道；两天不练，对手知道；三天不练，观众知道。

——邓亚萍

(三)发球技术

发球是乒乓球技术中的一种重要技术，在比赛中能直接得分，并能创造进攻机会。良好的发球可以削弱对方的攻势，破坏对方的反攻。

1. 正手平击发球

动作要领：左脚稍前，身体略向右转。肩关节放松，上臂自然靠近身体。左手托球放在球拍正前方，在左手垂直抛球的同时，右臂以肘关节为中心，向身体后方摆臂引拍。击球时，以肘关节为中心，右臂带动球拍向目标方向摆臂挥拍击球(见图 5-32)。

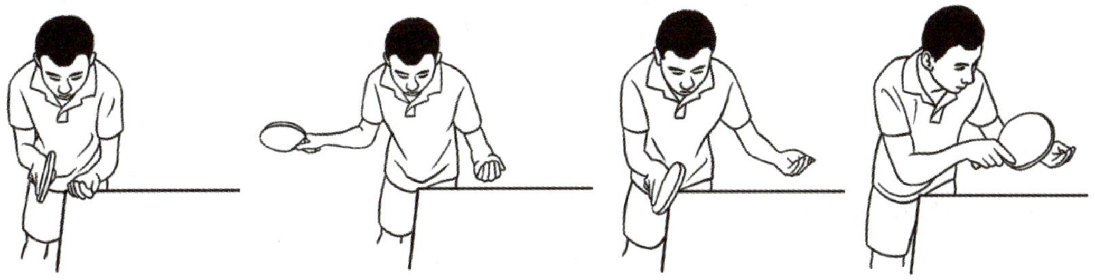

图 5-32　正手平击发球

2. 正手下旋发球

动作要领：左脚稍前，身体略向右转。肩关节放松，上臂自然靠近身体。左手托球放在球拍正前方，在左手垂直抛球的同时，右臂以肘关节为中心，向身体后方摆臂引拍。击球时，以肘关节为中心，右臂带动球拍向前下方摆臂挥拍，摩擦击球(见图 5-33)。

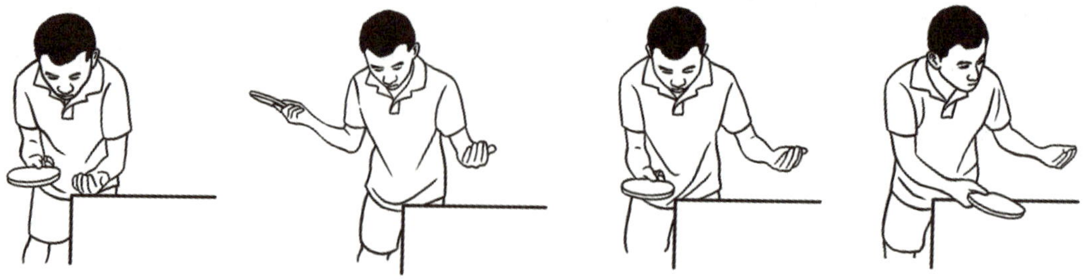

图 5-33 正手下旋发球

3. 正手侧上旋发球

动作要领：左脚稍前，身体略向右转。肩关节放松，上臂自然靠近身体。左手托球放在球拍正前方，在左手垂直抛球的同时，右臂以肘关节为中心，向身体后方摆臂引拍。击球时，以肘关节为中心，右臂带动球拍向左侧上方肩关节方向摆臂挥拍，摩擦击球(见图 5-34)。

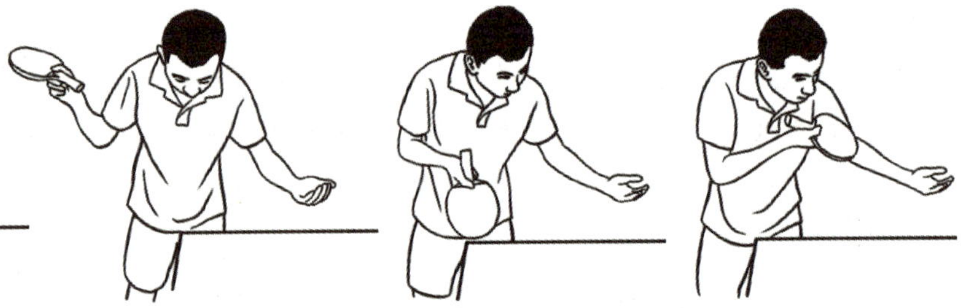

图 5-34 正手侧上旋发球

4. 正手侧下旋发球

动作要领：左脚稍前，身体略向右转。肩关节放松，上臂自然靠近身体。在左手垂直抛球的同时，右臂以肘关节为中心，向身体后方摆臂引拍。击球时，以肘关节为中心，右臂带动球拍向身体左侧前下方髋关节方向摆臂挥拍，摩擦击球(见图 5-35)。

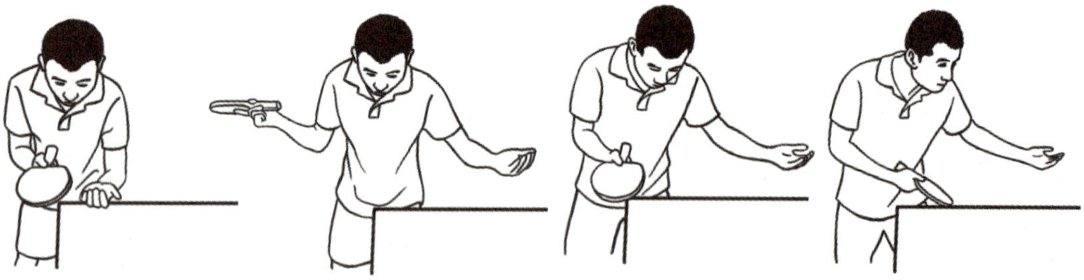

图 5-35 正手侧下旋发球

5. 反手侧上旋发球

动作要领：右脚稍前或平站，身体略向左转。肩关节放松，上臂自然靠近身体。左手托球放在球拍正前方，在左手垂直抛球的同时，右臂以肘关节为中心，向身体左侧后方摆臂引拍。击球时，以肘关节为中心，右臂带动球拍向身体右侧前上方齐肩高方向摆臂挥拍，摩擦击球(见图 5-36)。

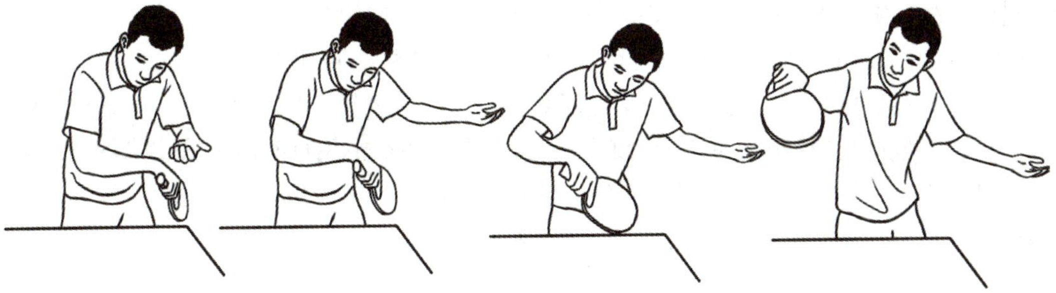

图 5-36　反手侧上旋发球

6. 反手侧下旋发球

动作要领：右脚稍前或平站，身体略向右转。肩关节放松，上臂自然靠近身体。左手托球放在球拍正前方，在左手垂直抛球的同时，右臂以肘关节为中心，向身体左侧后方摆臂引拍。击球时，以肘关节为中心，右臂带动球拍向右侧前下方球网柱方向摆臂挥拍摩擦击球(见图 5-37)。

图 5-37　反手侧下旋发球

(四)接发球技术

1. 站位的选择

要根据对方发球时的位置来决定自己的站位。如果对方用正手在球台的右方发球，则站位应偏右一些；如果对方用反手或侧身在球台左侧发球，站位则偏左一些。总之，站位的选择要保证在进入对打阶段能发挥出个人的技术特长。通常，为了便于接长球又能照顾到短球，站位不应离球桌太近或太远。

2. 来球性能的判断

由于发球者可主动改变发球的旋转、力量、速度、落点，所以，提高对来球性能的判断能力是十分重要的。

(1)从对方发球时拍面所朝方向和挥臂方向判断来球的斜、直线。对方若发斜线球，拍面所朝方向则向侧偏斜，手臂向斜前方挥出；对方若发直线球，拍面所朝方向则向前，手臂由后向前挥出。

(2)从对方发球时球拍触球的移动方向判断来球的旋转性能。关键是观察对方球拍与球接触瞬间球拍的移动方向，避免被对方触球后的一些假动作所迷惑。一般情况下，球拍从上向下移动是下旋；从下向上是上旋；从左向右是右侧旋；从右向左是左侧旋。这种单一性能的旋转发球比较容易判断。如果是两种旋转相结合的侧上、下旋和转与不转的发球，要判断清楚它们的性能就比较困难。除了在理论上认识外，还要在实践中反复练习，才能逐步熟练掌握回击各种不同性能来球的方法。

(3)从对方发球时摆臂振幅大小和手腕用力程度判断来球落点的远近和旋转的强弱。一般来讲，凡是摆臂振幅大的发球，其落点比较长、力量比较大、速度比较快；摆臂振幅小的则相反。凡是在发球时手腕抖动比较厉害，用力摩擦球，其旋转就比较强；反之则旋转弱。

(4)从来球弧线和球的运行判断来球落点和旋转性能。从弧线判断来球落点长短比较容易。如果来球飞行弧线最高点是在对方台面上空或靠近网前，来球落点就短；反之则长。如果第一跳落点长，两跳之间弧线短，发过来的球则是短球。球的运行根据来球在空中飞行时所表现出来的情况而加以判断。下旋加转球在空中飞行时，表现出来的现象是前段快后段下沉，不转球则是落台后向前冲。球在空中飞行时，飞行弧线向左偏拐是右侧旋球，飞行弧线向右偏拐是左侧旋球。

3. 接发球的基本方法

(1)接奔球。发过来的球速度快，带有上旋，左侧急球不宜移动过大，可采取侧身回接，一般用反手推挡或用反手攻回击。右侧急球用正手快带、快攻借力回接。如果用削球回接，则必须移动步法向后退一些，等来球力量减弱时再回接。若对方发过来的是急下旋球，由于急并带有一定下旋，所以用推或攻回球时，应使拍面稍后仰以增加向上发力。用弧圈球回接时，应增加向上提拉的力量。用搓球回接时，首先向后退一些，拍面角度不宜后仰过大，击球中部向下发力以缓冲来球的前进力。

(2)接下旋球。发过来的球速度较慢，触拍后向下反弹，用搓球回接时，注意拍面后仰以增加向前上方的发力。用拉攻或弧圈球回接时，一定要增加向上提拉的力量。

(3)接左侧上(下)旋球。左侧上旋球是左侧旋与上旋结合的旋转球，接这种球一般采用推、攻回击为宜。回接时，拍面角度要稍向前倾，拍面所朝方向向左偏斜以抵消来球的左侧旋；向前下方用力要相对加大，防止球触拍时向自己右上方反弹。如用搓削回接，除注意拍面角度和所朝方向外，还要加大向下摩擦球的力量。用弧圈球回接要加大拍面前倾角度，多向前发力，少向上提拉。左侧下旋球是左侧旋与下旋结合的旋转球，接这种球一般采用搓、削回击为宜。回接时，拍面角度要稍向后仰，拍面所朝方向向左偏斜以抵消来球的左侧旋；稍向上用力，防止球触拍时向自己左下方反弹。如用推、攻回接，除注意拍面角度和所朝方向外，还要加大向上摩擦球的力量。用弧圈球回接，要注意拍面角度不宜过于前倾，多向上提拉，少向前发力。

(4)接右侧上(下)旋球。与接左侧上(下)旋球相同，只是拍面所朝方向向右偏斜。

(5)接短球。由于对方发来的球是台内近网短球，回接时最主要的是注意及时上前，以获得最适合的击球位置，同时要控制好身体的前冲力量。接发球后要迅速还原，准备下一拍来球。无论采用搓、削、攻、拉哪一种方法回接短球，都应特别注意来球是在台内，受台面影响会妨碍引拍，因此要充分依靠前臂和手腕发力，同时要根据来球的旋转性能，调节拍面角度、击球部位、击球时间和用力方向。

(五)推挡球技术

1. 挡球

动作要领：两脚平行或左脚稍前，身体离球台 40～50 厘米。击球前，前臂与台面平行伸向来球。在来球的上升期击球的中部，拍面与台面接近垂直。触球时，前臂和手腕稍向前移动，主要借助对方来球的反弹力将球挡回。击球后，迅速收回球拍，还原成击球前的准备姿势。

2. 正手推挡

在对方击过来的右方位速度较快的上旋球或离网较近的加转弧圈球时，自己又处于不合适的击球位置，则可以运用正手推挡球来回击。

动作要领：击球前，身体迎前，前臂提起，重心稍升高。在来球的上升期击球，手臂内旋，拇指用力，球拍盖住球的右侧中上部。触球时，手腕和手臂发力极小，拍面角度固定，前倾约20°。

3. 快推

回球速度快，有斜、直线变化。如在对推相持和对攻中运用夹击对方空当或推两大角，使对方陷于被动，为抢攻创造机会或造成对方直接失误。快推一般适用于对付中等力量推挡相持、突击球和旋转较弱的拉球等。

动作要领：击球前，手臂适当后撤引拍，同时，迅速迎击上升期的来球。触球时，前臂稍外旋配合手腕外展动作，触球的中上部，手臂主要向前，稍微向上辅助用力。

(六)攻球技术

攻球技术是乒乓球运动员快攻型打法的主要技术。在比赛中合理地运用攻球技术，常常能够取得比赛的主动，使对方陷入被动。攻球分为正手攻球、反手攻球和侧身攻球三大部分。这里只介绍几种常见的正手攻球技术和反手攻球技术。

1. 正手快带

正手快带又称为快拉，是对付弧圈球的重要技术。它具有动作较小、速度较快、线路活的特点，是由相持或被动转变为主动的一种过渡技术。

动作要领：站位近台，两膝微屈，身体重心略下降，手臂放松，前臂略下沉。击球前，前臂向前迎球，跟随腰部向右转动，稍向后引拍。击球时，以前臂向前上方发力为主，手腕同时向前上方用力转动球拍摩擦击球，触球的中部或中上部。击球后，迅速还原成击球前的准备姿势。

2. 正手快攻

正手快攻具有站位近、速度快、进攻性强的特点，是对攻中常用的一项主要技术。

动作要领：站位近台，腰稍向右侧，前臂与台面略平行，以前臂发力为主。拍面略向前倾，触球中上部，前臂向前上方挥动要快，一般用中上力量，用力大小应根据来球距网远近高低而定。球击出后，动作还原要快，及时放松，准备下次击球。变化落点主要靠手腕调节拍面方向，击斜线球触球的中右部，击直线球触球的中部。

3. 正手扣杀

正手扣杀是乒乓球运动中极为重要的一项技术，一般在取得主动和优势的情况下运用。其特点是力量重、球速快、威力大。扣杀主要用于在高点期击来球。

动作要领：站位远近要视来球的长短而定，短的来球应站位近台，长的来球站位中近台。整个手臂要随腰部的转动向后引拍，拉大击球距离，以上臂发力为主，手腕控制落点，手臂向前向下用力挥动，触球的中上部。击球后，整个动作要迅速还原，准备连续扣杀。

4. 反手快攻

反手快攻是以两面攻或左推右攻为主要打法的运动员必须具备的技术。

动作要领：站位中近台，以前臂发力为主。手腕控制拍面角度，触球的中上部，向前上或右前上方挥动。要求动作快速、有力，并力求放松。一般快攻时用中上的力量，但应根据来球的长短高低灵活掌握。注意运用反手快攻时，突然性要强，落点变化要多，击斜线球时触球的中左部，击直线球时触球的中部。击球后，还原放松要迅速、及时，准备迎击下次来球。

5. 正手拉弧圈球

动作要领：站位靠近球台，右脚稍后，重心支撑点在右脚上。击球前，引拍至身体右侧下方呈半横状，拍面近乎垂直。上臂与身体约成35°、与前臂约成130°，当球从最高点开始下降时，上臂和前臂由后向前上方挥动，前臂迅速内收，结合手腕转动的力量击擦球的中下部。击球后，重心支撑点移至左脚，球拍随势挥至头部。

(七)搓球技术

搓球是近台还击下旋球的一种基本技术。搓球也可以用于接发球，其旋转和落点变化比较多。搓球分为正手搓球和反手搓球、快搓球和慢搓球、搓转球和搓不转球等。

以正手搓球为例，当来球跳至上升期时，利用上臂前送的力量，借助对手来球的前进力，上臂、手腕向左前下方用力，拍面稍后仰，击球的中下部。击球后，手臂继续向下方随势摆动，然后迅速还原成击球前的准备姿势。

三、乒乓球运动的基本战术

现代乒乓球的打法很多，每一种打法都有许多特定的战术。下面主要介绍一些基本的战术。

(一)推攻战术

推攻战术的主要特点在于运用反手推挡球和正手攻球的速度和力量，并结合落点变化和节奏变化来调动和压制对手，以争取主动地位或直接得分。推攻战术是左推右攻打法，是对付攻击型打法的主要战术，有反手推挡能力的两面攻运动员和攻削结合的运动员常使用这种战术。

(二)两面攻战术

两面攻战术的主要特点是利用正、反手攻球技术的速度和力量压制对手，以争取主动地位和创造扣杀机会。两面攻战术是对付攻击型打法的主要战术。

(三)发球抢攻战术

发球抢攻战术的主要特点是以旋转、线路、落点及速度不同的发球来增加对手回击的难度，或降低回球质量，然后抢先进攻，以争取主动地位或直接得分，这是乒乓球所有打法特别是进攻型打法中的主要战术和得分手段。

(四)接发球抢攻战术

接发球抢攻战术的主要特点是由某一单项攻(冲)球技术所形成的，进攻性强，可转变接发球的被动地位为主动地位，也可直接得分。这是乒乓球各种打法特别是进攻型打法中的主要战术。

四、乒乓球运动的比赛规则

(一)胜负规则

一场比赛通常采用三局两胜制或五局三胜制或七局四胜制。一场比赛应连续进行，但在局与局之间，任何一名运动员都有权要求不超过一分钟的休息时间。

在一局比赛中，先得 11 分的一方为胜方，10 平后，先多得 2 分的一方为胜方。

(二)合法发球

①发球时，球应放在不执拍手的手掌上，手掌张开和伸平。球应是静止的，在发球方的端线之后和比赛台面的水平面之上。

②发球员须将球几乎垂直地向上抛起，使球在离开不执拍手的手掌后上升不低于 16 厘米，在这一过程中，不得使球旋转。

③当球从抛起的最高点下降时，发球员方可击球，使球首先触及本方台区，然后越过或绕过球网装置，再触及接发球员的台区。在双打中，球应先后触及发球员和接发球员的右半区。

④从抛球前球静止的最后一瞬间到击球时，球和球拍应在比赛台面的水平面之上。

⑤击球时，球应在发球方的端线之后，但不能超过发球员身体(手臂、头或腿除外)离端线最远的部分。

⑥运动员发球时，有责任让裁判员或副裁判员看清其是否按照合法发球的规定发球。

⑦运动员因身体伤病而不能严格遵守合法发球的某些规定时，可由裁判员做出决定免予执行，但须在赛前向裁判员说明。

(三)合法还击

对方发球或还击后，本方运动员必须击球，使球直接越过或绕过球网装置，或触及球网装置后，再触及对方台区。

(四)比赛中的击球次序

①在单打中，首先由发球员合法发球，再由接发球员合法还击，然后发球员和接发球员交替合法还击。

②在双打中，首先由发球员合法发球，再由接发球员合法还击，然后由发球员的同伴合法还击，再由接发球员的同伴合法还击，此后，运动员按此次序轮流合法还击。

(五)重发球

回合出现下列情况应判重发球。

①如果发球员发出的球触及球网装置后成为合法发球或被接发球员或其同伴阻挡。

②如果接发球员或同伴未准备好时，球已发出，而且接发球员或接发球方没有试图击球。

③发生了运动员无法控制的干扰，而使运动员未能合法发球、合法还击或遵守规则。

④裁判员或副裁判员暂停比赛。

第五节　羽毛球运动

一、羽毛球运动概述

羽毛球运动最初是一项贵族运动，后来逐渐普及，到今天羽毛球运动已成为一项大众喜爱的体育项目，因器材与场地比较简便，老少皆宜，既具有娱乐性又能强身健体。羽毛球运动也是一项竞技性的比赛项目。它具有技术性强，对运动员的身体素质和智力水平要求高，比赛激烈紧张等特点。

国际羽毛球联合会(以下简称“国际羽联”)于 1934 年成立，负责举办国际性羽毛球比赛。世界高水平的羽毛球比赛有汤姆斯杯赛(男子)、尤伯杯赛(女子)、世界羽毛球锦标赛等。目前，已有 120 多个国家和地区加入国际羽联。国际羽联是国际奥林匹克委员会所承认的国际体育运动组织。1988 年的奥运会上，羽毛球比赛作为表演项目首次登场。从 1992 年起，羽毛球运动被列为奥运会正式比赛项目。

羽毛球运动于 20 世纪初传入我国。中华人民共和国成立后，羽毛球项目很快成为我国体育运动的重点项目之一。此后，我国国家羽毛球队不断创造辉煌，在世界大赛中多次获得冠军。

二、羽毛球运动的基本技术

下面均以右手握拍为例，介绍羽毛球运动的基本技术。

(一)握拍方法

1. 正手握拍法

虎口对着拍柄窄面内侧的小棱边，拇指和食指贴在拍柄的两个宽面上，食指和中指稍分开，中指、无名指和小指并拢握住拍柄，掌心不要紧贴，拍柄端与近腕部的小鱼际肌平。拍面基本与地面垂直(见图 5-38)。

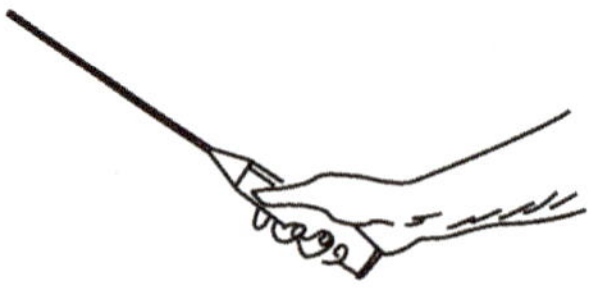

图 5-38　正手握拍法

2. 反手握拍法

在正手握拍的基础上，拇指和食指将拍柄稍向外转，拇指顶贴在拍柄内侧的宽面上或内侧棱上，中指、无名指和小指并拢握住拍柄，柄端靠近小指根部，使掌心留有空隙。球拍斜侧向身体左侧，拍面稍向后仰(见图 5-39)。

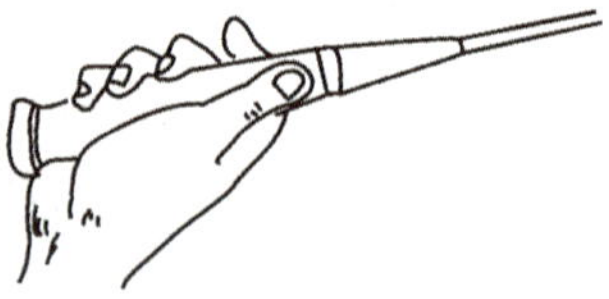

图 5-39　反手握拍法

(二)发球技术

发球可分为正手发球和反手发球，按球在空中飞行的弧线，又可分为发网前球、平快球、平高球、高远球。除高远球需采用正手发球外，其余用正手或反手发球均可。

1. 正手发球

身体左肩侧对球网，左脚在前，脚尖稍向网，右脚在后，脚尖向网右侧，两脚距离与肩同宽，身体重心放在后脚上。准备发球时，右手握拍，向右后侧举起，肘部微屈。左手拇指、食指和中指夹住球，举在腹部右前方，然后放开球，挥拍击球。击球时，身体重心由右脚移至左脚。用正手发不同的弧线球时，击球前的准备和前期动作是一致的，只是在击球时及其后的动作有所不同。

发高远球时，在左手放开球使之下落时，右手转拍由上臂带动前臂，自右后方沿身体向左前上方挥动。待球落到右臂向前下方伸直到能接到球的刹那，紧握球拍，并利用手腕屈收的力量向前上方发力击球。然后，球拍顺势向左上方挥动缓冲(见图 5-40)。

图 5-40　正手发高远球

发平高球时，动作过程大致与发高远球相同，只是在击球的一刹那，前臂加速带动手腕向前上方挥动，拍面要向前上方倾斜，以向前用力为主。应注意的是，发出球的弧线以对方伸拍击不着球的高度为宜，并应落到对方场区底线(见图 5-41)。

图 5-41　正手发平高球

发平快球时，要充分利用前臂带动屈腕的爆发力向前方用力击球，使球直接从对方肩稍上的高度越过落到后场。关键是出手(击球)动作要小而快。发网前球时，握拍要放松，上臂动作要小，主要靠前臂带动手腕向前切送，球的弧线要贴网而过，落点在前发球区附近。注意，手腕不能有上挑动作。

2. 反手发球

发球站位可在前发线球后 10～15 厘米及中线附近，也可在前发球线后及边线附近。面向球网，两脚前后开立(右脚或左脚在前均可)。上体稍前倾，身体重心在前脚上，右手臂屈肘，用反手握拍将球拍横举在腰间，拍面在身体左侧腰下，左手拇指与食指控住球的二三根羽毛，球托朝下，球体或球托在球拍前对准拍面。击球时，前臂带动手腕朝前横切推送。

反手可发网前球和平快球。发网前球用力要轻，主要靠切送；发平快球则要突然发力，拍面要有反压动作。

(三)接发球技术

接发球首先要选择合适的站位。一般情况下，单打的接发球站位离前发球线约 1.5 米处。在右发球区应站在靠中线的位置，在左发球区则站在中间稍偏边线的位置，且要防备攻方发球攻击反手部位。双打接发球时，站位可靠近前发球线。因为双打的后发球线处离前发球线比单打短 0.76 米，发高远球易被扣杀，所以主要精力应用来对付对方发网前球。接发球的准备姿势在单、双打中大体相同。单打接发球时，左脚在前，右脚在后，侧面对网，重心落在前脚，后脚跟稍提起，收腹含胸，持拍手在身前，两眼注视对方。双打接发球时，重心可随意放在任何一脚上，球拍高举在肩上，注意力高度集中，以便快速做出反应。

(四)击球技术

羽毛球击球技术包括击高球、吊球、杀球、搓球、推球、勾球、扑球、抽球等，每一种技术又可分为正手或反手击球法；依据战术球路的需要，又可分为击直线或斜线球。

1. 高球

高球是从己方后场打到对方后场端线经过高空飞行的球。高球按飞行轨迹可分为高远球、平高球、平快球等，按击球的方式分为正手击高球、反手击高球和头顶击高球三种。

(1)正手击高球。首先判断来球的方向和落点，侧身后退，使球处在自己的右肩稍前上方的位置。左肩对网，左脚在前，右脚在后，身体重心在右脚上。左臂屈肘，左手自然高举，右手持拍，手臂自然弯曲，将球拍举在右肩上方，两眼注视来球。击球时，由准备动作开始，上臂后引，随之肘关节明显高于肩部，将球拍后引至头部，自然伸腕(拳心朝上)。然后在后脚蹬地、转体收腹的协调用力下，以肩为轴，上臂带动前臂快速向前上方甩腕，在手臂伸直的最高点击球。击球后，持拍手臂顺惯性往前下方挥动并收拍至体前，与此同时，左脚后撤，右脚向前迈出，身体重心由后脚移到前脚(见图 5-42)。

图 5-42　正手击高球

(2)反手击高球。当对方将球击到己方左后场区时用反手击高球。首先判断对方来球的方向和落点，其次迅速将身体转向左后方，移动步伐，最后一步用右脚前交叉跨到左侧底线，背对球网，身体重心在右脚，使球拍处在身体右上方。击球前，迅速换成反手握拍法，持拍于右胸前，拍面朝上。击球时，以上臂带动前臂，通过手腕的闪动，自下而上地甩臂，将球击出。在最后用力时，要注意拇指的侧压力与甩腕的配合以及两腿蹬地转体的全身协调用力(见图 5-43)。

图 5-43　反手击高球

(3)头顶击高球。头顶击高球的动作要领与正手击高球基本相同，只是击球点偏左肩上空。准备击球时，身体偏左倾斜。击球时，上臂带动前臂使球拍绕过头顶，从左上方向前加速挥动，注意发挥手腕的爆发力去击球。落地时左腿向左后方摆动，幅度较大。

2. 吊球

吊球是从己方后场打到对方前场向下坠落的球。吊球技术分为正手吊球、反手吊球和头顶吊球三种，按球的飞行速度和落点可分为快吊和轻吊。

(1)正手吊球。正手吊球有以下两种。

①快吊(劈吊)。击球的准备动作和前期动作同正手击高球。只是击球时拍面正向内倾斜，手腕做快速切削下压动作，击球托的后部和侧后部。若快吊斜线球，则球拍切削球托的右侧并向左下方发力；若快吊直线球，则拍面正对前方，向前下方切削。

②轻吊(拦截吊)。击球的准备动作和前期动作同正手击高球。击球时方法如快吊，只是击球瞬间突然减速，用力更轻些；另一种方法，是用拍面正击球托或轻挡来球，借助球的反弹力，使球过网后贴网而下。后者多用于拦截对方击来的平高球或半场高球。

(2)反手吊球。反手吊球的击球准备动作和前期动作同反手击高球。不同点在于击球时拍面的掌握和力量的运用。反手吊直线球时，用球拍反面切削球托的后中部，向对方的右半场网前发力；反手吊斜线球时，用球拍反面切削球托的左侧，朝对方的左半场网前发力。

(3)头顶吊球。击球的准备和前期动作同头顶击高球。头顶吊斜线球时，中指、无名指、小指屈指外拉拍柄，使球拍内旋，扣面前倾，以斜拍击球托左侧部位；头顶吊直线球时，球拍击球托的正中部位。

3. 杀球

杀球是指把对方击来的高球在尽量高的击球点上斜压下去。这种球力量大、弧线直、落地快，给对方造成的威胁很大。因此，它是进攻的主要技术。

杀球从力量上分为重杀(击球力量大)、轻杀(杀球力量较轻)和点杀(力量不大，但球离网近，落地快)；从落点上分为长杀(落点距网较远)和短杀(落点距网较近)。这些杀球都有正手杀球、反手杀球、绕头顶杀直线和绕头顶杀对角线。

原地起跳杀直线球动作如下。

①屈膝下降重心，做好起跳击球的准备动作。

②侧身起跳时，向右上方提肩，带动上臂、前臂和球拍上举，以便向上伸展身体。

③起跳后，身体左转，同时后仰，挺胸腹呈弓形，以便发挥腰腹力。接着，右上臂向右后上摆起，前臂自然后摆，手腕后伸(拉长了挥拍距离)，前臂带动球拍由上向后下挥动，这时握拍要松。随后，凌空转体，收腹带动右上臂向右上摆起，肘部领先，前臂全速向前上挥动，手腕充分后伸，带动球拍由后下稍向右后下挥动。这样挥拍的路线长，有利于挥拍的加速度。由于前臂的突然加快向前上挥动，手腕后伸到最大限度，有利于发挥腕、指的爆发力。

④前臂的全速向前上挥动，也带动了球拍高速往前上挥动。当击球点在肩的前上方时，前臂内旋，腕前屈微收，闪腕发力杀球。这时手指突然抓紧拍柄，把手腕的爆发力集中到击球点上，球拍和击球方向水平面的夹角小于 90°，球拍正面击球托的后部，使球直线下行。整个收腹、挥臂、挥拍杀球的动作是在身体由右手稍向左前转动的过程中完成的。

4. 搓球

搓球是由放网前球发展而来的，包括正手搓球和反手搓球。

搓球是指用球拍搓击球的左或右侧下部，使球向右侧或左侧旋转与翻滚过网。搓出的球越贴网，旋转翻滚性能越强，对方回击就越困难，从而越能为自己创造有利的攻势条件。

(1)正手搓球。持拍手于胸前向来球方向伸出，争取高的击球点。左手于身后拉举至与右手对称的反方向，以保持身体的平衡，呈击球前的准备姿势。在伸拍的同时前臂外旋做半弧形引拍动作(见图 5-44)。

图 5-44　正手搓球

搓球有两种击球方式。一种是手腕动作由展腕到收腕发力，由右向左以斜拍面切击球托的右后侧部位，此时球呈下旋翻滚旋转过网。如果腕部是由收腕到展腕发力击球，由左向右以斜拍面切击球托的左后侧部位，则球呈上旋翻滚旋转过网。

击球后手腕伴有一定的制动动作。同时击球手臂收回至胸前，准备回击下一个来球。

(2)反手搓球。前臂稍往上举的同时，手腕前屈，手背约与网同高，而拍面低于网顶。反拍面迎球搓球时，主要靠前臂的前伸外旋和手腕由内收到外展的合力，搓击球的右侧后底部，使球侧旋滚动过网。击球后球拍回收(见图 5-45)。

图 5-45 正手搓球

5. 推球

推球是把对方击来的网前球推击到对方的后场两底角去，球飞行的弧线较低平、速度较快，能给对方造成回击困难。

推球时的发力：主要靠前臂、手腕和手指的爆发力。正手推球时注意用食指向前的推压力，反手推球时则注意拇指向前的推顶力。

推球时的挥拍路线：正手推球是由于前臂的内旋，带动手腕由后伸闪动到屈腕。也就是说，由右至左像盖过去的旋转动作那样，挥拍推击球；反手推球时，是从前臂微屈、手腕外展开始挥拍，前臂带外旋，由左至右盖压过去。

推球时的击球点：一般在离网顶约 20 厘米处为宜。为了便于发力和掌握好球路方向，正手推直线球时，击球点在身体的右侧前；推对角线球时，击球点在近肩侧前。反手推直线球时，击球点则在左侧前；推对角线球时，击球点在近肩侧前方。

前臂的挥摆动作：在击球前，肘关节微屈，发力时要突然加快前伸，发挥前臂和前伸的速度，挥拍推击球。特别是正手推球，这种动作较为明显。

球的飞行弧线：球飞行弧线的高低，取决于击球瞬间击球点的高低和拍面角度的大小，而拍面角度又要靠手腕和手指来控制。

正手推球的动作如下。

站在网前，球拍向右前上举。在肘关节微屈回收时，前臂稍外旋、手腕稍向后侧，球拍也随着往右稍下后摆，拍面正对来球。这时，小指和无名指稍松开，使鱼际肌稍离开拍柄。这样，在推击球时，便于发挥指力的作用。拇指和食指稍向外捻动拍柄，使拍面更为后仰。

推球时，身体稍往前移，右前臂往前伸，并带内旋，手腕和手指控制拍面角度，手腕由后伸直并闪腕，食指向前压和小指、无名指突然握紧拍柄，球拍急速地挥动推球，使球沿边线飞向对方后场底角。

6. 勾球

勾球是把本方的右(左)区网前球击到对方左(右)区网前去，又称打对角线网前球。

勾球分为正手和反手两种。球的飞行速度快，球斜着飞越网顶时，要尽量控制到掠网而过，贴网落到对方网前场区内。

勾球时的发力：主要是运用前臂、手腕和手指的力量，用力要适当，手腕还要控制好拍面角度。勾球时要根据击球点的高低，灵活握拍，方向随球而变。

如网前勾球与搓球、推球结合运用，就能更好地调动对手，加长其跑动距离并迫使其被动回球，以便自己发挥前场进攻的威力。

7. 扑球

扑球是来球在网顶上空时，能以最快的速度上网扑压来球。

扑球方法有正、反手两种，扑球路线有直线、斜线或扑追身球。

扑球在网前进攻技术中是威胁较大的一项技术。扑球的关键在于能否抓住时机，首先取决于判断，一经做出判断，上网就要快，即要求起动快，起蹬腿的蹬力要强，在起蹬瞬间产生强有力的爆发力。同时，出手也要快，因为来球一般不会太高(距网顶 10～20 厘米)，若反应迟缓，时机稍纵即逝，就会错失一次强有力的进攻机会。

扑球时，主要靠前臂的屈伸和转动、手腕的闪动和手指的顶压，其中手腕是控制力量的关键。挥拍距离短、动作小、爆发力强，扑击出去的球才能急速落地。

(1)正手扑球。左脚先蹬离地面，然后右脚向右区网前蹬跃起凌空扑去。当身体往前倾时，正拍面向前，球拍随手臂往右前伸而斜上举。蹬跳后，身体凌空跃起，前臂向前稍上伸并有外旋，腕关节后伸的同时，握拍的变化——虎口对着拍柄的宽面，小指和无名指稍松开，使鱼际肌离开拍柄。击球时，手腕由后伸略内收闪动于外展。随着手腕的闪动，球拍从右侧向前左挥动扑球。这时，击球的力量主要靠身体前扑的冲力。如果球离网顶较近，就要靠手腕从右前往左前的“滑动式”挥拍扑球。这样可以避免球拍触网犯规。扑球后，球拍随着手臂向右侧前下回收(见图 5-46)。

图 5-46　正手扑球

(2)反手扑球。同正手扑球相似，其方向在左区网前。反手握拍，持于左侧前。当身体向左前方跃起时，球拍随着前臂前伸而前举，手腕外展，拇指顶压在拍柄的宽面上，食指和其他三指并拢，拍面正对来球。身体向左前飞跃，凌空向前下挥拍扑压。击球时，手臂伸直，手腕由外展至内收闪动，手指握紧拍柄，拇指顶压，加速挥拍扑击。击球后，马上屈肘，手腕由内收到外展，球拍放松回收，以免触网犯规。击球后，球拍随手臂回收至体前(见图 5-47)。

图 5-47　反手扑球

8. 抽球

抽球是指将在身体左右两侧、肩以下、腰以上的来球平扫过去，有正手抽球和反手抽球两种。

(1)正手抽球。右脚稍向右侧迈出一小步，同时上体稍往右侧倾，右臂向右侧上摆，球拍随着上举，肘关节保持一定角度，左脚跟提起。由肘关节开始前摆发力，前臂稍后摆而带有外旋，手腕从稍外展至后伸，使球拍引至后下方。前臂急速往右侧前挥动，从外旋转为内旋，手腕由后伸到伸直闪腕，手指握紧拍柄，高速挥拍击球，然后由后下往右侧稍平地抽压过去。击球后，球拍顺势盖过去并向左边摆，左脚往左前跟进一步，准备迎击第二次来球。

(2)反手抽球。右脚向左前跨一步，身体左转，右前臂往身前收，肘部稍上抬，前臂内旋，手腕外展，球拍引向左侧。右前臂在往前挥拍的同时外旋，手腕由外展到伸直至内收闪腕，手指突然握紧拍柄，拇指前顶，迎球挥拍，击球托的后底部。挥拍的路线是由下稍上至前，击球后球拍顺势盖过去，使球向前平直飞行。击球后，球拍随身体的回动而回收。

三、羽毛球运动的基本战术

羽毛球比赛的战术较多，但不管采用什么战术，都要根据双方特点及场上情况合理加以运用，才能收到较好的效果。下面介绍几种基本战术。

(一)单打战术

1. 发球抢攻战术

战术要点：从发球的第一拍起，争取控制对手，以攻杀得分。这种战术，一般为发网前低球结合平快球、平高球，争取第三拍的主动进攻。常用于应对防守能力较差或临场经验不足的对手。

2. 攻后场战术

战术要点：通过击高球、重复压对手的底线两角，迫使对方处于被动状态，然后寻找机会进攻。

3. 攻前场战术

战术要点：对网前技术较差的对手，可运用此战术先将其吸引到网前，然后再攻击其后场。采用此战术，自己首先要有较好的网前击球技术。

4. 四方球突击战术

战术要点：通过打落点，逼迫对方前后奔跑，被动应付，并在其回球质量下降或露出破绽时乘虚攻之。这种战术对步法较慢、体力较差的对手十分有效。

5. 吊球、杀球上网技术

战术要点：通过高球下压，迫使对手被动回网前球，这时迅速上网以搓球、勾球、扑球等前场网前击球技术，制造在中场大力扣杀的机会。这种战术需能够控制吊球、杀球的落点，使对手被动回击网前球，为主动迅速上网创造条件。

(二)双打战术

1. 攻人战术

战术要点：集中力量，重点攻击对手中力量较弱的一人，给对手造成巨大的心理压力。

2. 攻中路或攻边线战术

战术要点：对手站位若是左右分开，则将球攻到对方中路；当对手前后站位时，则可攻其两边线附近，这样可使对手在防守时因互抢或互让而出现失误。

3. 防守反击战术

战术要点：采用挑两底线平高球调动对方进攻人员，勾挡网前对角后逼近封网，以及反抽跟进对抽等技术组合，达，创造进攻机会，到转守为攻的目的。

四、羽毛球运动的比赛规则

(一)比赛场地和器材

羽毛球比赛的单打场地长 13.4 米，宽 5.18 米。双打场地长 13.4 米，宽 6.1 米(该场地也可用于单打)。场地线宽 0.04 米。所有的场地线都是它所确定区域的组成部分。从球场地面起，网柱高 1.55 米。球网上下宽 0.76 米，从场地地面起，场地中心点处网高 1.524 米，双打边线中心点处网高 1.55 米。

羽毛球有 16 根羽毛，羽毛长 64～70 毫米，每个球的羽毛尖应平齐。羽毛顶端围成圆形，直径 58～68 毫米。球重 4.74～5.5 克。

(二)比赛计分

(1)除非另有规定，一场比赛应以三局两胜定胜负。

(2)除(4)和(5)的情况外，先得 21 分的一方胜一局。

(3)一方违例或球触及该方场区内的地面成死球，则另一方胜这一回合并得 1 分。

(4)20 平后，领先 2 分的一方胜该局。

(5)29 平后，先得 30 分的一方胜该局。

(6)一局的胜方在下一局首先发球。

(三)发球

(1)合法发球：①一旦发球员和接发球员做好准备，任何一方不得延误开始发球；②发球员球拍头的向后摆动一旦停止，任何对发球开始的迟延都是延误；③发球员和接发球员，应站在斜对角的发球区界线以内，脚不得触及发球区和接发球区的界线；④从发球开始，至发球结束，发球员和接发球员的两脚都必须有一部分与场地的地面接触，不得移动；⑤发球员的球拍，应首先击中球托；⑥发球员的球拍击中球的瞬间，整个球应低于距场地地面高度 1.15 米；⑦自发球开始，发球员挥拍必须连贯向前，直至将球发出；⑧发出的球应向上飞行过网，如果未被拦截，球应落在规定的接发球区内(即落在界线上或界线内)；⑨发球员发球时，应击中球。

(2)一旦运动员站好位置准备发球，发球员的球拍头开始向前挥动，即为发球开始。

(3)一旦发球开始，发球员的球拍击中或未能击中球，均为发球结束。

(4)发球员应在接发球员准备好后才能发球，如果接发球员已试图接发球，即视为已做好准备。

(5)双打比赛发球时，发球员和接发球员的同伴应在各自的场区内。其站位不限，但不得阻挡对方发球员或接发球员的视线。

(四)违例

以下情况均属违例。

(1)不合法发球。

(2)球发出后：停在网顶；过网后挂在网上；被接发球员的同伴击中。

(3)比赛进行中，球：落在场地界线外(即未落在界线上或界线内)；未从网上越过；触及天花板或四周墙壁；触及运动员的身体或衣服；触及场地外其他物体或人；被击时停滞在球拍上，紧接着被拖带抛出；被同一运动员两次挥拍连续两次击中，但一次击球动作中球被拍框和拍弦面击中不属违例；被同方两名运动员连续击中；触及运动员球拍，而未飞向对方场区。

(4)比赛进行中，运动员：球拍、身体或衣服，触及球网或球网的支撑物；球拍或身体，从网上侵入对方场区(击球时，球拍与球的接触点在击球者网这一方，而后球拍随球过网的情况除外)；球拍或身体，从网下侵入对方场区，导致妨碍对方或分散对方的注意力的后果；妨碍对方，即阻挡对方随球过网的合法击球；故意分散对方注意力的任何举动，如喊叫、做手势等。

思政元素

中国羽毛球运动的元勋

林启武是中国体育界的元老级人物，对我国的体育及教学事业做出了卓越贡献。他创造了多项“中国第一”：他是第一个把六人制排球、门球等引入中国的人；他是第一个带领中国体育代表团出访国外的人；他是第一个研究体育社会学并发表论文的中国人；他是担任我国第一本体育杂志《新体育》的创始主编，等等。

在羽毛球领域，林启武更是取得开拓性成就。1936 年，他首次将羽毛球运动引入中国，并在燕京大学开设羽毛球课程，奠定了中国羽毛球运动的基础。抗日战争期间，燕京大学从北京迁往四川，林启武也随之来到成都。当时的物质条件非常艰苦，体育教学没有足够的资金，也缺乏合适的场地和器材，林启武就和学生们一起想办法。没有球拍，找几块木板自制；没有羽毛球，就用家禽的羽毛制作，并将羽毛球运动简化改造成“板羽球运动”，一直流传至今。

中华人民共和国成立后，林启武还是第一个在国内翻译、出版羽毛球规则的人；为中国培养出第一批羽毛球国际裁判人员……1986 年，国家体育运动委员会(现为国家体育总局)授予他“发展我国羽毛球运动有功人员荣誉奖”，国际羽毛球联合会授予他“发展世界羽毛球运动重大贡献奖”。可以说，林启武是中国羽毛球运动当之无愧的元勋。

林启武有一个观点：“要让每一个有文化修养的人能够有一个强健的体魄，让每一个体育工作者成为彬彬有礼的人。”他毕生都在用实际行动去传播和践行这个信念，亲身参与、亲眼见证中国体育事业从无到有、从小到大，他的一生，是传奇的一生，是热忱奉献的一生。

(资料来源：人民网，2022 年 6 月 10 日，有改动)

第六节 网球运动

一、网球运动概述

古代网球运动的起源可以追溯到12—13世纪的法国，当时它是供人们玩耍的一种“掌中游戏”。现代网球运动起源于英国。1873年，英国温菲尔德把网球运动从室内搬到了室外，使网球运动走向大众。1877年，英国在温布尔登举办了第一届全英草地男子网球锦标赛，以亨利·琼为首的裁判委员会草拟的比赛规则是现代网球比赛规则的基础，其中的盘制、局制和换位法一直沿用至今。但网球运动的普及和走向高潮是在美国。

1913年，国际网球联合会成立。目前，该联合会已发展了100多个正式会员国。1980年，中国网球协会被纳为正式会员。

19世纪后期，网球运动传入我国。中华人民共和国成立后，网球运动在我国政府的关怀和重视下迅速发展。2004年雅典奥运会上，李婷、孙甜甜夺得女子双打冠军。之后，李娜先后获得法国网球公开赛和澳大利亚网球公开赛的女子单打冠军，成为当时亚洲历史上女子单打世界排名最高的选手，创造了我国网球运动的新历史。

二、网球运动的基本技术

下面均以右手握拍为例，介绍网球运动的基本技术。

(一)握拍方法

握拍是网球最基本的技术，它直接影响拍面接触球的角度，即拍弦接触球时所发生的变化。最基本的握拍法有三种：东方式、大陆式和西方式。为了能清楚地说明各种握法与拍柄的关系，现介绍拍柄上各部位的名称。网球拍柄是多边形的，有八个面，球拍垂直于地面时，拍柄的八个面可分别命名为上平面、下平面、左平面、右平面、左上斜面、右上斜面、左下斜面和右下斜面(见图5-48)。

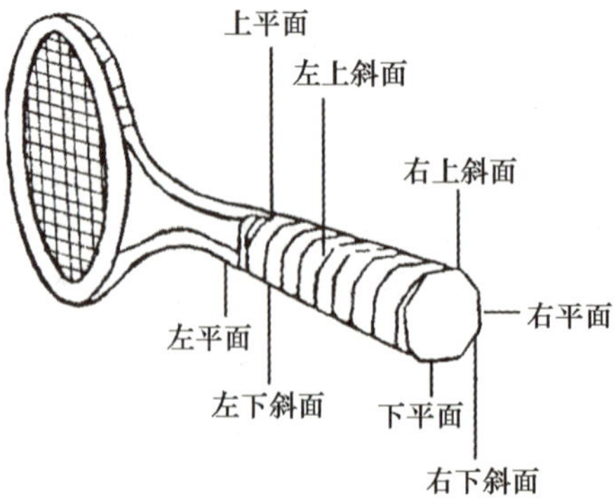

图5-48　网球拍柄

1. 东方式握拍法

(1)正手握拍法。拍面与地面垂直，手握拍柄好像与人握手一样。具体地说，虎口形成的“V”字形对着拍柄右上斜面上缘，右手掌根紧贴右上斜面并与拍柄端齐平，拇指握住拍柄的左垂直面，五指紧握拍柄，食指稍离中指，用食指下关节压住右垂直面(见图5-49)。

(2)反手握拍法。从正手握拍法把手向左转动1/4圆周，虎口对着拍柄左上斜面，用手掌根压住左上斜面，拇指伸直贴在拍柄的左垂直面上，食指下关节压住右上斜面(见图5-50)。

图5-49　正手握拍法

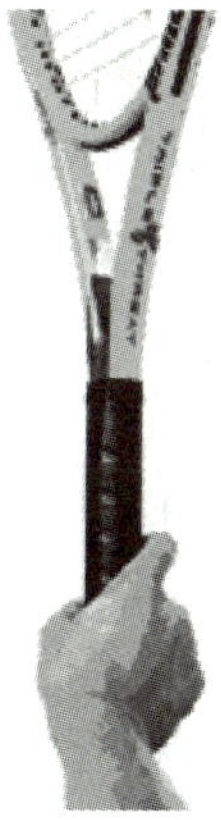

图5-50　反手握拍法

2. 大陆式握拍法

大陆式握拍法对正、反手击球都无须变换握拍。它始于欧洲大陆，对处理低球、削球、上网截击很有利，对处理齐腰的高球也方便，但对打高跳球不太方便。大陆式握拍法是将球拍侧立，从上而下握柄，犹如手握铁锤柄，即虎口对着上平面中心左侧，手心、手掌根抵住拍柄的上平面，拇指围住左垂直面，食指下关节紧贴右上斜面。

3. 西方式握拍法

(1)正手握拍法。将球拍平放在地上，用手抓起后，虎口对着拍柄右上斜面下缘，手掌根贴着右下斜面，拇指压在拍柄上平面，食指关节握住右下斜面即可。

(2)反手握拍法。即西方式正手握拍后，把球拍上下颠倒过来，置于身体反手一侧，用同一拍面击球。

4. 双手反手握拍法

右手用东方式反手握拍法，握在拍柄端部；左手用东方式正手握拍法，握在右手的上方(见图5-51)。

图5-51　双手反手握拍法

(二)击球技术

1. 正手击球

(1)准备姿势。

面对球网，两脚开立约与肩宽。两膝微屈，上体微微前倾，身体重心稍前移，落在两脚之间。右手握拍，左手轻扶拍柄颈，拍面与地面垂直，拍头指向对方。两眼平视前方，做好击球准备。

(2) 后摆引拍。

判断来球的方向，在转身转体的带动下，做弧形的后摆引拍动作。引拍时，在右肩向后转的基础上把球拍向后引出，整个过程中肘关节微屈，拍头微微向上，后摆至拍底指向来球，拍头指向后面的挡网，拍面略微向下关闭。

(3)挥拍击球。

从后摆进入向前挥动时紧握球拍，配合蹬地转体动作，以上臂带动前臂向前上方挥拍，击球点位于身体重心脚的前侧方。挥拍击球时，拍面略向上摩擦，使球稍带上旋。

(4) 随挥跟进。

击球后，球拍沿着球飞行方向继续向前上方挥动，重心前移至左脚，身体由侧身转向正对球网。挥拍动作在左肩上方结束，然后迅速还原成准备姿势。

正手击球动作如图 5-52 所示。

图 5-52 正手击球

2. 反手击球

(1) 准备姿势。

面对球网，两脚开立约与肩宽。两膝微屈，上体微微前倾，身体重心在两脚之间。双手反手握拍置于体前，拍头向前上方并高于拍柄，拍面略微倾斜。两眼平视前方，做好击球准备。

(2) 后摆引拍。

当判断来球为反手时，在肩的带动下双手向左后摆动引拍。引拍时，右臂肘关节尽量伸直，让上臂紧贴身体，拍头高于拍柄，拍面向下，拍底指向来球方向。

(3)挥拍击球。

挥拍击球时，左脚蹬地发力，转髋带肩、手臂及球拍迎着来球的方向向前挥动。在球的上升期击打来球，击球点在右脚侧前方腰部高度。前挥动作要平滑、连贯。击球前瞬间拍头低于来球，击打时靠左手向前挥动的力量把球拍向前上方带出。

(4)随挥跟进。

击球后，两臂尽量向前伸展，以增加击球力量，同时身体转而面对球网，随势挥拍至右肩上方，然后迅速还原成准备姿势。

反手击球动作如图 5-53 所示。

图 5-53　反手击球

(三)发球技术

1. 准备姿势

发球技术

初学者多采用东方式反手握拍法。准备发球时，全身放松，侧身站立在端线外中场标记线旁边(单打)，左肩对着左边网柱，面向右边网柱，两脚分开约同肩宽，左脚与端线约成 45°角，右脚约与端线平行，重心在左脚上。左手持球，轻托球拍在腰部，拍头指向前方。

2. 抛球和后摆引拍

抛球与后摆引拍动作是同步开始的。持球手拇指、食指和中指三指轻轻托住球，掌心向上。当向下、向后引拍时，持球手同时下降至右腿处，紧接着球拍从身后向头上方做大弧度 摆动，身体做转体、屈膝、展肩时，持球手柔和地在体前左脚前上举，直至伸直高于头顶抛球。此时右肘向后外展约同肩高，拍头指向天空，左侧腰、胯呈弓形，身体重心随着抛球开始先移向右脚，然后平稳地开始前移。

3. 挥拍击球

当左手抛球时，右臂抬肘转体让球拍继续一个向上摆起的趋势，在向前转动的身体和顶出的右肩的带动下，使右臂产生一个完美的绕圈。此时，右臂肘关节、球拍拍底向上，拍头向下。当球下降至击球点时，左脚上蹬，伸膝转髋发力，使右臂和身体充分伸展，迅速向前、向上挥拍击球。身体向前上方伸展击球时，肩、右臂回转，两肩与球网平行，持拍手腕带动前臂做旋内"鞭打"动作。这是发球技术的关键环节，也是其他诸如重心前移、蹬地、转体、挥拍等环节聚集的结果。

4. 随挥跟进

球被击出后，身体前倾，右手带动球拍继续向前挥动，利用收腹、转肩的力量顺势将球拍挥至身体左侧，左手收到腹部前方，来维持身体平衡。

发球技术动作如图 5-54 所示。

图 5-54　发球技术动作

5. 三种不同的发球

常用的发球有三种：平击发球、切削发球和上旋发球，三者的动作结构基本是一致的。

(1)平击发球。平击发球在多种发球中是球速最快的发球法，也称炮弹式发球。该发球方法不但球速快，而且反弹低。这种发球虽然力量大、球速快、威胁大，但命中率比较低。发平击球时的击球点应在身体的右前上方，以拍面中心平直对准球，击球的后中上部。

(2)切削发球。这是一种以右侧旋转(略带下旋)为主的发球法，即由球的右上往左下切削击球。由切削发球的飞行轨迹及弹跳方向所定，该发球不但球速快、威胁大，而且容易提高发球命中率。发球时把球抛到右侧斜上方，球拍快速从右侧中上方至左下方挥动。击球部位在球的中部偏右侧，使球产生右侧旋转。

(3)上旋发球。这是以上旋为主、侧旋为辅的发球法。发上旋球时把球抛到头后偏左的位置，击球时身体尽量后仰呈弓形，利用杠杆力量对球加旋转，球拍快速从左向右上方挥动，从下向上擦击球的背面，并向右带出，使球产生右侧上旋。

(四) 接发球技术

接发球技术是指接发球员还击对方发球的技术。其主要目的是把对手发来的极具威胁的球回击到对方场区。

1. 握拍与站位

右手普遍采用正手握拍，左手采用双手反手握拍。这样接发球员既可以快速接发正手位的发球，也可以快速变换握拍接发反手位的发球。站位采用低重心、大分开脚步、上体略微前倾的方式。在右区接发球时右脚基本在边线的延长线上，在左区接发球时左脚基本在距离边线半步内。

2. 引拍

在接发球区准备好后，当对手准备发球时，两脚快速原地交换重心。对手发球瞬间向前快速分腿垫步，眼睛紧盯来球，并转身转体向后小幅度地引拍，随时准备向前上脚迎击来球。接发球的引拍动作比一般的正反手击球引拍动作的幅度要小。

3. 挥拍击球

由于发球的力量大、速度快、旋转强，造成接发球的挥拍和击球时间很短。接发球时不同于底线抽击球时依靠身体旋转来增加力量，而是借助身体重心的前移来增加力量。接发球挥拍击球时应注意以下几点：快速侧身后，减小挥拍动作幅度；在击球瞬间握紧球拍，使拍头稳定；球拍与球接触位置尽可能控制在球拍的甜点上，使球身与拍面完全接触；球与身体的距离一般小于正常击球位置，使手臂带动身体转动，借助身体的力量将球击出。

4. 随挥跟进

随挥要求球拍向前推送完整，以便产生足够的撞击力度，并由前臂带动球拍自然向前、向上，使整个接发球动作完整、自然、流畅。

接发球技术动作如图 5-55 所示。

图 5-55　接发球技术动作

(五) 截击球技术

截击是指来球过网未落地之前在空中飞行时被凌空回击到对方场区的击球技术，又称拦网。截击球多是在离网较近处使用。

1. 握拍与站位

截击常用的握拍方式都为大陆式。截击球时，站位多在离球网 2 米左右处，这既便于向前封堵，又可以及时后退打出高压球，从而收到网前的进攻效果。

2. 后引球拍

截击技术的引拍动作要迅速、简练。引拍动作一定是先分腿垫步再以肩转动引拍。正手引拍以右脚为轴身体向右转动，球拍略微向后打开，不要超过右肩，身体面向来球方向，拍头高于手腕，手腕高于肘关节，保持手腕固定，身体重心移向右腿。反手引拍以左脚为轴向左侧转动，同时左手辅助拍颈将球拍向后拉，持拍手的肘关节弯曲，拍头向上竖立，球拍置于来球后方，身体重心移向左腿。

3. 挥拍击球

看准来球，正手时右脚蹬地向前上方跨出左脚，反手时左脚蹬地向前上方跨出右脚。球拍触球瞬间，右手握紧拍柄，手腕锁紧，手腕与前臂保持一定的角度，拍面击球的后下部。触球时应该迅速、简短、干脆，手腕紧固，保持拍面的稳定。

4. 随挥跟进

截击的随挥动作要简短而干脆，随挥动作幅度极小。完成截击时，身体重心在跨出去的脚上，拍面指向出球方向。

（六）高压球技术

高压球是指将头部以上的来球采用高于肩关节的扣压动作击过球网的一种技术。高压球根据击球方式的不同可以分为正手高压球和反手高压球，根据球是否落地又可以分为落地高压球和凌空高压球，其动作都与发球相似。

1. 握拍与步法

高压球的握拍基本为大陆式握拍法。侧并步是在高压球中比较常见的步法，多用于对手被动挑高球时球员主动高压。侧身举拍后，后脚带领前脚小步后撤，类似于侧身滑步移动。侧后交叉步相比侧并步难度稍大。侧身举拍时，前脚经后脚后方向后撤步，再让后脚移动至两脚平行位置，两脚依次交替移动。

2. 侧身举拍

高压球的动作与发球相似，但球拍直接从体前举起，并迅速侧身。持拍手向后抬起，将球拍放置脑后偏上位置。非持拍手高高抬起，向前上方伸展指向来球，并维持身体平衡。

3. 挥拍击球

当来球接近击球区域时，后脚蹬地发力，由上肢带动肩部的回转，快速向前上方挥动手臂，在手臂带动下拍头快速向前、向上挥动。击球时，上臂、前臂完全伸展于高点接触，前臂内旋以做到拍面平击来球。跳起扣杀时，在击球时前后脚在空中交换，落地时非发力脚先落地。

4. 随挥动作

手腕和前臂产生自然的下压动作，沿着挥拍轨迹自然挥拍至身体的左侧，使拍头指向身后的挡网。

名人名言

我宁愿我的学生打网球来消磨时间，至少还可以使身体得到锻炼。

——卢梭

三、网球运动的基本战术

(一)单打战术

1. 发球战术

(1)发球站位。在右区发球时，尽量接近中点线，发直线球逼对方反手还击；在左区发球时，站位可距中点线稍远，便于以更大斜线发到对方反手区，扩大自己的防守区域。

(2)第一次发球。多用大力平击发球使对方接发球失误，或用切削发球、上旋发球打落点，发至对方防守较差的区域。

(3)第二次发球。重点在准确，力求凶狠，打落点，多用切削发球或上旋发球。

2. 接发球战术

(1)接发球站位。站在对方可能把球发到的角度的角分线上。当对方发向外或向内旋转的球时，要靠近旋转方向。此外，应尽量站在底线内 0.5 米左右处，压制对方，使自己能够上网。

(2)接发球击球方法。一般采用平击抽球，将球回击到对方底线两角；也可运用旋转使球旋向两边线外，造成对方左右奔跑；还可运用切削球打到近网两角；或运用挑高球将球挑过发球上网者头顶。

(二)双打战术

1. 发球战术

(1)发球站位。发球者站在底线后面的中线与边线之间的一半处，比单打站位稍靠边线，因为另一边有同伴防守，同时可使发出的斜线球角度更大。

(2)第一次发球。常用大力上旋发球到对方反手区，压制其进攻力量和回击角度，也可用大力平击发球，迫使对方回击高球，以便上网扣杀。

(3)同伴站位。站在发球线附近，比发球者站得稍后一些，随时注意场上变化。

2. 接发球战术

(1)接发球站位。站在对方可能把球发到的角度的角分线上。

(2)回击方法。平击、切削、旋转三种方法交替运用，使对方难以判断。球要过网低、角度斜、落点深。

(3)队友站位。在离网 2～3 米、离边线 3 米左右处，把守半边场区，伺机截击或高压击球。

四、网球运动的比赛规则

(一)胜负规则

网球比赛是用一种特殊的记分方法记录每场比赛的胜负。记录的最小单位是分，然后是局，最后是盘。每一局采用0、15、30、40、平分和Game的记分方法。比赛时先得1分呼报15，再得1分呼报30，得第3分呼报40，得第4分呼报Game，即本局结束。如果比分为40∶40，叫平分，一方必须再连得两分才算胜此局。比赛双方先胜6局者为胜一盘。如果双方各胜5局，一方必须再连胜两局才能结束这一盘，这就是长盘制。为了控制比赛时间，近年来普遍采用平局决胜制，即当局数为6∶6时，只再打一局来决胜负。在这一局中，先赢得7分者为胜这一盘。如果在此局打成5∶5平分，一方仍须连得两分才算胜此局，即胜此盘。此外，双方比分相加为6和6的倍数时交换场地。

(二)站位和发球的选择

在准备活动开始前，通过抛硬币的方式决定比赛第一局的站位和发球/接发球权。抛硬币获胜的运动员/队可以选择：①在比赛的第一局中选择发球或接发球，在这种情况下，对手选择站位；②选择比赛的第一局站位，在这种情况下，对手选择发球或接发球；③要求对手做出以上任意一种选择。

(三)交换场地

运动员应在每一盘的第一局、第三局和随后的每一个单数局结束后交换场地。运动员还应在每一盘结束后交换场地，但当一盘结束后双方所得局数之和为偶数时，运动员须在下一盘第一局结束后交换场地。在平局决胜局中，运动员应在每6分后交换场地。

(四)发球次序

在常规局结束后，该局的接发球员在下一局中发球，该局的发球员在下一局中接发球。

双打比赛中，在每一盘第一局开始前，由先发球队决定哪一名运动员先在该局发球。同样，在第二局开始前，他们的对手也应当决定由谁在该局先发球。第一局的发球员的搭档在第三局发球，第二局的发球员的搭档在第四局发球。这一次序一直延续到该盘结束。

(五)发球失误

下列情况为发球失误：①发球员违反了规则中的发球动作、发球程序或出现脚误。②发球员试图击球时未能击中。③发出的球在触地前碰到了永久固定物、单打支柱或网柱。④发出的球触到了发球员或发球员的搭档，或其所穿戴的、携带的任何物品。

(六)压线球

如果球压线，则这个球被认为是落在以该线作为界线的场地之内。

教学检测

1. 1891 年，美国人詹姆斯·奈史密斯发明了（　　）。

A. 篮球　　B. 排球　　C. 足球　　D. 网球

2. 篮球运动中，持球队员在原地或移动中，用单手连续按拍和迎引从地面反弹起来的球的动作方法叫（　　）。

A. 运球　　B. 传球　　C. 带球　　D. 接球

3. 排球哪一年传入中国？（　　）

A. 1904 年　　B. 1905 年　　C. 1906 年　　D. 1907 年

4. 哪个运动项目被誉为“世界第一运动”？（　　）

A. 篮球　　B. 排球　　C. 网球　　D. 足球

5. 被称为中国“国球”的是（　　）。

A. 足球　　B. 篮球　　C. 乒乓球　　D. 排球

6. 网球拍的拍柄共有几面？（　　）

A. 6　　B. 7　　C. 8　　D. 9

思政园地 ★

别样动人的女排精神
——中国坐式女排征战东京残奥会侧记

2021 年 9 月 5 日上午，东京残奥会坐式女子排球决赛，交战的双方是中国队与美国队。在此前的小组赛中，中国队曾以 3 比 0 轻取对手，因此，赛前大家普遍认为，中国队取胜机会更大。

在残奥会上，中国和美国坐式女排队伍是一对老对手，她们始终占据该项目的世界主导地位。自 2004 年该项目进入残奥会以来，先是中国队连续三次获得冠军，到了 2016 年里约热内卢残奥会，美国队首次战胜中国队登上冠军宝座。此次东京奥运会，她们再一次成为决赛中的对手。不过遗憾的是，中国队未能实现夙愿，决赛中她们以 1 比 3 负于对手，获得银牌。

比赛结束后，中国女排名宿诸韵颖如是评价这群女排姑娘：“我们觉得这枚银牌的分量一点不比金牌轻，毕竟和健全人相比，这才真的是一群不向命运屈服的姑娘。从她们身上，我们可以感受到别样动人的女排精神！”

有梦想，就要去拼

对于 5 年前里约热内卢残奥会决赛中的失利，所有队员和教练心里都憋着一口气，她们无比渴望在东京赛场上重新夺回这枚金牌。

2020 年 3 月，当东京方面宣布奥运会和残奥会因疫情延期的消息后，中国坐式女排的全体队员反倒松了口气，虽然这意味着又多了一年夜以继日的训练，但至少比赛还在，她们更担心的是东京奥运会被取消。“奥运会四年一届，我们都特别希望能站在这样的舞台上。”队员唐雪梅说。

这支队伍中，不乏三届、四届元老，有的队员为了训练甚至无法顾及孩子。坚持至今，她们只为冲击金牌的梦想。正如从北京奥运会就开始打比赛的老将章旭飞所说：“还有梦想，就要再去拼一拼。”

在主教练徐慧敏看来，集训一年多的时间里，队员们的精神状态都非常好。“为了实现奥运冠军的梦想，大家的心很齐，队里的气氛很好，从来没有人因为体能不济而请假，有些老队员的状态甚至好于上一届残奥会。这就是信念的力量，这就是女排精神。”徐慧敏说。

超乎常人想象的努力和付出

徐慧敏从上海女排退役后，从 2009 年开始从事残疾人女排教练工作，2018 年接手主教练职务。在她心里，这是一支荣誉之师。这群身残志坚的姑娘，曾一次次地站上世界顶级舞台，曾连续三届残奥会夺得金牌，她们在运动场上的成就，完全可以媲美中国女排；而她们所付出的艰辛努力，则更加超乎常人想象。

一接手坐式女排队伍，徐慧敏就受到了震撼。和需要奔跑、跳跃的常规排球相比，坐式排球的比赛节奏和技术大为不同。同样是接发、垫球、扣球，这些基本的排球动作，对于坐式排球队员们来说难度很大，需要更多的毅力和汗水——姑娘们的全部动作只能坐在地面上完成。她们要以手代脚，学会在地板上快速移动；无数次接触地面，手上、臂部磨得到处都是水泡……

为了更好体验坐式排球的技术特点，她也坐到了地上：“我需要跟她们一起打，去体会打球的节奏、调整训练的方案。”通过不断摸索，徐慧敏总结出了一套高效的训练模式。为取得好成绩，徐慧敏还申请坐式排球男队与姑娘们合练，模拟高强度的比赛，磨炼竞技状态。

许艺潇是队里的主力，专业排球出身的她因伤致残后开始坐式排球生涯。“坐式排球的发力技巧与专业排球完全不同，我刚开始接触坐式排球时，甚至感觉自己完全不会动，然后从基本功开始学起。”许艺潇说，“从某种程度上来说，残疾人坐式排球比健全人室内排球难度更高。”

比赛永不放弃，人生逐梦向前

在这个光荣的集体中，有太多的感人故事。乐观、努力、顽强、向阳而生……她们的经历值得我们每个人知晓。

在 2008 年汶川地震中失去左腿的唐雪梅，从未放弃自己，在运动中，她找回了阳光和自信。“排球给我带来很多快乐，地震给我造成的阴影几乎都没了，我有了更高的平台，能实现更多人生价值。作为一名残疾人，去夺取残奥会金牌，让国旗升起，是自己人生莫大的荣耀。”唐雪梅说道。

由于特殊的经历，以及用体育改变人生的现实，国际奥委会专门撰文报道唐雪梅的奋斗故事，感动了世界各地的人们，也激励了全世界与命运抗争的人们。

从悲痛中奋起，唐雪梅用自己的行动践行着女排精神，同时也开启了新生。

王亚男在 17 岁那年因为车祸截肢，从喜欢跳舞的女生变成残疾人，她的人生跌入了灰暗中，她甚至想过轻生。

但多年的排球生涯，让她的人生有了不一样的色彩，尤其是 2012 年伦敦残奥会上取得金牌让她记忆犹新：“我这个人很要强，小时候我就对自己说过，我要登上最大的演出舞台，但是没想到，最后是以这样子的方式登上了最高的领奖台。”

“我不会再想着别人看不起我，说我不行。我现在还会去照顾和帮助身边的朋友，我在这里体会到了我的价值。”王亚男说。

四届奥运元老张丽君，从 14 岁到 36 岁，在坐式排球项目上拼搏了 23 年，从未想过放弃。这是她参加的最后一届残奥会，张丽君说：“我很感谢坐式排球，它一直激励着我，排球是我难以割舍的情结。通过坐式排球，我找到了自我，体现了自身的价值。”

来自上海的吕红琴今年 41 岁，是排球队里历经五届残奥会的老运动员。因为小儿麻痹症，吕红琴从小就失去了正常行走的能力，1999 年她成为上海市残疾人体育训练中心的一名运动员，坐式排球改变了她的一生。自 2000 年以来，她先后获得全国三八红旗手、全国优秀运动员、全国五一劳动奖章等多项荣誉。

就像唐雪梅说的那样：“中国女排的精神和中国坐式女排的精神是一样的，哪怕到最后一刻，只要比赛还没有结束，我们就不能放弃。”

（资料来源：《光明日报》，2021 年 9 月 9 日，有改动）

讨论：

1. 从坐式女排队伍身上，你看到了什么？
2. 结合材料，谈谈你所理解的女排精神。

第六章 水上运动

育人目标

◎通过水上运动，培养不畏风浪、乘风破浪的精神。

◎与他人默契配合，培养同舟共济、团结合作的意识。

学习目标

◎了解游泳运动的起源与发展，掌握竞技游泳技术与实用游泳技术。

◎了解皮划艇运动的起源与发展，掌握皮艇和划艇的基本技术。

情境导入

皮划艇世界杯中国代表队摘金三枚

国际皮划艇联合会官网消息，皮划艇静水世界杯捷克拉齐采站于当地时间22日结束，中国队收获3金2银2铜，东京奥运会冠军孙梦雅分别搭档徐诗晓和刘浩获得女子双人划艇500米和混合双人划艇500米冠军，小将李丽获得女子单人划艇5000米冠军。

与在东京奥运会时一样，奥运冠军搭档徐诗晓和孙梦雅保持了强大实力，她们在世界杯女子双人划艇500米比赛中一骑绝尘，以1分53秒64的成绩夺冠，比第二名古巴选手快了3秒66，优势巨大。

“(东京)奥运会的时候，我肩膀有些伤病，现在已经完全没问题了。”徐诗晓说，“对今天的比赛，我们非常满意，自从奥运会结束以后，因为个人原因我们的专项训练一度不太系统，但在体能方面，根据协会要求和部署，我们整个冬训的体能储备非常扎实，让我们在今天的赛场上有足够的信心去和奥运会主要对手完成较量。从预赛到决赛，整体来看，我们为巴黎(奥运会)

做了很好的铺垫。”

中国队第二枚金牌来自刘浩和孙梦雅的混合双人划艇 500 米项目，混合项目在以往赛事中并不多见，“特别有意思。”东京奥运会男子双人划艇 1000 米亚军刘浩说。虽然他和孙梦雅以 1 分 45 秒 42 的成绩轻松夺冠，但刘浩表示，他们之前并没有进行太多针对性训练，能够夺冠还是依靠两人自身的实力。刘浩与东京奥运会搭档郑鹏飞在男子双人划艇 500 米比赛中划出 1 分 38 秒 24，名列第四。

中国队的第三枚金牌来自 17 岁小将李丽，她以 25 分 06 秒 68 的成绩获得女子单人划艇 5000 米冠军。她还在单人划艇 1000 米比赛中获得铜牌。本次世界杯，中国队派出一批全运会后进入国家集训队的小将参赛，旨在增加比赛经验、感受大赛氛围，李丽就是其中之一。

此外，在女子双人划艇 200 米比赛中，林文君/帅常文获得银牌，林文君还在单人划艇 200 米比赛中摘得银牌。王楠/孙悦雯/杨銮/陈灵亚在女子四人皮艇 500 米比赛中获得铜牌。

（资料来源：人民网，2022 年 5 月 25 日，有改动）

第一节 游泳运动

一、游泳运动概述

（一）游泳运动的起源与发展

人类的游泳运动源远流长。地球表面 71%的面积被水覆盖，地球上布满了江、河、湖、海，人类为了生存必须与水打交道。为了捕捉水里的鱼虾和采捞水里可供食用的植物，人们需要下到水里；为了追猎动物和躲避猛兽的侵袭，人们需要跋山涉水；当洪水泛滥时，人们为了保护生命与财产，更是要与水进行搏斗。人们在生活和劳动以及与大自然做斗争的过程中不断与水打交道，逐渐学会了游泳。最初，人们只是模仿水栖动物的姿势与动作在水中移动，久而久之，便积累了在水中行动的经验，学会了游动、漂浮和潜水等，发明了各种游泳姿势。

在 1896 年举行的第 1 届现代奥运会中，游泳被列为正式比赛项目之一。在现代奥运会发展的初期，运动员都是在自然水域中进行游泳训练。随着奥林匹克运动会的发展，人们越来越重视游泳训练，开始修建人工游泳池、游泳馆，游泳运动得到了长足发展，世界竞技游泳水平不断提高，大众参与程度也日益提高。

（二）游泳运动的分类

根据目的和功能来划分，游泳运动可以分为竞技游泳、实用游泳、大众游泳和康复游泳四类（见图 6-1）。

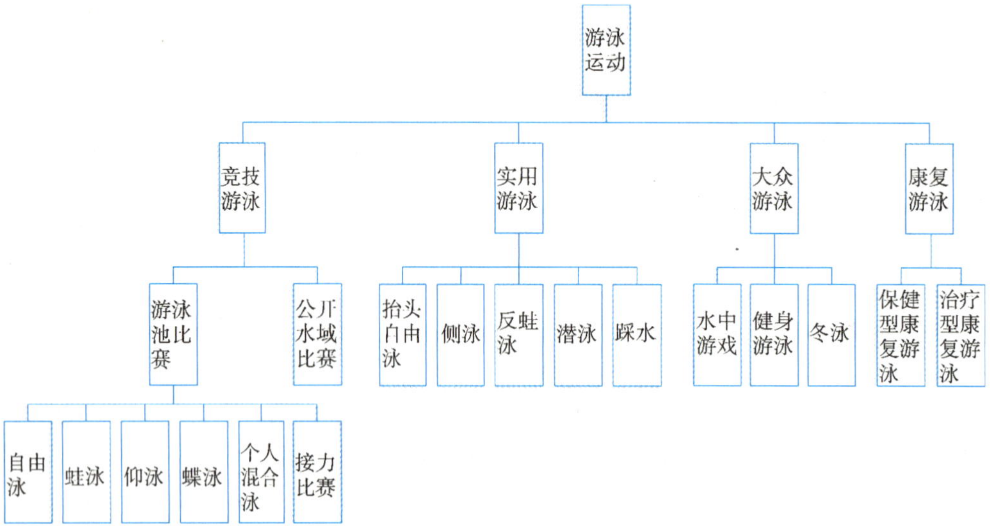

图 6-1　游泳运动分类示意图

1. 竞技游泳

竞技游泳是指有特定的技术要求，按游泳竞赛规则和规定进行竞赛的游泳运动项目。

竞技游泳分为游泳池比赛和公开水域比赛两大类别。游泳池比赛包括自由泳、蛙泳、仰泳、蝶泳四种泳式和由这四种泳式组成的个人混合泳及接力比赛。

公开水域比赛是指在江、河、湖、海等自然水域进行的游泳比赛，如游渡海峡、横渡江河和长距离游泳比赛等。这类比赛各有其特定的规则要求，但没有严格的游泳泳式要求，运动员多采用自由泳参赛。

2. 实用游泳

实用游泳是指直接为生产、生活和军事服务的游泳活动，包括抬头自由泳、侧泳、反蛙泳、潜泳、踩水等非竞技游泳。但在泅渡、水上救护和运物等情况下，也会采用自由泳、蛙泳和仰泳等竞技游泳技术。

3. 大众游泳

随着人类社会的发展、生产力的提高和社会物质财富的不断丰富，人们对物质、文化和娱乐生活的质量要求也相应提高，出现了一种以增强体质为宗旨、以丰富人们文化生活为目的的大众游泳活动，如水中游戏、健身游泳和冬泳等。大众游泳现已成为现代游泳运动的重要组成部分，在世界各地广泛开展。

4. 康复游泳

康复游泳是充分利用水的自然特性与水中运动的生理知识对练习对象进行治疗、训练的一种康复训练方法，包括保健型康复游泳和治疗型康复游泳。

(三)合理的游泳技术动作

1. 保持身体流线型姿势

身体姿势在游泳技术动作中占有重要的地位，身体姿势的正确与否决定着游泳过程中阻力的大小与游速的快慢。身体在不影响四肢动作发挥实效的前提下应尽可能保持高位且舒展的姿势，呈现流线型姿势。

由于各泳式动作结构不相同，身体在水中的位置也各有差异。自由泳和仰泳时，身体在水中都具有较高、较平和相对稳定的位置，身体的纵轴线与水平面的夹角很小；蝶泳和蛙泳时，虽无固定的身体姿势，但在游进时产生的波浪状幅度应保持在一定的范围之内，在动作周期的某些环节上仍可保持相对高且平的身体姿势。

2. 协调而有节奏的动作

动作的协调性与节奏感是评价运动员技术掌握程度的标准之一。良好的动作协调能力和合适的动作节奏可以节省体能，使动作更有实效。协调与节奏也有一定的内在联系，协调性不好，动作也就失去了节奏；当动作节奏受到破坏时，动作配合也不可能协调一致。

3. 高肘屈臂划水

高肘屈臂划水是现代游泳技术之一。运动员在水中能否尽早进入高肘抓水阶段，是运动员划水效果好坏的关键。高肘屈臂划水能够延长有效划水路线，适宜的屈臂角度能有效地动员手臂上更多的肌群参与划水动作，增加划水力量。高肘屈臂划水能够增大手臂外形姿态阻力系数和有效划水面积，增大推进力，缩短手臂划水半径，加快动作速度，有利于划水效率的提高。

4. 螺旋曲线划水

螺旋曲线划水是现代游泳技术之一。螺旋曲线划水的划水动作持续作用于水的有效时间长，从而使身体获得向前冲量的持续时间增加。在进行螺旋曲线划水时，手掌的攻角沿划水轨迹不断调整改变，以期获得最佳的水平升阻合力的作用，随着螺旋曲线轨迹的延伸，手掌像螺旋桨一样不断地划到“静水”。由于划水路线与肌拉力线方向一致，相应地也增加了划水时身体大肌肉群的合力，有利于游速的提高。

5. 加速划水

根据阻力与物体运动速度的平方成正比的关系，划水的加速度对游进速度起着重要作用。在划水过程中，加速划水是保证推进力增大的基本要素，加速度越快，推进力越大，身体位移的速度也就越快。

6. 合理的划水频率与划水幅度

合理的划水频率与划水幅度是加快游泳速度的关键。两者是统一的、协调配合的，要想加快游速，就要增大划水频率或划水幅度。划水频率主要与神经过程的灵活性、快肌纤维在肌肉中所占比例与划水幅度、技术巩固程度和协调性有关；划水幅度主要由肌肉力量、关节柔韧性、肢体长度、技术动作质量和协调性决定。

二、竞技游泳的基本技术

(一)自由泳

游自由泳时，身体俯卧于水面，两腿上下交替打水，两臂轮流划水，动作很像爬行，故自由泳也称为爬泳(见图 6-2)。

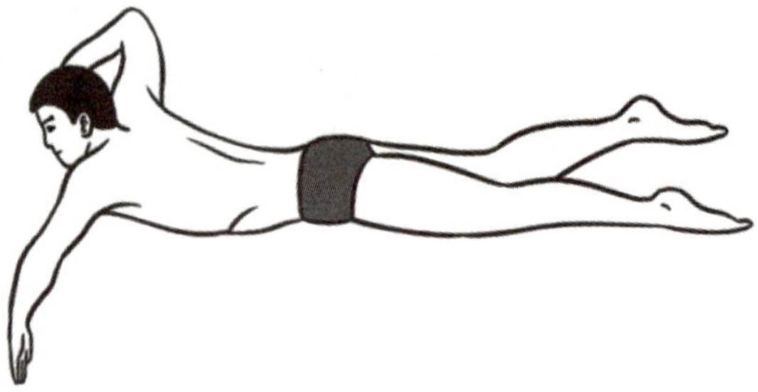

图 6-2　自由泳示意图

1. 身体姿势

在游任何一种泳式，理想的身体姿势都应该能使运动员最大限度地减少阻力。为此，游自由泳时身体姿势应注意以下两点。

（1）身体成水平姿势。身体接近水平俯卧于水中，尽量将身体放平、伸直、收紧，保持良好的流线型。在游自由泳时要注意头与肩的位置，只要将手臂伸得更远，身体收紧，打水时两腿不过于分开，动作保持在身体截面内完成，就能减少阻力，游得更快、更流畅。

（2）身体围绕纵轴有节奏地转动。自由泳在游进时，整个身体随着手臂和腿部的动作围绕身体纵轴有节奏地转动。身体转动的作用如下：①保持流线型；②利用身体的转动发挥核心力量；③延长有效的划水距离；④使上肢处于最佳发力位置，有助于移臂和呼吸。

2. 腿部动作

自由泳腿部动作由向下打水和向上打水两部分交替构成，其中向下打水动作较为有力，而向上打水动作相对轻松一些。在打水过程中，两脚应稍向内收，踝关节放松，髋关节发力，大腿带动小腿和脚，做鞭状打水动作，动作有力且富有弹性（见图 6-3）。

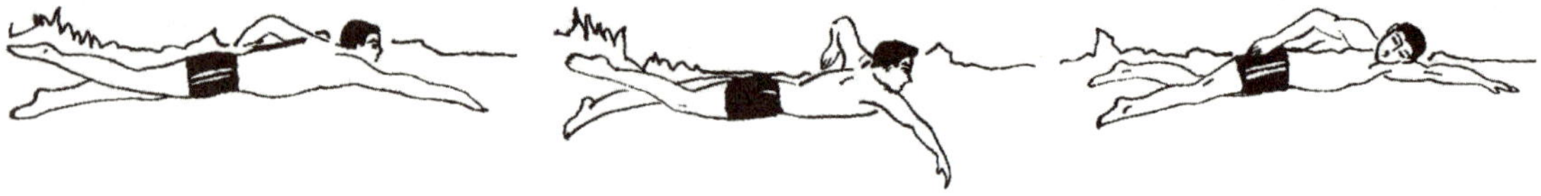

图 6-3　自由泳腿部动作示意图

3. 臂部动作

自由泳的臂部动作是身体前进的主要推进力。它分为入水、划水、出水和空中移臂四个部分。

（1）入水。手的入水点应在肩的延长线上或身体中线与肩的延长线之间。入水时，手自然并拢伸直，由大拇指领先斜插入水，掌心朝向外，前臂内旋，向前斜下方切入水中。入水后，手臂继续在肩的延长线上往前伸（见图 6-4）。

图 6-4　自由泳手臂入水动作示意图

（2）划水。手臂划水是产生推进力的主要力量。手入水伸直手臂后，屈腕使手掌向下、向后抓水，逐渐使肘高于手。随着身体的转动，上臂带着前臂及手掌向后加速划水。在整个划水动作中，手的轨迹始于肩前，继之到腹下，最后到大腿旁，呈“S”形。在划水过程中尽量保持肘高于手，高肘的目的是使前臂和手最大限度地向后对准水面（见图 6-5）。

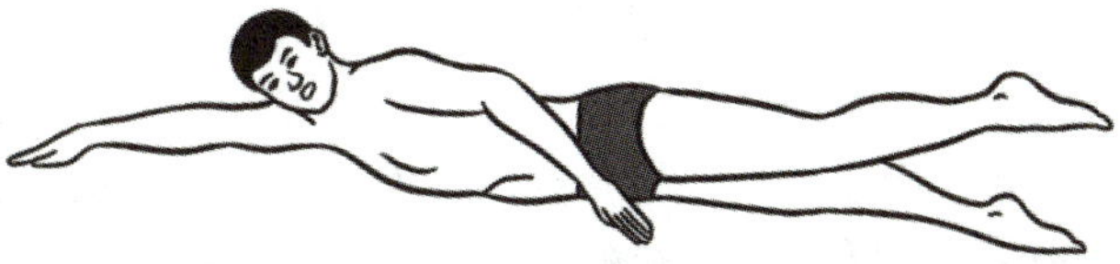

图 6-5　自由泳手臂划水动作示意图

(3)出水。出水时，手臂在推水后应随着身体的转动积极提肘，出水的顺序是肩、上臂、前臂和手(见图 6-6)。

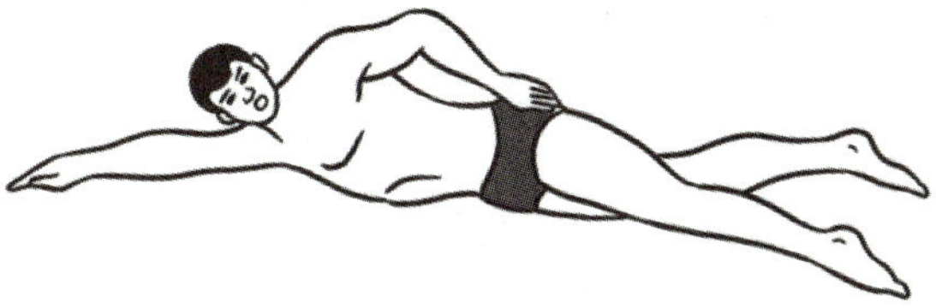

图 6-6　自由泳手臂出水动作示意图

(4)空中移臂。空中移臂时，手臂应自然放松，多数运动员采用高肘移臂，便于入水后快速划水(见图 6-7)。

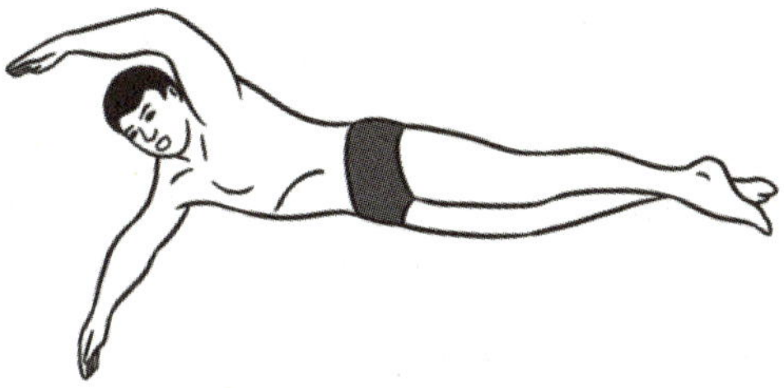

图 6-7　自由泳空中移臂动作示意图

4. 两臂配合

自由泳两臂的配合有三种基本形式，即前交叉配合、中交叉配合和后交叉配合。前交叉配合是指一臂入水时，另一臂已前摆至肩前方与水平面成 30°左右。中交叉配合是指一臂入水时，另一臂处在向内划水阶段与水平面成 90°左右。后交叉配合是指一臂入水时，另一臂划至腹下，臂与水平面成 120°左右(见图 6-8)。

图 6-8　自由泳两臂配合交叉形式示意图

前交叉配合比较适合初学者，运动员多采用中交叉配合和后交叉配合，中交叉配合和后交叉配合有利于身体保持匀速前进。

5. 呼吸节奏

右臂入水后闭气，划水时呼气，推水即将结束时头向右侧转把余气呼出，并将嘴露出水面，立即张嘴吸气，当右肘提出水面至肩部，吸气结束，继而转头复原。总之，一般是两臂各划水一次，配合一次呼吸。

(二)蛙泳

蛙泳是一种比较古老的泳式，因模仿青蛙的游泳动作而得名。蛙泳的姿势动作最为复杂，臂、腿变化方向多，与其他泳式相比差别较大。但蛙泳的呼吸比较容易掌握，每个动作周期结束后都有一定的滑行放松时间，初学者一般都是先学习蛙泳(见图 6-9)。

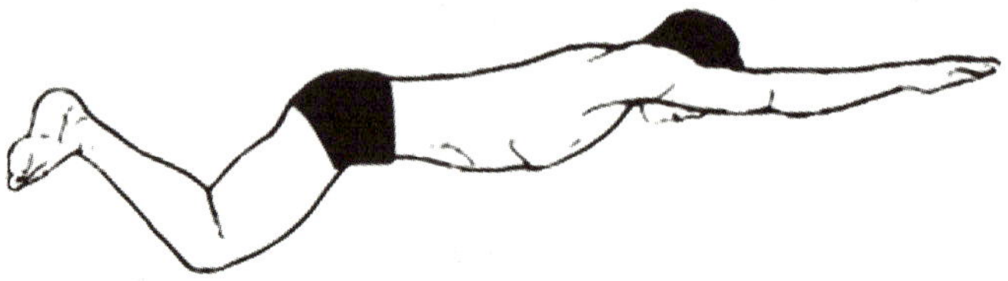

图 6-9　蛙泳示意图

1. 身体姿势

蛙泳在游进中，身体位置是不断变化的。在一个动作周期(一次蹬腿、一次划手)结束后的滑行阶段，身体应尽量水平地俯卧于水面，保持流线型。

当划水与抬头吸气时，肩部上升，手臂内划时身体位置较高，手臂前伸时身体迅速回到水平位置，保持流线型。

2. 腿部动作

蛙泳的腿部动作是蛙泳游进的主要推进力，可分为收腿、外翻、蹬夹和滑行四个部分。

(1)收腿。蛙泳的收腿动作不产生推进力，是翻脚、蹬夹的准备动作。开始收腿时屈膝、屈髋，两膝边向前边分开，小腿和脚尽量在髋关节的截面内前收，以减小阻力，当脚接近臀部时停止收腿。

(2)外翻。蛙泳腿的外翻包括向外翻脚和翻小腿。向外翻脚时，脚尖向外，同时膝关节内旋，使脚和小腿内侧对准蹬夹水的方向。外翻结束时小腿与水面几乎垂直。

(3)蹬夹。为获得较大的蹬水截面，要通过大腿带动小腿向后蹬水，腿在向后蹬的同时向中间夹紧，这个动作要快速有力，才能达到鞭状动作的效果。

(4)滑行。蹬夹结束后有一个短暂的滑行阶段，两腿应尽量伸直并拢、自然放松，为下一个动作周期做好准备。初学者在滑行阶段可以得到短暂的休息，以便能游更远的距离。

3. 臂部动作

蛙泳臂部划水动作根据划水过程中手臂动作的用力方向可分为外划、内划、伸臂三个部分(见图 6-10)。

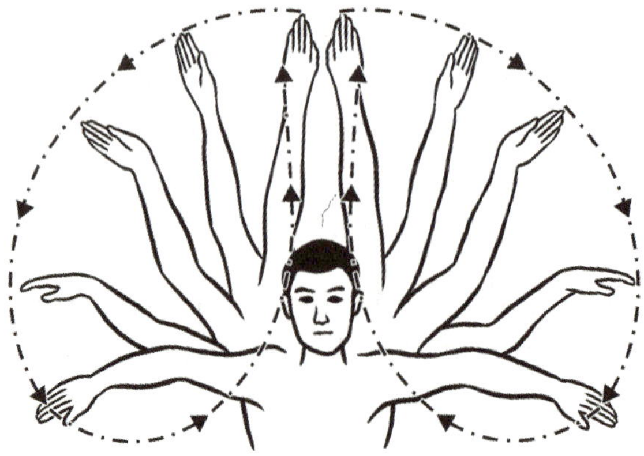

图 6-10　蛙泳臂部动作示意图

(1)外划。手臂划水开始之前，两臂伸直与水平面平行，掌心向下，两臂边内旋边对称地向外划水。两手分开超过肩宽时，手臂略外旋、屈肘、屈腕(见图 6-11)。

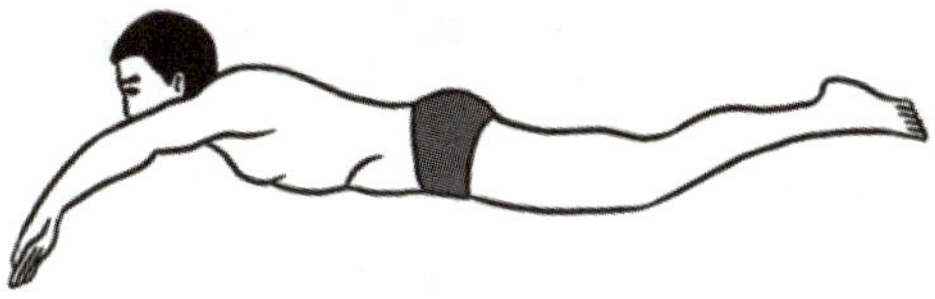

图 6-11　蛙泳手臂外划动作示意图

(2)内划。在划水过程中内划所产生的推进力最大。外划结束后，手臂向外旋转，手先向内、向下和向后划水。在内划过程中，手掌的方向在不断地变化，从向外和向下转为向内和向上。在内划即将结束时，应在肋下做夹肘动作(见图 6-12)。

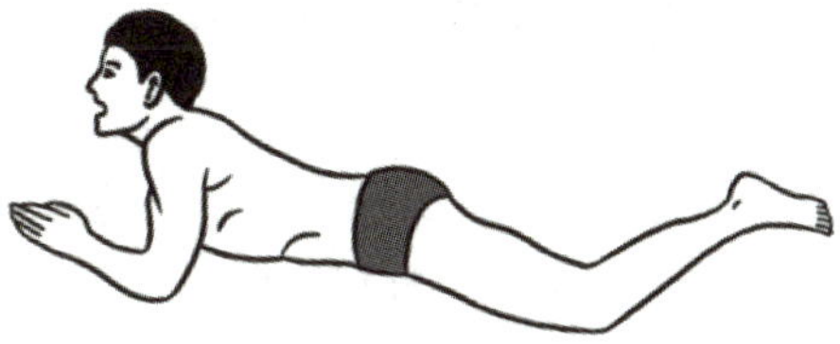

图 6-12　蛙泳手臂内划动作示意图

(3)伸臂。当两手在下颌部位的下方接近并拢时开始前伸，通过向前伸肘和伸肩，两臂前移至伸直姿势。伸臂时，不同的运动员掌心的方向不同(见图 6-13)。

图 6-13　蛙泳伸臂动作示意图

4. 呼吸节奏

蛙泳每划水一次，吸气一次。优秀运动员通常在内划快结束时吸气，这是晚呼吸技术；初学者一般采用早呼吸技术，即在手臂开始外划时抬头吸气，手臂前伸的同时低头吐气。

5. 完整配合动作

蛙泳的完整配合动作是一次划手、一次蹬腿、一次呼吸的配合，其配合时机较难。蛙泳配合口诀：“划水腿不动，收手再收腿；先伸胳膊再蹬腿，并拢伸直漂一会儿。”

(三)仰泳

仰泳是人体仰卧在水中游进的一种泳式。仰泳时，身体仰卧于水面，臂、腿轮流交替划水和打水(见图 6-14)。仰泳呼吸容易掌握，动作简单易学，一直是较受欢迎的泳式。

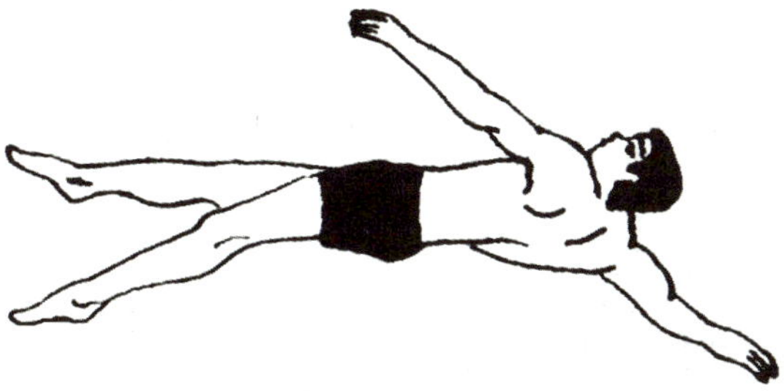

图 6-14　仰泳侧面示意图

1. 身体姿势

仰泳时，身体应该自然伸展，平直地仰卧于水面，头部和肩部略高于腰部和腿部，身体纵轴与水平面构成一个很小的仰角。其中，头部和髋部的位置关系非常重要，头的位置在很大程度上决定了整个身体的位置，起着“舵”的作用。

2. 腿部动作

仰泳的腿部动作很重要，不仅能使身体保持平衡，给身体一个稳定的支撑力，还可产生一定的推进力。仰泳腿的技术与自由泳腿的技术相似，同样是鞭状打水动作。仰泳腿打水时由髋关节发力，大腿带动小腿，膝关节和踝关节应伸直放松，上下打水。

3. 臂部动作

仰泳的臂部动作是游进时的主要推进力。仰泳的臂部动作可以分为入水、划水、出水和空中移臂四个主要部分。

(1)入水。仰泳的臂部入水动作要与身体的转动协调配合。入水时手臂应伸直，手的入水点应在同侧肩的延长线上，以小拇指领先，手掌向外，干净利落地切入水中。

(2)划水。手臂入水后，随着身体围绕纵轴的转动，手臂向外旋转屈腕、屈肘，使前臂内侧和手掌对准后方，形成高肘抓水动作。抓水结束后，肩带肌肉群和背阔肌随着身体的转动带动手臂先向下再向上，最后再向下推水至大腿旁，整个划水过程呈明显的“S”形路线。

(3)出水。划水完成后，借助手向下压水的反作用力以及身体的自然转动，使肩部首先出水，然后带动上臂、前臂和手依次出水。出水前手臂应先向外旋，使大拇指领先出水，这样阻力小且手臂动作较为自然、放松。

(4)空中移臂。空中移臂动作与身体的转动也是分不开的，手臂应尽量以直臂方式向前移动。移臂的前半段，掌心向内，使手臂肌肉尽量得到放松；当手臂移到头上，即与水平面垂直时内旋，使掌心向外，为入水做好准备。

4. 呼吸节奏

仰泳时，口鼻始终露出水面，呼吸不受水的限制，但为了避免吸气不充分造成动作紊乱，运动员一般保持一定的呼吸节奏，正如长跑运动员用一定的节奏调整呼吸一样。

5. 完整配合动作

仰泳较常见的是六次打水、两次划臂、一次呼吸的配合方式，两臂基本上处于对称位置。

(四)蝶泳

蝶泳游进时由于手臂动作的外形类似蝴蝶飞舞，所以被称为蝶泳。蝶泳是由蛙泳演变而来的。

1. 身体姿势

游蝶泳时，运动员身体各部分由于波浪动作而上下起伏，没有固定的身体位置。蝶泳的波浪动作要求身体重心平稳，保持前进速度。

2. 躯干和腿部动作

蝶泳的躯干和腿部动作是两腿伸直并拢，躯干发力，以大腿带动小腿，两腿同时下打和上移。通过髋关节、膝关节和踝关节的力量传递，使脚获得最大的动作力量。

3. 臂部动作

蝶泳的臂部动作所产生的推进力是推动身体前进的主要因素，蝶泳的臂部动作是两臂同时对称地划水，臂部动作由入水、划水、出水和空中移臂四个部分组成。

(1)入水。手臂入水是划水的准备阶段，两手在两肩的延长线或略宽于肩的延长线上，掌心向外下方斜插入水，然后前臂、上臂依次入水。

(2)划水。手臂入水后，肘关节和肩关节前伸，两手立即向内旋并外分，当两手外分至超过肩宽时屈腕、屈肘，经过向后、向内、向外的运动后，逐渐加速划水。

(3)出水。手臂划水到大腿两侧时，掌心朝向大腿外侧，以便减小出水的阻力。划水结束时，利用划水的惯性，肘和肩带动手臂提拉出水。

(4)空中移臂。手臂出水后，在肩的带动下迅速从空中前移到头前，准备入水和做下一个周期的动作。移臂过程中手臂要放松，大拇指向前下方，手前伸，接近入水时肘微屈。

4. 呼吸节奏

初学者一般采用早呼吸技术，即在手臂外划时开始抬头吸气，手臂前伸时低头吐气。高水平运动员多采用晚吸气技术，即手臂内划结束时头部开始露出水面，手臂上划及移臂的前半段完成吸气动作，手臂前移过肩再向前伸时低头入水。低头一定要在手入水前完成，或在手入水的同时完成，否则会使手臂和肩部难以伸展，影响入水的远度，使划水路线缩短。

5. 完整配合动作

手臂、腿的配合一定要准确、协调，否则就会破坏动作内在的节奏，使推进力减弱。臂、腿的配合方式是每划水一次，打腿两次，手入水时打一次腿，推水时打第二次腿。完整配合主要采用两次打水、一次划水、一次吸气的方式。

三、实用游泳的基本技术

实用游泳技术通常是指非竞技游泳技术，是具有实用价值的游泳技术。常用的实用游泳技术包括抬头自由泳、侧泳、反蛙泳、潜泳、踩水等。

思政数字课堂

(一)抬头自由泳

抬头自由泳是指在游自由泳时，把头始终抬出水面游进的一种泳式。抬头自由泳是游泳救生员的一种专项游泳技术。抬头自由泳的四肢动作结构简单自然，既能快速游进，又能看清目标。

抬头自由泳与自由泳的不同之处在于抬头自由泳游进时头的位置较高，身体位置稍微往下沉，需要在游进时强有力地打腿。另外，手臂动作也有较大区别，抬头自由泳时手的入水点比自由泳近，手臂入水后要尽快进入划水和推水阶段，划水路线比自由泳短。

(二)侧泳

侧泳是身体侧卧在水中，两臂交替划水，两腿做蹬剪水的一种泳式。救生员在拖带溺水者时常采用侧泳。侧泳分为手出水和手不出水两种形式，这里仅介绍手出水的侧泳形式。

1. 身体姿势

侧泳游进时身体侧卧在水中，两肩稍向胸侧倾斜，与水平面成 10°～15°，头的下半部浸在水中，水下面的手臂置于体侧，两腿并拢伸直，游进时身体绕纵轴转动。

2. 腿部动作

侧泳的腿部动作包括收腿、翻腿和蹬剪腿三个部分。

(1)收腿。上腿屈髋、提膝向前收，与躯干成 90°，小腿向后收，膝关节尽量弯曲，脚跟靠近臀部。

(2)翻腿。当完成收腿动作后，上腿勾脚掌，向后对准蹬水方向。下腿将脚尖绷直，脚背和小腿前侧面向后方对准蹬水方向。

(3)蹬剪腿。两腿的蹬剪动作是拖带溺水者的主要推进力，以髋关节发力，用大腿带动小腿稍往前伸，脚掌对着蹬水方向，由体前侧向后方加速蹬夹水；以脚背面和小腿前侧对着蹬水方向，用力先向下再向后伸膝剪水，与后蹬动作相配合形成蹬剪水的动作。

3. 手臂动作

在空中移臂的手臂称为上面手臂，始终在水下进行划水和移臂的手臂称为下面手臂。侧泳游进时，两臂交替划水，上面手臂动作与自由泳手臂划水动作相似，下面手臂动作与蛙泳手臂划水动作相似。

4. 两臂配合动作

两臂在胸前交叉，下面手臂开始划水时，上面手臂前移；上面手臂开始划水时，下面手臂开始做前伸动作。

5. 完整配合动作

两腿蹬剪水一次，两臂各划水一次，呼吸一次。两腿蹬剪水后，在上面手臂划水结束与下面手臂前伸时，应有短暂的滑行动作。

(三)反蛙泳

反蛙泳是仰泳的前身，即身体仰卧于水中，两腿同时向后蹬夹水，两臂在体侧同时向后划水。反蛙泳只靠腿部动作就可以前进，两手可腾出来救护溺水者或拖带物品，因此，一般在水中拖带溺水者或物品时采用反蛙泳。

1. 身体姿势

身体仰卧于水中并自然伸直，脸露出水面，尽量使头、肩、髋、膝处于一条直线。

2. 腿部动作

反蛙泳的腿部动作类似蛙泳，但由于身体仰卧于水中，所以收腿、蹬腿时膝关节不能露出水面。收腿时，膝关节向两侧边收边分，大腿微收，小腿尽量向侧下方回收。收腿结束时，脚和小腿内侧向后对准蹬水方向，然后大腿发力，使小腿和脚向侧后方蹬夹水。

3. 臂部动作

两臂自然伸直，经空中在肩前同时入水，然后高肘屈臂，使手和前臂对准划水方向，用力在体侧划水。划水结束后，两臂停留在体侧片刻，使身体向前滑行。

4. 完整配合动作

反蛙泳的配合技术有两种，一种是臂划水与腿蹬夹水同时进行(同时移臂与收腿)；另一种是手划水和腿蹬夹水交替进行，手、腿各做一次动作后身体自然滑行。

(四)潜泳

潜泳分为潜深和潜远。救助溺水者以及进行水下工程等，常采用潜泳。

1. 潜深

潜深有两种，一种是脚朝下潜深，另一种是头朝下潜深，其原理都是利用身体的重力向下潜。在向下潜之前要先使上体跃出水面，利用身体的重力向下潜入水中，然后利用手的划水与腿的蹬水加速下潜或改变游进方向。

2. 潜远

潜远分为两种，使用器材的和不使用器材的，不使用器材的潜远技术主要分为蛙式潜泳和蛙式长划臂潜泳。蛙式潜泳是在水下用平式蛙泳方式游进的一种技术，为避免身体上浮，头的位置应稍低。为提高潜泳的速度和延长潜泳的距离，人们常采用蛙式长划臂潜泳的方式，其腿部技术与蛙泳相同，两臂推水完毕后，在大腿两侧伸直。

(五)踩水

踩水是实用价值较大的泳式之一，广泛运用于水中停留休息、急救溺水者、持物游进和水中观察等方面，也是初学者应掌握的自救技术之一。

1. 身体姿势

踩水时，身体直立水中或稍向前倾，头露出水面，收髋、屈腿、勾脚，如同坐在凳子上一样，两臂于胸前平屈，手掌向下。

2. 腿部动作

踩水的腿部动作有两种，两腿同时蹬夹水和两腿交替踩水。两腿同时蹬夹水技术与蛙泳腿部动作相似，但前者大腿动作的幅度较小，主要用小腿和脚内侧向侧方蹬夹水，当两腿还未完全蹬直时收腿，动作要连贯。采用两腿交替踩水技术时，身体在水中起伏不大，大腿动作幅度较小。

3. 臂部动作

肘关节弯曲，手和前臂在胸前做向外、向内弧形划水动作。手臂动作不宜过大，做向外划水时掌心向外，掌内侧要有压水的感觉；向内划水时掌心斜向内，掌外侧要有压水的感觉。

第二节 皮划艇运动

一、皮划艇运动概述

皮划艇运动是桨手乘坐一种特制的小艇，由一个或几个桨手，双手持桨，面向前方划进的一种水上运动。

皮划艇分为皮艇和划艇两种，都是两头尖、没有桨架的小艇。皮艇和划艇在船形结构、划桨器材、握桨方法以及技术动作等方面完全不同，因此，皮艇和划艇在竞技运动中存在着相当大的差异：皮艇是人坐在艇内，手握一支两端桨叶约成90°的桨，在艇两侧轮流划水前进，皮艇有舵，通过双脚操纵舵控制航向；划艇是人的一条腿成弓步在前，另一条腿后跪在艇上，双手握一支形如铲子的单面桨，在艇的一侧划水前进，划艇无舵，全靠划桨动作控制航向。

(一)皮划艇运动的起源与发展

1. 皮划艇运动的起源

现代皮划艇运动起源于西方国家，到19世纪末，皮划艇运动已成为欧美国家广泛开展的一项体育活动。1923年，丹麦、瑞典、奥地利等国成立了皮划艇工作委员会，规定了艇的长度为5.2米、宽度为0.51米，一直沿用至今。

2. 皮划艇运动在中国的发展

早在2000多年前，我国就有了与皮划艇运动十分相似的"划龙舟"比赛。现代皮划艇运动于1930年前后传入我国。

1952年底，我国首次制造出自己的皮划艇。1954年在北京市水上运动会上，设立了男子1000米和女子500米皮艇比赛项目。1974年，我国加入国际皮划艇联合会。1975年，皮划艇被列为全运会正式比赛项目，同年我国开始参加皮划艇世界锦标赛。2004年雅典奥运会上，我国皮划艇运动员孟关良和杨文军取得男子500米双人划艇金牌。

(二)皮划艇运动的特点与锻炼价值

1. 皮划艇运动的特点

皮艇和划艇比赛分为两大类：速度赛和激流回旋赛。速度赛在静水域进行，激流回旋赛在动水域进行。皮划艇是充满力量和拼搏精神的项目，是回归自然、挑战自然的现代人类追求的时尚运动。

2. 皮划艇运动的锻炼价值

皮划艇运动均属速度和耐力项目。经常参加皮划艇运动可以增强人体心血管系统和呼吸系统的功能，加大肺活量，增强全身肌肉力量和耐力。

皮划艇也是具有实用价值的项目，人们已将其用于勘探、测量、侦察、旅游、探险等方面。随着社会的发展及人们生活水平的提高，激流皮划艇运动、激流障碍回旋、激流马拉松、激流漂流、皮艇球等项目应运而生。这些项目一出现，就受到了人们，特别是追求时尚、热衷户外运动的年轻人的喜爱。

二、皮划艇运动的基本技术

(一)皮艇运动的基本技术

1. 选桨和握桨

皮艇运动员选桨，一种选桨方法是运动员两手正握桨杆，对称地放在头顶上。上臂与两肩平行，肘关节屈曲成90°，这时两手距离桨颈15厘米左右，再加上两端桨叶的长度(桨叶一般长45～55厘米)，即为适合该运动员的桨长。另一种选桨方法是运动员站立在平地上，一手握桨竖立在身前，另一手臂举起，用食指和中指能勾住桨叶顶端，即为适宜用桨。

握桨时，运动员可以用右手操纵转桨，左手成空握；也可以左手操纵转桨，右手成空握。

2. 坐姿

运动员坐在船舱内的中心线上，以利于保持艇的平衡。两膝屈成 120°～130°，躯干前倾 5°～15°。运动员自然地正坐船中，头部正直，颈部放松，两眼正视前方。

3. 划桨

皮艇划桨是以两边相同的动作在左右两侧轮流重复划动，要求运动员动作高度协调。划桨单个周期动作的构成如下。

(1)入水和抓水。入水时拉桨的肩向上，拉桨臂前伸，充分转体。桨叶贴近船体，桨叶入水时与水平面成 40°～50°角。推桨手在头侧，与前额齐平或稍高。

(2)拉桨。抓水和拉桨之间没有间隔。拉桨时要用躯干转动的力量，拉桨臂自然伸直，桨叶靠近船舷。有力的转体伴随着双肩和双臂的推拉动作，将动力通过脚蹬和坐板，最大限度地传递给船体，推动船体前进。在拉桨过程中，保持桨叶处于垂直方向的时间越长，对艇的动力传递越有利。皮艇运动员必须充分利用腿部力量，在抓水时，膝关节的伸展要和手臂动作一致，蹬腿和手臂动作要高度协调。

(3)恢复。恢复分为出水、放松和稳定三个环节。

①出水：拉桨臂拉桨至髋关节处结束，这时迅速提肘，手腕向外翻转，使桨叶从侧向滑出水面。桨叶出水必须干净利落。

②放松：拉桨臂在一侧拉桨出水后，另一侧桨叶入水前，是放松和稳定的阶段。在放松阶段，运动员双肩下垂，大部分肌肉放松。这时拉桨手迅速向上挥桨，复位到肩的上方。

③稳定：稳定阶段是恢复的最后环节。运动员屏住呼吸，全身肌肉重新紧张，为下一次强有力地入水做好准备。

(二)划艇运动的基本技术

1. 选桨和握桨

由于单人划艇与双人划艇用桨的长度不同，运动员要根据项目来选桨。一般单人划艇桨的长度同运动员的身高，双人划艇桨的长度与运动员的眉梢齐平。两手握桨时，上手(推桨手)正握桨把(手柄)，下手(拉桨手)握在距桨颈 15～20 厘米处。

2. 跪姿

划艇运动员在艇内成跪姿可以保持较好的稳定性。通常运动员把支撑腿(平衡腿)的脚、跪腿的膝和跪腿的脚这三点，稳妥地放在一个钝角三角形的顶点上。支撑腿的脚趾朝划桨一侧稍向内转，膝关节正对前方。跪腿的大腿基本上垂直于水平面，小腿向异侧偏移，脚趾着地。跪垫一般高 7～10 厘米，桨手的身体重心位于划艇的几何中心之上。

3. 划桨

划艇分为左桨和右桨，划桨动作是单侧划行，因此比皮艇更难控制平衡，它的一个划桨周期可以分为入水、拉桨、操向、恢复阶段。

(1)入水。入水是从桨叶尖端触水面到桨叶全部浸入水中的阶段。入水时，运动员的躯干前倾，转体伸肩，两臂伸直，推桨臂的肘抬高，肩稍后移，手在头的上方。桨杆与水平面约成 45°，将桨叶快速插入水中。

(2)拉桨。桨叶入水后，推桨手迅速前推，拉桨手的肩后移，用抬体和转体的力量直臂向后拉桨。

拉桨至跪腿旁开始屈臂，到上体拍至接近垂直时拉桨结束。拉桨动作要尽可能长地保持力的传递。

(3)操向(转拨桨)。在单人划艇上，由于桨手始终在艇的一侧划桨，力偶作用会造成艇的转动，所以，在每一桨结束时，桨手用"J"形划法来控制划艇的方向。桨手以推桨手的下压和转动"T"形桨把，拉桨手手腕内转上提，顺时针地转动杆，好像桨手把水拨离开划艇，从而使划艇保持在直线航向上。

(4)恢复。恢复分为出水、放松和稳定三个环节。

①出水。操向动作结束，两手继续向前上方提桨，桨叶迅速出水。出水动作必须快而轻柔，使桨叶出水干净利落。

②放松。桨叶出水后，运动员上身挺直，开始转动上体，并把桨继续向前上方推出。恢复阶段应强调肌肉的放松，这是使划桨动作连贯、协调的重要阶段。

③稳定。在恢复阶段的最后，运动员全身肌肉再度紧张，屏住呼吸，准备下一次桨叶入水。

思政元素

宜城皮划艇教练"摆渡"5小时，救出被困群众100多人

2021年8月11日20时以来，湖北省宜城市遭受短时强降雨袭击，最大降雨站点是该市有气象记录以来的最大值。社会各界力量积极参与救灾，其中，宜城市皮划艇教练带着两名少年"摆渡"受灾群众的事迹在朋友圈、微信群刷屏。

在群众拍到的视频里，12日的宜城市碧水云天小区一片汪洋，3支桨板在水中来回穿梭，一名头戴红色头盔、身着蓝T恤的男子带领两名少年协助社区工作人员紧急救援转移受困群众。

据了解，该男子叫马文明，是皮划艇教练，也是宜城市桨板皮划艇运动协会会长，他还是一名退伍军人。两名少年是他的学生。

据群众介绍，救援过程中，马文明按照先小孩、老人、妇女，后青年、壮年的顺序，依次开展救援，既保证了救援效率，也提升了救援质量。当天上午，他们出动了3支桨板，带了6套救生衣，从早上7点干到中午12点多，共救出被困群众100多名。经过社区干部、小区居民及志愿者的共同努力，受困人员当天全部安全转移。

(资料来源：极目新闻，2021年8月13日，有改动)

教学检测

1. 有特定技术要求，按游泳竞赛规则和规定进行竞赛的游泳项目是(　　)。

A. 康复游泳　　B. 大众游泳　　C. 实用游泳　　D. 竞技游泳

2. 游泳运动可以分为竞技游泳、实用游泳、康复游泳和(　　)。

A. 大众游泳　　B. 花样游泳　　C. 自由泳　　D. 蛙泳

3. 自由泳也称为(　　)。

A. 仰泳　　B. 潜泳　　C. 蛙泳　　D. 爬泳

4. 人体仰卧在水中游进的泳式是(　　)。

A. 蛙泳　　B. 潜泳　　C. 仰泳　　D. 爬泳

5. 皮划艇分为皮艇与(　　)。

A. 舵　　B. 桨　　C. 划艇　　D. 快艇

6. 皮艇和划艇比赛分为速度赛和(　　)。

A. 漂流回旋赛　　B. 力量回旋赛　　C. 激流回旋赛　　D. 激流勇进赛

思政园地★

张雨霏：所有美好才刚刚开始

“我的游泳启蒙老师是妈妈，3 岁我就下水训练了，长大后我渐渐明白，游泳对我来说不仅是爱好，更是责任。”“小时候我特别不喜欢游泳，但既然被选上了就要坚持，不要放弃。想到有一天我也能成为别人的偶像，我要好好努力，因为我也想为他们撑起一片天。”这是 24 岁的泳坛小花、东京奥运会 2 金 2 银得主张雨霏的内心独白。

让国歌在赛场奏响是无上荣耀

在 2021 年举行的东京奥运会上，张雨霏获得了 2 金 2 银，这让她成为东京奥运会成绩最好的中国运动员，也刷新了历届奥运会游泳运动员的个人最佳战绩。

张雨霏先是在 100 米蝶泳项目上游出了 55 秒 64 的个人第二好成绩，以 0.05 秒之差遗憾摘得银牌。“我给自己的表现打 99 分，剩下那 1 分，希望自己的心态可以更好。”带着对自己的期待，三天后张雨霏迎来了闪耀时刻。

2021 年 7 月 29 日，张雨霏站上了 200 米蝶泳赛场。女子 200 米蝶泳是中国队的传统优势项目，焦刘洋、刘子歌都是这个项目的奥运冠军。自称是比赛型选手的张雨霏再次刷新了个人最好成绩，2 分 03 秒 86 的夺冠成绩打破了由焦刘洋在 2012 年伦敦奥运会上创造的赛会纪录，也是该项目历史上的第三好成绩。

站上奥运会的最高领奖台，张雨霏感慨万千。她强忍泪水，绽放最灿烂的笑容：“以前我说比赛夺冠这么高兴的事情为什么要哭，但当自己真的站到最高领奖台上，国歌放出来的那一刻，眼泪就有点控制不住了。”正如她此前所说——“让五星红旗飘扬是我无上的荣耀，那不仅是一面旗帜，更是一种信仰！”

在东京燃起心中力量

与女子 200 米蝶泳这枚志在必得的金牌不同，女子 4×200 米自由泳接力夺金是意料之外的收获。这是中国游泳的首枚奥运会接力金牌，含金量不言而喻。

决赛当天一早张雨霏才接到参加接力的通知，结束了 200 米蝶泳决赛后仅一个多小时，她就与杨浚瑄、汤慕涵、李冰洁以 7 分 40 秒 33 这一打破世界纪录的成绩夺得这枚宝贵的金牌。

就在 4×200 米自由泳接力比赛前，张雨霏参加了 200 米蝶泳的颁奖仪式。无论是站在最高领奖台，还是身处检录处的另外 3 个姑娘，看着国旗在东京奥运会赛场上高高飘扬，国歌声久久回荡在赛场，她们感受到了强烈的荣誉感和使命感。

张雨霏被安排在第三棒，赛前她担心自己可能会体力不够，游不下来。150 米时，澳大利亚选手麦迪逊·威尔逊超过她来到了第一位，这时张雨霏的斗志被激发出来。“自由泳不是我的主项，但是最后 50 米的时候，心里那股力量就燃起来了，想着一定要拼了，然后就把她给超了。”最终姑娘们齐心协力，以强大信念支撑创造了载入史册的佳绩。此外，张雨霏还与徐嘉余、闫子贝、杨浚瑄携手以 3 分 38 秒 86 的成绩摘得东京奥运会新增项目男女 4×100 米混合泳接力银牌。

东京奥运会的优异表现给张雨霏带来了压力与动力："动力是我相信自己以后会做得更好，随之而来的是在以后的大赛中，我要为中国队扛起更大的责任。希望我会越来越好，中国游泳队会越来越好。"

努力让才华配得上梦想

2021年张雨霏参加了6个比赛，一共拿到了25块奖牌，特别是拿到了个人首块奥运会和短池世锦赛的金牌，她还与队友一起打破了世界纪录，创造了亚洲纪录、6次刷新全国纪录，用她的话说是"小小的毛毛虫破茧成蝶'霏'起来的一年"。不过，张雨霏的成长之路并非一帆风顺。她曾告诉自己"要努力让才华配得上梦想"，为了实现梦想，她勇敢走过了成长中的阵痛。

张雨霏3岁下水开启了与游泳的缘分，5岁时被送到徐州市游泳队接受正规训练。7年后，在江苏省第十七届运动会上初露锋芒，报名的6个项目全部夺得奖牌，收获2金3银1铜。次年她进入省队，2013年15岁的张雨霏入选国家队。

张雨霏曾在2014年南京青奥会、2015年喀山世锦赛崭露头角，被寄予厚望。2015年喀山世锦赛，17岁的她斩获200米蝶泳铜牌，并创造了新的世界青年纪录，一时间风头无两。张雨霏说17岁之前自己一直是特别幸运的人，她甚至用"踩西瓜皮"形容那段时间的成长："当时没有目标，就像踩西瓜皮一样能滑到哪里是哪里，甚至希望能够'滑'到一枚奥运会奖牌。"然而2016年里约热内卢奥运会给她结结实实地上了一课。原本想要像"哪吒闹海"般在里约热内卢闯出一片天地的她只获得了200米蝶泳的第6名。张雨霏的手机里一直存着里约热内卢奥运会决赛的视频，但是此后的两三年她都不敢再打开看，因为"输得太惨"。

张雨霏经历的起起伏伏，让她调侃自己一度在国内赛场的状态是"流水的冠军，而我是铁打的第二"。2017年布达佩斯世锦赛她获得200米蝶泳第5名。2019年光州世锦赛上她的表现更是失准，50米和100米蝶泳都止步半决赛，200米蝶泳则是预赛"一轮游"，草草收场的世锦赛之旅让她陷入了深深的迷茫。不仅大赛上发挥欠佳，甚至在训练测验中张雨霏也无法发挥出水平，她开始抵触测验，甚至几次有了放弃艰苦的主项200米蝶泳的闪念。

崔登荣根据东京奥运会赛程为她制订了周期性的训练计划，也根据她的心理状态进行了调整，让她暂离200米蝶泳赛场一段时间。蛰伏的日子里，张雨霏与教练继续着日复一日的训练，努力精进。那段时间的体能强化也帮助张雨霏提升了综合实力，她时常能真切感受到训练后肌肉反应带来的"酸爽"感受，甚至好几次在午睡时被身上的酸疼感疼醒，"感觉全身都在燃烧"。经历了低谷的张雨霏比过去更能承受训练的苦与累。她告诉自己："想想过去失败的时候，比起在赛场上哭，我更想在训练场上多流点汗、多承受点累。我对自己有期望、有要求，我会朝着目标勇往直前。"

东京奥运会的延期给了她机会，她的状态开始在2020年全国冠军赛上复苏，好似凤凰涅槃一般，跌落低谷的她迎来了强势上扬，进而创造了新的历史。那时的她写下了这样的心情："最好的状态是未来可期，感谢在这个难熬的冬天没有放弃的自己。凤凰涅槃，蝶自双霏。"

如今已经站上奥运会最高领奖台的张雨霏目标依旧坚定，那就是打破世界纪录。她不想给人生设限，因为她认定——"所有美好才刚刚开始"。

（资料来源：《中国体育报》，2021年8月31日，有改动）

讨论：

1. 游泳给张雨霏带来了什么？
2. 谈谈你所喜爱的体育运动及其给你带来的改变。

第七章 舞蹈运动

育人目标

◎培养良好的身体姿态、节奏感、优美感，提高舞蹈素养和表现力。

◎超越自我，勇攀高峰，燃烧激情，追逐梦想，充分感受竞技体育与全民健身的交融，体验舞蹈的魅力，诠释体育的精神。

学习目标

◎了解体育舞蹈的分类和基本舞姿，掌握华尔兹舞和伦巴舞的基本动作。

◎了解街舞分类和动作特点。

◎了解啦啦操的分类，掌握啦啦操的基本手位、站位和手型。

情境导入

贵州省第十一届运动会群众项目体育舞蹈比赛开赛

2022 年 7 月 15 日，贵州省第十一届运动会群众项目体育舞蹈比赛在凉都体育中心开赛。贵州省各地区 110 余名体育舞蹈运动员在此一较高下，共享体育舞蹈带来的激情和快乐，带动群众广泛参与全民健身活动。

据了解，本次比赛共有 10 支队伍参加，分为成人组和青少年组。为此，一共设置 12 块金牌，成人组 7 块，青少年组 5 块。成人组分为 A、B 组，根据赛程项目进行，每个组每轮要跳 3～5 支舞蹈，每支舞时长 1 分多钟。同时，本次比赛的评判要求也颇具专业性，裁判们根据国际上的 WDSF 体育舞蹈评判系统，对运动员的基本技术、音乐节奏、双人配合以及套路编排等酌情给分。

开赛前，一位小选手正在熟悉自己的动作，绚烂的舞姿、自信的神情，她在举手投足间将体育舞蹈的美传递到场馆内每一个角落。当天早上 9 点 30 分，在主持人激情饱满的宣布下，第一单元成人组比赛正式开始。比赛中，当动感的音乐响起，身着华丽舞服的选手们伴随着或动感或舒缓的音乐，舞姿时而高贵优雅，时而热烈奔放。这场美的盛宴让在场观众们喊声雷动，声声震耳。在他们的呐喊助威下，选手们的舞姿更具激情，在赛场上绽开了一朵朵鲜花。

本次体育舞蹈比赛的总裁判长刘渝表示，贵州省的体育舞蹈在国内有着不错的口碑，技术很好。而且体育舞蹈锦标赛也已经在本省举办了 28 届，形成了较大的群众基础。同时，本次队伍中还加入了专业的体育舞蹈运动员，大大提升了比赛的观赏性。

六盘水代表队的领队何星燕说："我们队内年龄最小的为 10 岁，年龄最大的为 60 岁。这次比赛我们队内全是群众选手，更多的是为了响应全民健身这一号召，让体育舞蹈爱好者感受赛场的魅力，比赛成绩不重要，重在参与。"

"因为热爱跳舞，所以不觉得累。"来自贵阳市代表队的一组搭档李昱霖和胡学斌表示，他们都有十二年以上的跳舞经历，因为喜欢，所以这么多年来一直觉得不累，还很快乐。这次是他们第一次搭档，训练了三个月，很有信心获奖。就读于六盘水市第二十三小学的小选手葛婷丹今年 10 岁，5 岁开始学习跳舞的她可以说一半的时间花费在体育舞蹈上，舞蹈的多样性让她陶醉其中。她说："一开始受同学影响，觉得学习拉丁很有气质，虽然很累，但因为喜欢就坚持了五年，一直到现在。"

"因为热爱，所以年轻。"六盘水市代表队年龄最大的选手表示，这是他第二次参加本土体育舞蹈赛事，每次参加都很激动。但是随着年龄的增长，体力成为一个不小的问题。不过他说："我不怕年轻人，我不比他们差，我越跳越年轻。"

来自贵阳市代表队执教 20 年的教练胡曦木说："本次赛事对于体育舞蹈爱好者来说是一个很好的展示机会，赛事方对运动员的安全防护做了充足的保障。同时，随着大众对体育舞蹈的热爱日益增长，我们队伍中的群众和专业运动员的差距正在缩小，这也要感谢贵州省体育局对体育舞蹈的重视和为之付出的努力。"

体育舞蹈经过不断的发展，已经从单一的娱乐性舞蹈转变为艺术性、技术性和竞赛性都很强的舞蹈，是一种集体能、艺能、智能、气质于一体的综合性艺术，是一种融音乐韵律、人体美感、肢体技能于一体的有机整体。本次比赛，不仅响应了全民运动的号召，还扩大了体育舞蹈市场在贵州省的健康发展，大大促进了本省体育舞蹈的推广力度。

（资料来源：人民网，2022 年 7 月 18 日，有改动）

第一节 体育舞蹈

一、体育舞蹈概述

体育舞蹈起源于欧洲，经历了原始舞蹈—公众舞—民间舞—宫廷舞—社交舞—新旧国际标准交际舞等发展阶段。

第二次世界大战后，经数次整合国际标准舞包括标准舞、拉丁舞，并发展到 10 个舞种。由于国际标准舞兼有文化娱乐的内涵和体育竞技的双重特点，以及很强的表演观赏性和技艺性，因此，又被称为“体育舞蹈”，也被纳入体育的竞技范畴。1997 年，国际舞蹈运动总会正式成为奥林匹克委员会会员。

体育舞蹈于 20 世纪 30 年代传入我国，80 年代以来发展较快。1991 年，中国体育舞蹈运动协会成立。同时，体育舞蹈以其丰富的艺术内涵和观赏价值以及特有的锻炼效果，成为我国全民健身的运动项目之一。

二、体育舞蹈的分类

体育舞蹈按风格和技术结构，可分为标准舞和拉丁舞两大类，共 10 个舞种。标准舞包括华尔兹舞、维也纳华尔兹舞、探戈舞、狐步舞和快步舞 5 个舞种；拉丁舞包括伦巴舞、恰恰舞、桑巴舞、斗牛舞和牛仔舞 5 个舞种。每个舞种均有各自的舞曲、舞步、动作风格和成套动作。

(一)标准舞

1. 华尔兹舞

华尔兹舞在标准舞项目中用 W 来表示，也称“慢三步”。舞曲旋律优美抒情；舞步起伏连绵；舞姿华丽典雅。每小节三拍为一组舞步，每拍一步，第一拍为重拍，三步为一起伏循环。

2. 维也纳华尔兹舞

维也纳华尔兹舞在标准舞项目中用 V 来表示，也称“快三步”或“圆舞”。舞曲旋律流畅华丽，节奏轻松明快；舞步平稳轻快，翩跹回旋；舞姿高雅庄重。每小节三拍，两小节为一循环，每一小节为一次起伏。

3. 探戈舞

探戈舞在标准舞项目中用 T 来表示。舞曲节奏带有停顿并强调切分音；舞步顿挫有力、潇洒豪放；舞步有快步和慢步。节奏为 2/4 拍，每小节两拍，第一拍为重拍。基本节奏是慢—慢—快—快—慢。身体无起伏、无升降、无摆荡；表情严肃，有左顾右盼的头部闪动动作。

4. 狐步舞

狐步舞在标准舞项目中用 F 来表示，也称“福克斯”。舞曲旋律抒情；舞步流畅平滑、步幅宽大；舞姿优雅、从容、飘逸，似行云流水。节奏为 4/4 拍，每小节四拍为一循环，第一拍为重拍，第三拍为次重拍。基本节奏是慢—快—快。

5. 快步舞

快步舞在标准舞项目中用 Q 来表示。舞曲明亮欢快；舞步轻快灵活，跳跃感强。快步舞是体育舞蹈中一种轻快欢乐的舞蹈。节奏为 4/4 拍，每小节四拍，第一拍为重拍，第三拍为次重拍。基本节奏是慢—慢—快—快。舞步组合有跳步、荡腿、滑步等动作。

(二)拉丁舞

1. 伦巴舞

伦巴舞在拉丁舞项目中用 R 来表示。伦巴舞具有舒展优美、婀娜多姿、柔媚抒情的风格。舞曲的旋律特点是强拍落在每小节的第四拍；舞步从第四拍起跳，由一个慢步和两个快步组成。节奏为 4/4 拍，每小节四拍。四拍走三步，胯部摆动三次。

2. 恰恰舞

恰恰舞在拉丁舞项目中用 C 来表示。舞曲热情奔放；舞步花哨利落，步频较快，诙谐风趣。节奏为 4/4 拍，每小节四拍，重拍在第一拍。四拍走五步，每小节胯部向两侧摆动六次。

3. 桑巴舞

桑巴舞在拉丁舞项目中用 S 来表示。桑巴舞的特点是流动性大，律动感强，步法摇曳紧凑，风格热烈奔放。舞曲欢快热烈，节奏为 2/4 拍或 4/4 拍，重拍在每小节的第二拍或第四拍，每小节完成一个基本舞步。舞步在全脚掌踏地和半脚掌垫步之间交替完成，通过膝关节上下屈伸弹动，使全身前后摇摆，并沿着舞程线绕场行进，属“游走型”舞蹈。

4. 斗牛舞

斗牛舞在拉丁舞项目中用 P 来表示。舞曲旋律高昂雄壮、鲜明有力；舞步流动性大，沿着舞程线绕场行进；舞姿挺拔，无胯部动作及过分膝关节屈伸。整体感觉是动静鲜明，力度感强，发力迅速，收步敏捷顿挫。节奏为 2/4 拍，一拍一步，八拍一循环，用踝关节和脚掌平踏地面完成舞步。

5. 牛仔舞

牛仔舞在拉丁舞项目中用 J 来表示，也称“捷舞”。舞曲旋律欢快；舞步敏捷、跳跃强烈；舞姿轻松、热情、欢快。节奏为 4/4 拍，六拍跳八步。基本舞步由踏步、并合步结合跳跃、旋转等动作组合而成，要求脚掌踏地，腰和胯部做钟摆式摆动。

思政元素

播撒大爱的舞者

——记酒泉小白杨舞蹈学校校长金淑梅

金淑梅，酒泉小白杨舞蹈学校校长，现任中国舞蹈家协会理事、甘肃省政协委员、甘肃省舞蹈家协会副主席、酒泉市舞蹈家协会主席，是酒泉市第一层次领军人才。

1990 年，金淑梅创办了酒泉小白杨舞蹈学校，填补了酒泉舞蹈培训的空白。她以教育教学、传授技艺为重点，大力推行“以舞育人、以文化人、文舞相融、德艺双馨”的“爱的舞蹈”教育。创办 30 多年来，先后有 30 多万名青年和少儿在小白杨舞蹈学校接受培训，解决了 300 多名舞蹈老师的就业问题，扶持 150 多名舞蹈老师在全国各地办起了舞蹈培训机构，辅导 1000 多名学生考入北京舞蹈学院、解放军艺术学院和国内综合性大学学习舞蹈。小白杨舞蹈学校活跃在国内各大舞台，演出千余场次，先后取得国家、省、市级奖项 300 多次。小白杨舞蹈学校义务为偏远地区留守儿童教舞蹈，先后有 50 人次被中国舞蹈协会评为“全国优秀志愿者”。

2013 年，小白杨舞蹈学校主动承担了中国舞蹈家协会发起的“新农村少儿舞蹈美育工程——少数民族舞蹈课堂”文化惠民工程项目。8 年多来，金淑梅和她的团队先后 300 多次深入到酒泉市的肃州区黄泥堡裕固族乡、瓜州县广至藏族乡、玉门市小金湾东乡族乡和独山子东乡族乡等项目实施基地，为偏远农村学校的老师和孩子们免费上舞蹈课。他们自编教材，认真挖掘民族元素，潜心研究，编导出带有浓郁民族特色的 100 多种舞蹈组合。这些舞蹈有的代替了学校的课间操，并成为当地的教学特色。其间，金淑梅先后从全市学校老师中选出 800 多名舞蹈志愿者培训。如今，他们已成全市边远学校文化扶贫工作的骨干力量，许多农村孩子享受到了舞蹈志愿服务带给他们的快乐。金淑梅每年还自费 20 多万元，带着留守儿童到兰州、北京、香港参加演出，让孩子们开阔眼界、增长见识。

金淑梅热衷于公益事业，极力践行“爱的舞蹈”，用舞蹈传递人间真情。她认为扶贫的根本和出路在教育。她长年坚持走访慰问困难学生家庭，送去米、面、油及书包、棉衣等生活学习用品，帮助他们解决生活中的实际困难，温暖贫困家庭和孩子，让他们坚定脱贫的信心。在偏远乡村教授舞蹈时，金淑梅重点关注孤儿、留守儿童，专门为他们创作编排舞蹈。金淑梅“爱的舞蹈”教育不仅在孩子们心里播撒了梦想的种子，也让家长们的观念得到转变，认识到了教育的重要性。

作为酒泉市第一层次领军人才，金淑梅紧扣时代脉搏，注重引领示范作用的发挥，全力助推地方经济发展与和谐社会建设。她发起倡议了敦煌舞美育工程“三进”活动，让普及版敦煌舞蹈艺术走进学校、走进社区、走进乡村。同时，依托酒泉职业技术学院“金淑梅舞蹈学院”“金淑梅大师工作室”，不遗余力促进校企合作、产教融合，着力培养师资队伍，助力文教产业和公益事业发展。

（资料来源：《酒泉日报》，2021 年 12 月 27 日，有改动）

名人名言

舞蹈是有节拍的步调，就像诗歌是有韵律的文体一样。

——培根

三、体育舞蹈的基本舞姿

（一）标准舞的基本舞姿

1. 闭式舞姿

男女舞伴的身体相互错开 1/3，在腹部横膈膜处微微相贴。女伴上身打开，侧面看呈“V”字形。双方的头均向左偏，透过双方的肩部，形成一个“瞭望台”。男伴右上臂平伸，右前臂下斜，右手掌轻轻托住女伴后背的左肩胛骨下方，不超过中线处。女伴左臂平抬，肘部自然向内弯曲，左手虎口张开，轻放在男伴右上臂三头肌处，大拇指放在男伴上臂内侧，其余四指均放在上臂外侧，腕部不可突起；同时，右臂的肘部适当弯曲，右前臂向上抬起，右手大拇指握于男伴左手大拇指外缘，其余四指并拢弯曲，轻置于男伴左手大拇指与食指间的虎口处(见图 7-1)。

图 7-1　闭式舞姿

2. 敞式舞姿

敞式舞姿是在闭式舞姿的基础上，男伴身体的右侧与女伴身体的左侧互相接触，另一侧的身体向外打开呈“V”字形，即男伴的上身及头部略向左打开，女伴的上身及头部向右打开(见图 7-2)。

图 7-2　敞式舞姿

3. 外侧舞姿

外侧舞姿也称右外侧舞姿，指男伴在女伴身体的右边外侧前进的姿态。此外，还有左外侧舞姿、后退外侧舞姿等。

(二)拉丁舞的基本舞姿

1. 闭式舞姿

舞伴相对而立，站立时，男女舞伴上体稍向前倾，头正直，两眼平视前方。男伴左臂与女伴右臂前臂相靠成 90°。男伴右手扶在女伴左肩胛处。女伴左手搭在男伴右肩膀处。双方重心向前倾，侧看呈“A”字形。男伴左手虎口张开，握住女伴右手外缘。女伴右手四指并拢，搭在男伴左手食指的上方(见图 7-3)。

图 7-3　闭式舞姿

2. 开式舞姿

男女相对而立，不交手握持，分离较远，或单手相拉，或双手相拉，或不拉手(见图 7-4)。

3. 并行舞姿

在拉丁舞中，男女握抱交手而不贴身，相当于现代舞侧行位舞姿，即并行位舞姿。在闭式舞姿的基础上，男女舞伴分别向左向右转体 90°，两脚一前一后，相握的手向前平伸，形成并列行进的态势(见图 7-5)。

4. 并肩舞姿

以男伴为基准，男伴左肩与女伴右肩相并的叫“左并肩位”，男伴右肩与女伴左肩相并的叫“右并肩位”(见图 7-6)。

图 7-4　开式舞姿

图 7-5　并行舞姿

图 7-6　并肩舞姿

5. 影位舞姿

女伴在男伴的前方偏右或偏左位置，并靠近男伴，就像男伴为女伴的影子一样，女伴居前偏右的是右影位，居前偏左的是左影位(见图 7-7)。

图 7-7　影位舞姿

知识延伸

体育舞蹈的风格

标准舞和拉丁舞风格迥异。标准舞的音乐时而激情昂扬，时而细腻缠绵，动作细腻、严谨。穿着十分讲究，男士须身着燕尾服、白领结，体现他们的绅士风度；女士则以飘逸、艳丽的长裙，表现她们华贵、美丽、高雅的仪态。拉丁舞的音乐热情、奔放而富有节奏感，动作刚柔并济、行云流水，通过灵活的腰髋动作，追求人体运动的曲线美，表现出女士的婀娜多姿与柔媚灵巧和男士的气宇轩昂与威武雄壮。

四、体育舞蹈的基本动作

体育舞蹈有 10 个舞种，它们的基本动作各不相同，这里仅介绍标准舞中的华尔兹舞和拉丁舞中的伦巴舞的基本动作。

(一)华尔兹舞的基本动作

华尔兹舞属旋转型舞步，其特点是舞姿华丽高雅、秀美潇洒、动作流畅、旋转性强。它以此起彼伏、连续不断的潇洒转体，至今保持“舞蹈之王”的美称。

华尔兹舞的舞曲是 3/4 拍，每分钟 28～30 小节。其基本舞步是一拍跳一步，每小节跳三步，但也有每小节跳两步或四步的特定步法。

第一拍一般用大步，第二拍与第三拍一般用小步，舞步的升降一般为“降、次升、升”。

1. 左脚并换步

左脚并换步的脚迹图示(见图 7-8)。

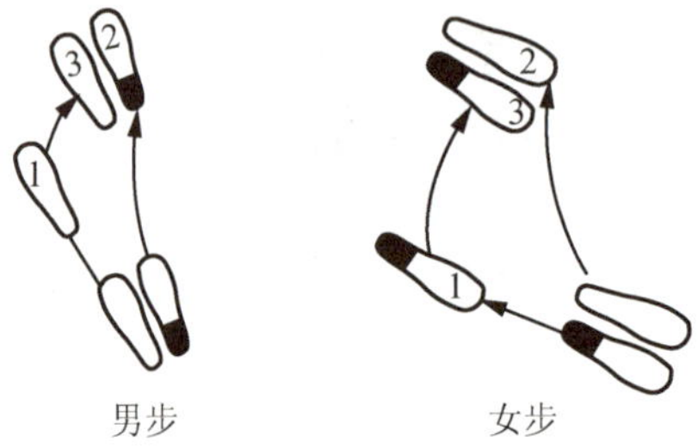

图 7-8　左脚并换步

①准备姿势：闭式舞姿。

②第一拍，男：左脚前进；女：右脚后退。

③第二拍，男：右脚向侧并稍向前；女：左脚向侧并稍后退。

④第三拍，男：左脚并右脚；女：右脚并左脚。

2. 右脚并换步

右脚并换步的脚迹图示(见图 7-9)。

①准备姿势：闭式舞姿。

②第一拍，男：右脚前进；女：左脚后退。

③第二拍，男：左脚向侧并稍向前；女：右脚向侧并稍后退。

④第三拍，男：右脚并左脚；女：左脚并右脚。

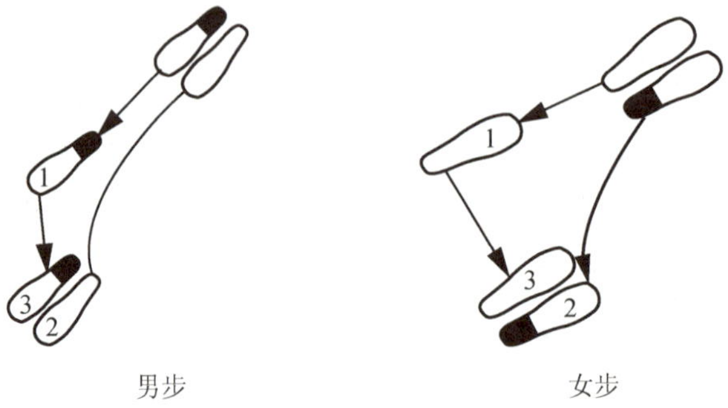

图 7-9　右脚并换步

3. 右转步

右转步的脚迹图示(见图 7-10)。

该步法由六拍构成，每小节向左转 3/8(135°)，共 3/4(270°)。

①第一拍，男：右脚前进，开始右转；女：左脚后退，开始右转。

②第二拍，男：左脚向前，右转 1/4；女：右脚向侧，右转 3/8。

③第三拍，男：右脚并左脚同时右转 1/8；女：左脚并右脚，身体完成转动。

④第四拍，男：左脚后退，继续右转；女：右脚前进，继续右转。

⑤第五拍，男：右脚向侧，右转 3/8；女：左脚向侧，右转 1/4。

⑥第六拍，男：左脚并右脚，身体完成转动；女：右脚并左脚，右转 1/8。

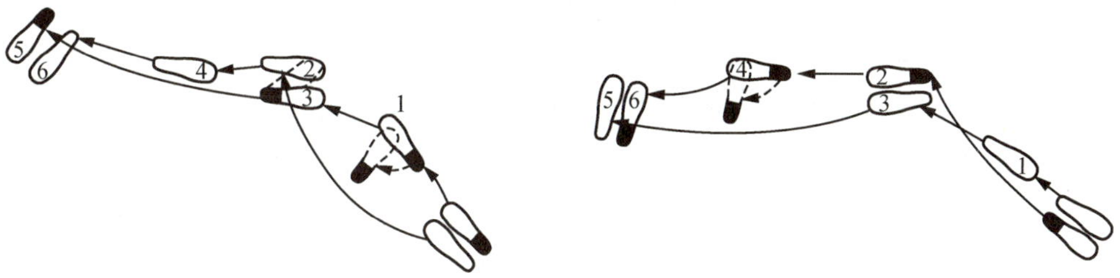

男步　　女步

图 7-10　右转步

4. 左转步

左转步的脚迹图示(见图 7-11)。

①第一拍，男：左脚前进，开始左转；女：右脚后退，开始左转。

②第二拍，男：右脚向侧，左转 1/4；女：左脚向侧，左转 3/8。

③第三拍，男：左脚并右脚，左转 1/8；女：右脚并左脚，身体完成转动。

④第四拍，男：右脚后退，继续左转；女：左脚前进，继续左转。

⑤第五拍，男：左脚向侧，左转 3/8；女：右脚向侧，左转 1/4。

⑥第六拍，男：右脚并左脚，身体完成转动；女：左脚并右脚，左转 3/8。

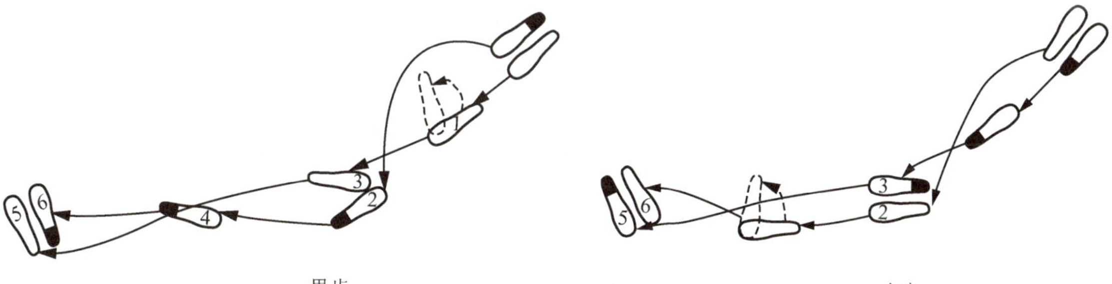

男步　　女步

图 7-11　左转步

5. 外侧换步

外侧换步的脚迹图示(见图 7-12)。

①第一拍，男：左脚后退；女：右脚前进。

②第二拍，男：右脚后退，开始左转；女：左脚前进，开始左转。

③第三拍，男：左脚向侧，并稍向前，转 1/4，身体稍转；女：右脚向侧，并稍向后，转 1/4，身体稍转。

④第四拍，男：在反身位置和外侧舞伴中，右脚前进；女：在反身位置中，左脚后退。

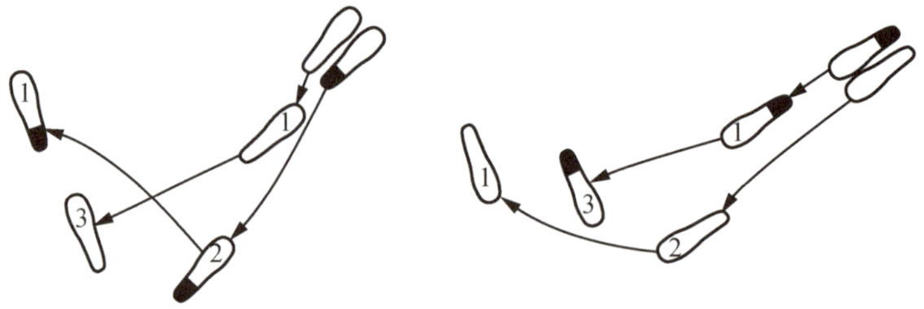

男步　　女步

图 7-12　外侧换步

6. 扫步

扫步的脚迹图示(见图 7-13)。

①第一拍，男：左脚前进，有轻微反身动作；女：右脚后退。

②第二拍，男：右脚向侧，并稍前进；女：左脚斜退，右转 1/4，身体稍转。

③第三拍，男：左脚在侧行位置交叉于右脚后；女：右脚在侧行位置交叉于左脚后，身体完成转动。

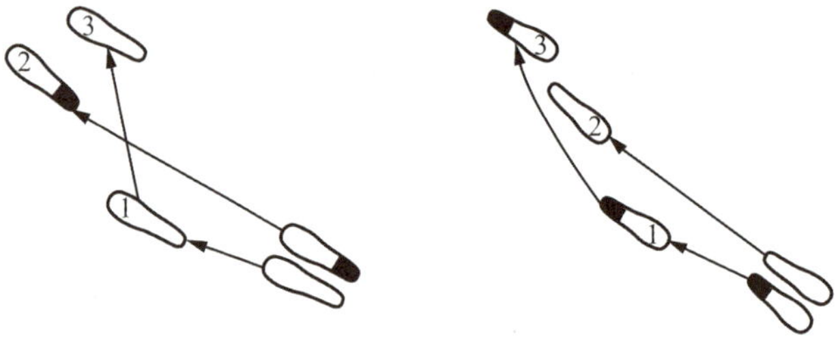

男步　　女步

图 7-13　扫步

(二)伦巴舞的基本动作

在拉丁舞中，伦巴舞的历史最悠久，舞型最成熟，被称为“拉丁舞之王”。伦巴舞动作舒展，舞姿优美，配上缠绵婉转的音乐，使舞蹈充满浪漫情调，令人陶醉。

伦巴舞的舞曲节奏较缓慢，曲调抒情。近年来，随着伦巴舞的广泛流传，舞曲也出现了较为热烈奔放的旋律。伦巴舞的节奏为每分钟 28～31 小节，节奏为 4/4 拍，重音在第一拍上。节奏为“蓬嚓/嚓嚓/蓬嚓/蓬嚓”，拍子为 1/2/3/4 拍音乐，走 3 步胯部摆动 5 次。基本韵律是“快—快—慢”。伦巴舞有一个非常重要的特点，即“先出胯，后出步”。

1. 前进十字步

前进十字步的动作如图 7-14 所示。

图 7-14　前进十字步

①准备：闭式舞姿。男：重心在左脚，右脚旁点地；女：重心在右脚，左脚旁点地。
②第一拍，男：重心右移，出右胯；女：重心左移，出左胯。
③第二拍，男：左脚前进一步；女：右脚后退一步。
④第三拍，男：右脚后退一步；女：左脚前进一步。
⑤第四拍，男：左脚左横一步；女：右脚右横一步。

2. 后退十字步

后退十字步的动作如图 7-15 所示。

图 7-15　后退十字步

①第一拍，男：重心左移，出左胯；女：重心右移，出右胯。
②第二拍，男：右脚后退一步；女：左脚前进一步。
③第三拍，男：左脚前进一步；女：右脚后退一步。
④第四拍，男：右脚右横一步；女：左脚左横一步。

3. 扇形步

扇形步的动作如图 7-16 所示。

图 7-16　扇形步

①第一拍，男：出左胯，右脚收向左脚；女：出右胯，向右转身 90°。
②第二拍，男：右脚后退一步；女：左脚向斜前方进一步。
③第三拍，男：左脚向左前方进一步；女：右脚向右后方退一步。
④第四拍，男：右脚右横一步，身体展开成扇形位置；女：左脚向左后撤一步，重心左移，身体展开成扇形位置。

4. 开式扭胯

开式扭胯的动作如图 7-17 所示。

图 7-17　开式扭胯

①第一拍，男：出右胯，重心在右脚，后半拍左脚并向右脚；女：出左胯，重心在左脚，后半拍右脚擦地向左脚靠拢。

②第二拍，男：左脚前进一步；女：右脚脚掌向右转 45°，同时左脚脚跟离地，两膝并拢，左胯扭向左前方。

③第三拍，男：右脚后退一步，左手带领女伴前进；女：左脚前进一步。

④第四拍，男：左脚左横步，左手上举；女：向右脚进一步，向右转身 90°，右脚脚尖正对男伴两脚的中线，左脚旁点地。

5. 阿里曼娜

阿里曼娜的动作如图 7-18 所示。

图 7-18　阿里曼娜

①第一拍，男：出左胯，重心左移；女：出右胯，重心右移。

②第二拍，男：右脚后退，左手带领女伴右转；女：左脚前进，向右转身 90°。

③第三拍，男：左脚前回步，继续带领女伴右转；女：右脚收向左脚，同时右转身。

④第四拍，男：右脚右横步，与女伴成双拉手势；女：左脚左横步，向右转 90°与男伴相对。

6. 扫步

扫步的动作如图 7-19 所示。

①第一拍，男：出右胯，重心右移，左反身；女：出左胯，重心左移，右反身。

②第二拍，男：左脚后退一步，向左转身 90°，右手向前，成单拉手势；女：右脚后退一步，向右转身 90°，左手向前，成单拉手势。

③第三拍，男：右脚前进一步，右肩与女伴左肩相靠；女：左脚前进一步，左肩与男伴右肩相靠。

④第四拍，男：左脚左横步，向右转身 90°，成双拉手势；女：右脚右横步，向左转身 90°，成双拉手势。

⑤第五拍，男：出左胯，重心左移，右反身；女：出右胯，重心右移，左反身。

图 7-19 扫步

⑥第六拍，男：右脚后退一步，向右转身 90°，左手向前伸出，成单拉手势；女：左脚后退一步，向左转身 90°，右手向前伸出，成单拉手势。

⑦第七拍，男：左脚前进一步，左肩与女伴右肩相靠；女：右脚前进一步，右肩与男伴左肩相靠。

⑧第八拍，男：右脚右横步，向左转身 90°，成双拉手势；女：左脚左横步，向右转身 90°，成双拉手势。

⑨第九拍，男：出右胯，重心右移，左反身；女：出左胯，重心左移，右反身。

⑩第十拍，男：左脚后退一步，向左转身 90°，右手向前，成单拉手势；女：右脚后退一步，向右转身 90°，左手向前，成单拉手势。

⑪第十一拍，男：右脚前进一步，右肩与女伴左肩相靠；女：左脚前进一步，左肩与男伴右肩相靠。

⑫第十二拍，男：左脚左横步，向左转身 90°，成双拉手势；女：右脚右横步，向左转身 90°，成双拉手势。

7. 点步转

点步转的动作如图 7-20 所示。

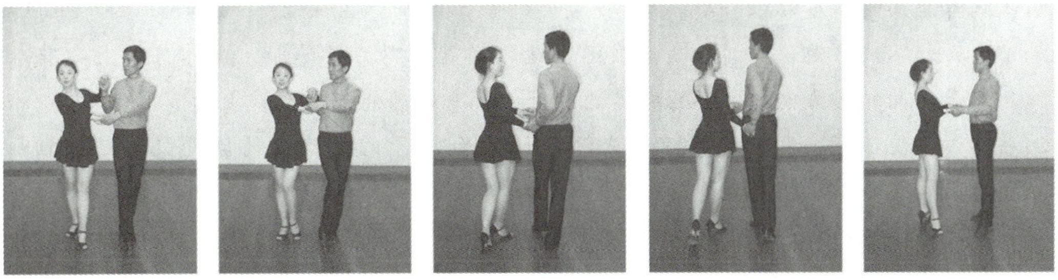

图 7-20 点步转

①第一拍，男：重心左移，出左胯；女：重心右移，出右胯。男：右脚向前点步，向左反身；女：左脚向前点步，向右反身。

②第二拍，男：向左转 90°；女：向右转 90°。

③第三拍，男：向左转，重心移向左脚；女：右转，重心移向右脚。

④第四拍，男：向左转身 180°，成双拉手势；女：向左转身 180°，成双拉手势。

精选案例

“轮椅上的舞者”：十年后她重拾舞蹈这道光

洪晨琳自小学习舞蹈，以为会与舞蹈终生相伴，却不幸在十年前遭遇车祸，造成脊髓损伤高位截瘫。洪晨琳陷入了对人生的迷茫，却对舞蹈念念不忘。2022年，她将自己坐在轮椅上跳舞的视频发布到短视频平台，获得很多网友的点赞和鼓励，这让她重拾信心。此后，她又成为一家舞蹈培训机构的老师，坐在轮椅上教孩子们跳舞。她说，“生命不息，舞蹈不止”，翻开新的篇章，舞蹈又成为她乐观面对人生的一道光。

短视频中，洪晨琳坐在轮椅上跳舞时快乐灵动的状态，让有的网友以为轮椅只是她跳舞的道具，忘了她其实无法站立。对于洪晨琳来说，这是她所期望的，即使自己坐在轮椅上，也能让人们感受到舞蹈的魅力。

今年35岁的洪晨琳是铜陵人，从上小学时就开始学习跳舞，后来上了专门的艺术学校，毕业以后在歌舞团和艺术培训学校从事的也是舞蹈相关的工作。对于洪晨琳来说，从很早以前开始，她几乎所有的人生规划都和舞蹈有关，直到那一次交通事故发生前，她都没有对此有过动摇。

2012年7月7日，在返回工作地南京的高速路上，洪晨琳遭遇车祸，造成脊髓损伤高位截瘫，这对以舞蹈为生的洪晨琳来说，无疑是致命的打击。那时候，她以为自己可能以后再也不能跳舞，“迷茫”在此后的十年里一直伴随着她的人生。十年很快过去了，这十年里，洪晨琳很少跳舞，却一直对舞蹈念念不忘。她坐在轮椅上，伴随着家中电视里播放的音乐，在脑子里想象着自己在跳舞，这样的舞蹈，“别人看不到，只有我自己看得到”。

2022年3月，洪晨琳有了坐在轮椅上跳舞的想法。伴随着各种风格的音乐，她坐在轮椅上快乐地舞动。她还将自己跳舞的视频发布在短视频平台上，很快获得了不少网友的点赞和鼓励，这也给她越来越多的信心。

此后的一天，洪晨琳想借朋友开办的舞蹈培训机构拍摄视频，也因此看到了在这里学跳舞的孩子们。“那是十年来我第一次走进有孩子的舞蹈房。”洪晨琳说，那一刻，她仿佛回到了从前自己在艺术培训机构教孩子跳舞的时光。其实，洪晨琳有过到好友舞蹈培训机构教跳舞的想法，但她担心给好友带来困扰，一直没有主动提出。但那一次走进了孩子们的舞蹈房之后，她主动提了出来。好友很快给予了她肯定的答复，让她划着轮椅教孩子们跳舞。

刚回到舞蹈房的洪晨琳很兴奋。“有一次连续带了四堂课，从上午八点多，到下午五点多，回来躺了半天起不来。”她说，因为高位截瘫，她的腰部肌肉力量薄弱，虽然只用上半身示范舞蹈动作，但长时间的发力也超出了她身体的负荷，后来她只能一次最多上两节课。

洪晨琳说，现在每次上课之前她都很期待，“看到孩子的笑脸我就被吸引了，像十年前一样，我还是很热爱舞蹈，很想坚持下去。”一开始，有孩子会问她：“老师，你为什么坐在轮椅上？”洪晨琳会告诉她们自己的遭遇，孩子们很快就能够理解她，孩子们的认可和喜爱是她做好这份工作的动力。

洪晨琳在短视频平台上的网名叫“轮椅Dancer小兔儿”，自我介绍中她说，“生命不息，舞蹈不止”。在遭遇事故的十年后，她的人生翻开了新的篇章，虽然迷茫还未尽散去，但她又在舞蹈中看到了人生的那道光，她想继续追寻。

（资料来源：《新安晚报》，2022年7月27日，有改动）

第二节　街舞

一、街舞概述

街舞起源于美国，是基于不同的街头文化或音乐风格而产生的多个不同种类的舞蹈的统称。最早的街舞舞种为 Locking，诞生于 20 世纪 60 年代末，是美国黑人城市贫民的舞蹈。到了 20 世纪 70 年代，它被归纳为嘻哈文化的一部分，具有较强的表演性和竞争性。20 世纪 80 年代，街舞传入我国。2020 年 12 月 7 日，国际奥委会同意将霹雳舞列为 2024 年巴黎奥运会正式比赛项目。

街舞是体育与街头艺术表演相结合的舞蹈，它以身体动作舞蹈为基本内容，配合街舞风格的音乐，单人或集体配合，是既有娱乐健身作用，又有表演性的体育运动。它将体育、艺术、音乐等融为一体，被现代青少年誉为“健”与“美”的典范。

二、街舞的类型

街舞舞种可分为霹雳舞（Breaking）、嘻哈舞（Hip-Hop）、机械舞（Popping）、锁舞（Locking）、爵士舞（Jazz）等。

1. 霹雳舞

霹雳舞，又称地板舞，是一张难度较高的舞蹈，常有以单手撑地、头在地板上旋转等高难度动作，要求舞者具有较好的力量、柔韧性和协调性，属于技巧性较高的体育舞蹈。因此最先为国内青少年所喜爱。

2. 嘻哈舞

嘻哈舞是一种由自由的舞步和动作组成的舞蹈，强调节奏和律动。它起源于嘻哈文化，包括说唱、打碟、涂鸦和街舞四大元素。Hip－Hop 是人们最常接触的一种舞蹈，它的舞步幅度大而简单，能够表现出复杂的舞感。

3. 机械舞

机械舞是一种街舞类型，其特点是通过控制身体各部位的肌肉的放松和收紧来达到视觉效果，并用肢体动作来表达音乐节奏。机械舞蹈对韵律感要求极高，通常需要配合特定风格的机械舞音乐。

4. 锁舞

锁舞，也称为 Locking，Locking 就是身体做一些很快的动作，然后在某一个动作的时候突然停住，关键在于手部的快速旋转与突然定格。这种舞蹈风格强调动作的干净利落，并带有一种诙谐幽默的哑剧元素。由于舞蹈中的手势和定格动作与锁的功能相似，因此得名“锁舞”。

5. 爵士舞

爵士舞是一种融合了爵士舞和街舞元素的舞蹈风格。它以优雅而流畅的动作为特点，强调舞者的灵活性和表达能力。爵士舞有很多种类，如古典爵士、现代爵士、力量爵士、性感爵士等。如现代爵士由芭蕾舞蹈演变而来，是一种绅士、优雅的舞种，也是其他爵士舞种的基础舞种之一；力量爵士舞非常具有爆发力，是一种动作很快、停顿分明、显得非常有力度的舞蹈。

三、街舞的动作特点

思政数字课堂

1. 动作张弛有度

街舞最大的特点是身体的律动感，主要是靠身体各个大关节(膝、踝、胯、胸、颈)收缩和伸展的交替运动，使动作看起来弹性十足。身体其他部位的弹动也是靠相关肌肉的控制及交替收缩来实现，使动作律动感十足且松弛自然。

2. 动作快慢有序

街舞的音乐有大量的切分音，动作节奏的快慢变化要与音乐的节奏相符，通过动作快速与控制充分展现身体的律动感。因此，在强调动作流畅性的同时，利用音乐的特点做少量空拍的停顿，在视觉上形成强烈的对比反差效果，从而使动作具有层次感，并且增加了街舞随意、自然的舞感。

第三节 啦啦操

一、啦啦操概述

啦啦操的历史可以追溯到原始部落时代，啦啦操原名 cheerleading，其中 cheer 有振奋精神、提振士气的意思。在早期的部落社会里，为激励外出打仗或者打猎的战士，通常会举行仪式，仪式中人们用欢呼、手舞足蹈的表演来鼓励战士，希望战士凯旋。

现代啦啦操是体育运动中的一个新兴项目。起源于美国，至今已有 100 多年的历史。最初为美式足球呐喊助威的活动发展，到现在成为世界范围内的一项体育运动。

21 世纪初期，啦啦操传入我国。由于啦啦操运动比较新颖、具有独特魅力，深受广大青少年的喜爱，啦啦操运动在我们得到了广泛的推广和发展。

二、啦啦操的分类

啦啦操按照活动目的分为竞技性啦啦操和表演性啦啦操，而竞技性啦啦操分为舞蹈啦啦操和技巧啦啦操两大类。

舞蹈啦啦操是一项在音乐的伴奏下，运用多种舞蹈元素的动作组合，结合转体、跳步、平衡与柔韧等难度动作以及舞蹈的过渡连接技巧，通过空间、方向与队形的变化表现出不同的舞蹈风格特点，强调速度、力度与运动负荷。

舞蹈啦啦操是一项展示运动舞蹈技能以及团队风采的体育项目。舞蹈啦啦操包括花球舞蹈啦啦操、爵士舞蹈啦啦操、街舞舞蹈啦啦操和自由舞蹈啦啦操。

技巧啦啦操是指在音乐的伴奏下，以跳跃、托举、叠罗汉、筋斗、抛接和跳跃等技巧性难度动作为主要内容，配合口号、啦啦操基本手位、舞蹈动作及过渡连接等，充分展示运动员高超的技能技巧的团队竞赛项目。

技巧啦啦操有翻腾、托举、抛接、金字塔等难度动作。其动作比较随意，用力方向向下，音乐节奏要求明快、热情、动感、奔放，并富于震撼力和感染力。技巧啦啦操竞赛项目包括集体技巧啦啦操自选套路、五人配合技巧啦啦操自选套路和双人配合啦啦操自选套路等。

三、啦啦操的基本动作

(一)啦啦操基本手位

啦啦操 32 位基本手位(见图 7-21)。

图 7-21　啦啦操 32 位基本手位

图 7-21　啦啦操 32 位基本手位(续)

(二)啦啦操基本手型

啦啦操 8 种基本手型(见图 7-22)。

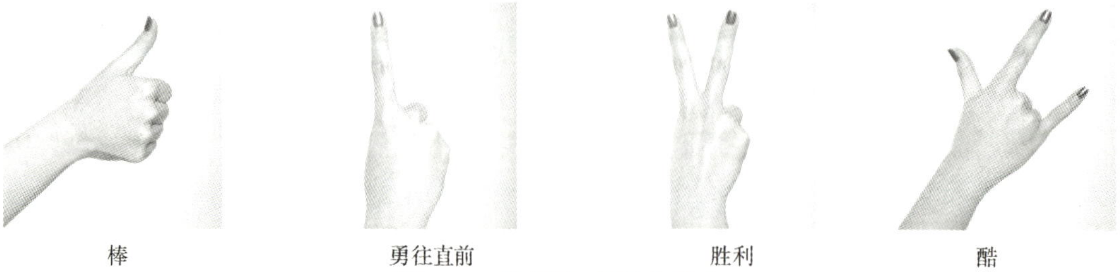

图 7-22　啦啦操 8 种基本手型

自信　　喝彩　　力量　　团结

图 7-22　啦啦操 8 种基本手型(续)

(三)啦啦操基本站位

啦啦操 6 位基本站位(见图 7-23)。

直立　　开立　　锁步　　侧弓步　　吸腿　　弓步

图 7-23　啦啦操 6 位基本站位

教学检测

1. 体育舞蹈起源于(　　)。

A. 欧洲　　B. 亚洲　　C. 非洲　　D. 美洲

2. 体育舞蹈按风格和技术结构分为标准舞和(　　)。

A. 健身舞　　B. 摩登舞　　C. 民族舞　　D. 拉丁舞

3. 体育舞蹈共有几个舞种?(　　)

A. 9 个　　B. 10 个　　C. 11 个　　D. 12 个

4. 华尔兹舞也称(　　)。

A. 桑巴舞　　B. 恰恰舞　　C. 快三步　　D. 慢三步

5. 2020 年 12 月,国际奥委会同意将哪个舞种列入 2024 年巴黎奥运会比赛项目?(　　)

A. 古典舞　　B. 民族舞　　C. 霹雳舞　　D. 伦巴舞

6. 啦啦操原名叫(　　)。

A. cheering　　B. dancing　　C. cheerleading　　D. lala

思政园地★

17岁中国街舞小将刘清漪：我的舞台就是我的人生

2022年7月11日，在美国举行的第十一届世界运动会上，17岁的中国小将刘清漪获得了女子霹雳舞第四名的成绩。虽与领奖台擦肩而过，但她在比赛中展现出的实力和潜力还是让人对她的未来充满期待。随着刘清漪在本次世界运动会上一路晋级，一直闯入铜牌争夺战，霹雳舞又一次引爆网络、备受关注。本次世界运动会，是霹雳舞首次成为正式比赛项目，也拉开了2024巴黎奥运会霹雳舞项目奥运积分赛的序幕。霹雳舞能够成为奥运项目，与街舞(霹雳舞是街舞的一种)深受全球年轻人喜爱的浓厚“青春”色彩有着直接关系。那么，为什么年轻人喜爱街舞？刘清漪的街舞之路可能就可以给出一个答案。

7年前的一天，10岁的刘清漪在家乡河南辉县的街头第一次看到街舞，那是刘清漪后来加入的辉县炫耀街舞俱乐部在街头做推广活动。刘清漪被表演者炫酷、动感的舞姿深深吸引，当即向父母表示想学街舞，而父母也是一口应允。那一天，也成为刘清漪踏上街舞之路的开始。

刘清漪说，父母对于自己感兴趣的事情一向比较支持。在刘清漪学习街舞之前，父母还应她的要求给她报过吉他、跆拳道、拳击等培训班。从学过的运动项目看，刘清漪天生就对比较剧烈的运动更感兴趣。在所有这些学过的兴趣爱好里，刘清漪很幸运地早早就找到了自己真正喜欢的，“我接触过很多项目，也玩过很多项目，学习街舞之后终于发现了自己的真爱，这也是我能够一直把街舞坚持下来的原因。”

内心充满着想要学习更炫酷动作的强烈欲望，这让刘清漪还在学习街舞基础动作的初学阶段，就给自己主动加码，开始学习“大招”(难度动作)。她说，“我想和别人不一样，我喜欢迎接挑战”。刘清漪记得当时是暑假，俱乐部的街舞基础班是上午上课，她上完课后就找教练，想学有难度的动作，教练就教她。后来，她得知俱乐部的舞房在晚上免费向学员开放，很多老学员都会在晚上一起研究动作和切磋。刘清漪就在晚上也到俱乐部和老学员们一起训练。

接触街舞后仅仅两个月时间，刘清漪的街舞技能就有了突飞猛进的提高。她回忆自己在两个月时间里就能做360度旋转的动作，托马斯回旋也能做一圈。也是因为初步掌握了这两个“大招”，让她在初学街舞两个月之后就随俱乐部参加了一次全国比赛，并意外地闯入了16强。

回想起7年前的那次比赛，刘清漪依然记忆犹新。作为一名初学者，她只是带着重在参与的想法报名参赛，结果不仅出人意料地通过了海选，还在淘汰赛闯过了一轮，晋级16强。刘清漪回忆，当时玩霹雳舞的女孩还比较少，而自己能做360度旋转和托马斯回旋，这在女孩里也比较难得，这应该是自己第一次参赛就能进入16强的原因。

初次参赛就获得远超预期的成绩，这给了刘清漪很大的信心，街舞的训练也更加努力。不过，这个时候，来自亲朋好友的异样眼光不期而至。

7年前，街舞还不像现在这样流行，外界也对街舞存在偏见。一个玩街舞的女孩，在当时多少有些不符合世俗的主流价值观。确实有人会问刘清漪的父母，为什么让女儿“不务正业”？当时，小小年纪的刘清漪已清楚地知道哪些事情是自己可以不必在乎的，“因为我找到了我自己喜欢的东西”。刘清漪的父母也有应对旁人异样眼光的办法，那就是用刘清漪的比赛成绩说话。

刘清漪说，感谢父母给了自己一个宽松的成长环境和对自己独立性格的培养。在刘清漪的印象里，父母从来没有逼着自己去学一些从传统观念上来说孩子必须要学的东西，比如很多孩子都会去补的那些课。但刘清漪确实也没有让父母为自己的学业焦虑过。因为对街舞的挚爱，为了保证自己有充分的时间去练习街舞，刘清漪养成了高效率的学习习惯，她的学习成绩一直在班里排名前列。可以说，街舞不仅没有影响她的学业，还成为一种帮助学习成绩提高的助推力量。

那是一段无忧无虑但充满激情的时光。无数个在完成当天学业后的夜晚，刘清漪都与一群热爱街舞的小伙伴相聚在俱乐部的舞房，大家没有因为年龄差异和街舞技能的高低而产生任何障碍和隔阂，彼此切磋、共同进步。那个温暖的团体，那种为了相同的热爱共同努力的氛围，对于街舞启蒙阶段的刘清漪来说至关重要。

2019 年，为备战 2021 年全国运动会霹雳舞的比赛，河南省街舞队成立，刘清漪成为候选队员之一。此时，一道命运的选择题摆在了刘清漪和父母面前。

一旦进入河南省队，意味着刘清漪将与普通学生的身份告别，势必将花更多的时间、精力在街舞的专业训练上。对于学习成绩优异的刘清漪来说，放弃比较保险的通过学习成绩考大学的道路，而转向前途未卜的街舞专业运动训练之路，是一个艰难的选择。最后，还是由刘清漪自己做出了选择，“最后我还是觉得，走街舞的专业道路对于我来说是一个机会。我想，人生有很多条路可以走，不一定每个人都是一样的”。

进入省队之后，刘清漪接受到了更加专业和先进的训练理念、方法，享受到更加完备的训练条件，这让她逐渐成长为全国最优秀的女子霹雳舞运动员之一。2021 年全运会，16 岁的刘清漪获得全运会历史上的第一个霹雳舞项目(女子)冠军。这个含金量十足的冠军更加坚定了她走街舞专业道路的选择。全运会之后，刘清漪正式入选霹雳舞中国国家队，开始备战巴黎奥运会的征程。2021 年 12 月，霹雳舞世锦赛在法国举行。那是刘清漪首次参加国际大赛，获得第九名。时隔 7 个月后，本次世界运动会，刘清漪将成绩提高到了第四。

展望两年后的巴黎奥运会，刘清漪的目标相对低调，她希望能进前八名。但从外界来说，都认为这名年轻女孩的未来不可限量。

从 10 岁因为一个偶然的机会接触到街舞至今，街舞已彻底改变这个来自河南小城的女孩的命运，也让她对街舞与人生的关系有了一些深入的思考。

10 岁那一年，刚刚接触街舞不久的刘清漪就在一次全国比赛上因为亮眼的大招收获了意想不到的成绩，但今日的刘清漪已经认识到，街舞展现的不仅是舞者对高难度动作的驾驭，更是个性的展示，一套动作很难的街舞表演未必会赢得冠军，因为难度并不是街舞的全部。“难度当然是观众喜欢看的，但最厉害的街舞选手展现出的是在难度基础上的 style(个性)和 fresh(创新)。通过他(她)跳的街舞，看到的是他(她)是怎样的一个人和怎样的一种人生状态。”

“街舞是源于生活的，你的生活决定了你能跳出什么样的感觉，就如同相由心生。”刘清漪说，“我的舞台就是我的人生——我跳舞没有人可以拘束，就像我可以做我自己想做的。我想，这应该就是街舞最具魅力的地方，也是街舞受到那么多年轻人喜爱的原因吧。”

(资料来源：中国青年网，2022 年 8 月 2 日，有改动)

讨论：

1. 根据刘清漪的街舞之路，分析年轻人喜爱街舞的原因。
2. 结合材料和所学知识，谈谈舞蹈运动给人们带来的好处。

第八章 形体运动

育人目标

◎认识到健康的可贵与运动健身的重要性，营造浓厚的全民健身氛围，推动全民健身运动蓬勃开展，为国家的精神文明建设做出积极贡献。

◎展现形体之美，传播健康生活理念，改善生理、心理、情感和精神方面的状况，促进身体、心灵与精神和谐统一。

学习目标

◎了解健美操的概念和分类，掌握健美操的基本动作。

◎了解瑜伽的定义，掌握瑜伽的练习方法及练习瑜伽的注意事项。

情境导入

飒爽身姿展奋进风采 长沙雨花区举行职工健美操比赛决赛

2023 年 5 月，“奋进新征程 · 建功新时代”长沙市雨花区职工健美操比赛决赛举行，经过前期预赛选拔，从全区 32 个单位组建的 26 支参赛队伍中选拔出 13 支代表队伍参加决赛。最终，经过激烈角逐，雨花区委办、区政协联队获得一等奖。

“举办此次比赛旨在进一步丰富全区干部职工的业余文化生活，营造全区上下齐头并进、奋勇争先的浓厚氛围，激励全区职工紧紧围绕区委提出的‘抢先机，拼经济，保稳定，促发展’主题，笃行实干，为雨花区深入实施强省会战略、建设全国一流现代化强区贡献力量。”雨花区总工会相关负责人表示，今后区总工会将继续带领全区各级工会积极倡导“快乐工作，健康生活”理念，组织开展形式多样的文体活动，关心关爱干部职工身心健康，进一步增进干部职工之间的交流互动，增强团队的凝聚力和向心力，全力以赴“抢拼保促”，为加快建设“四个一流”现代化强区贡献工会力量。

（资料来源：红网长沙站官方账号，2023 年 5 月 12 日，有改动）

第一节 健美操

一、健美操概述

健美操是在音乐伴奏下，运用各种不同类型的操化动作，融体操、舞蹈、音乐于一体的体育项目。

健美操起源于传统的有氧健身运动，是一种有氧运动。它通常采用徒手或手持轻器械进行练习，是在氧供应充足的情况下，以人体有氧系统提供能量的一种运动形式。其运动特征是持续一定时间的中低强度的全身性运动，主要锻炼练习者的心肺功能，是有氧耐力素质的基础。

二、健美操的分类

目前，世界健美操和我国健美操种类繁多，分类方法也各不相同。那么根据健美操运动的目的和主要任务来划分，可分为健身健美操、竞技健美操和表演健美操三大类。

健身健美操以健身为目的，通过全面活动身体，提高人体的有氧代谢能力，增强人体体质，促进人体健美。健身健美操面向大众，强度和难度相对较低，可为社会不同年龄、性别、职业、层次的人所选用。健身健美操还可以根据不同的需要，从不同的角度进一步分类命名。

竞技健美操以竞技为目的，有特定的竞赛规则和评分方法，需完成一定难度的动作，对人的身体素质、技术能力和艺术表现力有较高的要求，是展示人体健、力、美和全面素质的竞赛项目，有多个比赛项目。

表演健美操以表演为目的，事先编排好的、专为表演而设计的成套健美操，时间一般为 2～5 分钟。表演健美操的动作较健身健美操动作复杂，在参与的人数上没有要求，单人或团体均可，可在成套动作中加入队形变化和集体配合的动作，表演者可以利用轻器械，如花环、旗子等，还可采用一些风格化的舞蹈动作，如爵士舞等，以达到烘托气氛、感染观众和增强表演效果的目的。

三、健美操的基本动作

思政数字课堂

（一）基本手型

常用的基本手型有合掌、直手、撑掌、推掌、西班牙舞手型、圆手型、剑指、响指、“V”指、拳等（见图 8-1）。

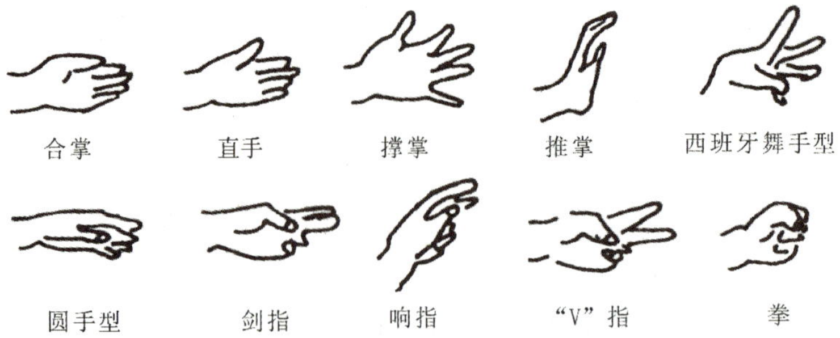

图 8-1　基本手型

(二)头、颈部动作

1. 头颈屈

做动作时，上体保持不动并探颈(见图 8-2)。

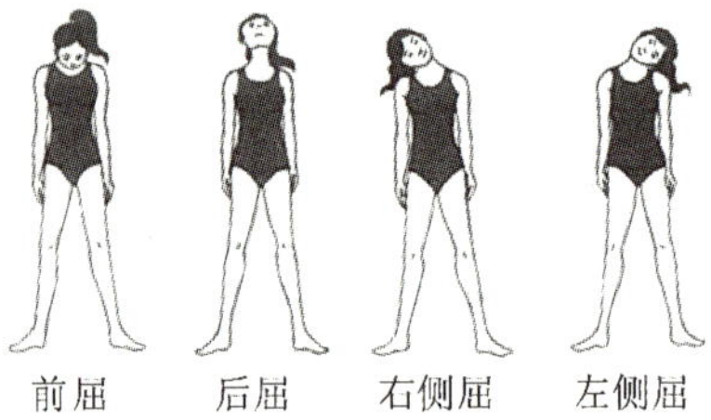

图 8-2　头颈屈

2. 头颈转

做动作时，头要正，不能抬下颌(见图 8-3)。

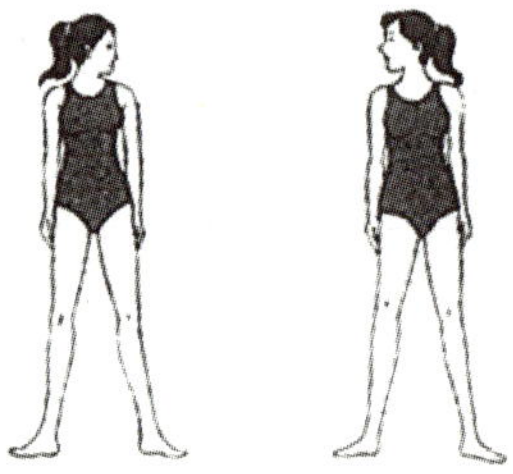

图 8-3　头颈转

3. 头颈绕和绕环

颈部肌肉及韧带要相对放松(见图 8-4)。

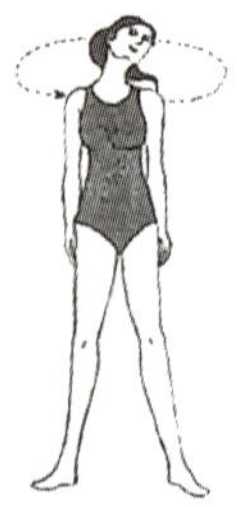

图 8-4　头颈绕和绕环

(三)肩部动作

1. 提肩和沉肩

颈与头不能向前探，上体不摆动(见图 8-5)。

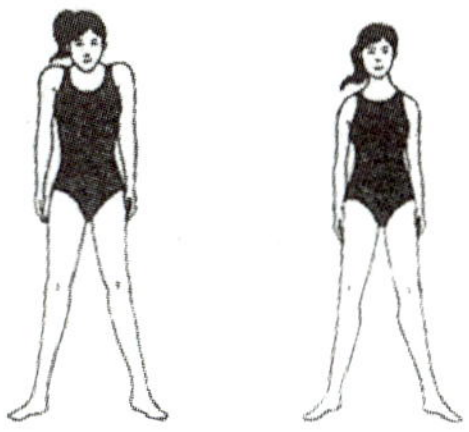

图 8-5　提肩和沉肩

2. 肩绕和绕环

以肩关节为轴做小于或大于 360°的弧形或圆形运动。注意肩部肌群放松，大幅度绕环(见图 8-6)。

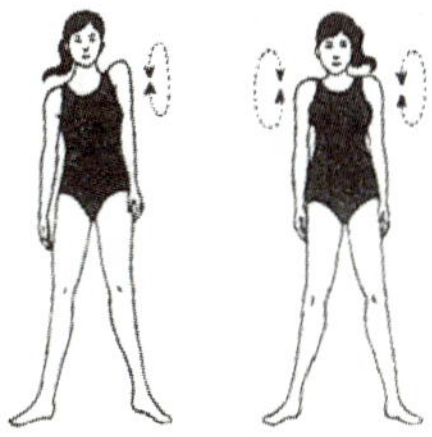

图 8-6　肩绕和绕环

(四)臂部动作

1. 屈臂

屈臂是指肘关节产生一定的弯曲角度(见图 8-7)。

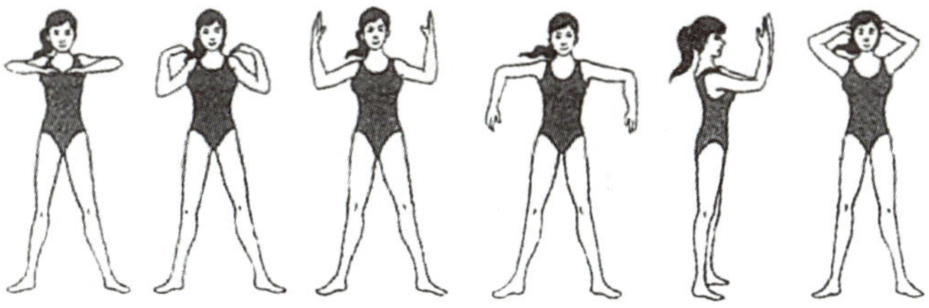

图 8-7　屈臂

2. 举臂

举臂是指以肩为轴，臂的活动范围不超过 180°而停止在某一位置的动作(见图 8-8)。

图 8-8　举臂

3. 绕环

绕环是指臂以肩为轴向不同方向做圆形运动(见图 8-9)。

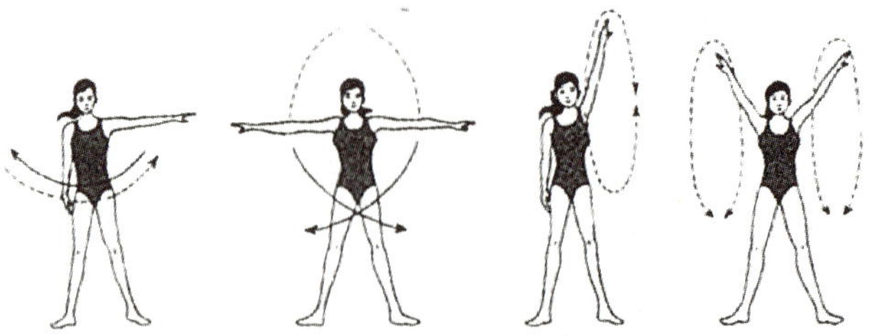

图 8-9　绕环

(五)胸部动作

1. 含胸

低头，含胸，收肩，身体放松(见图 8-10)。

2. 挺胸

抬头，挺胸，展肩，吸气，身体紧张但不僵硬(见图 8-11)。

图 8-10　含胸

图 8-11　挺胸

(六)腰部动作

1. 腰屈

动作有腰的前屈、后屈和左侧屈、右侧屈(见图 8-12)。

图 8-12　腰屈

2. 腰绕、绕环

动作有腰的左绕、右绕和绕环(见图 8-13)。

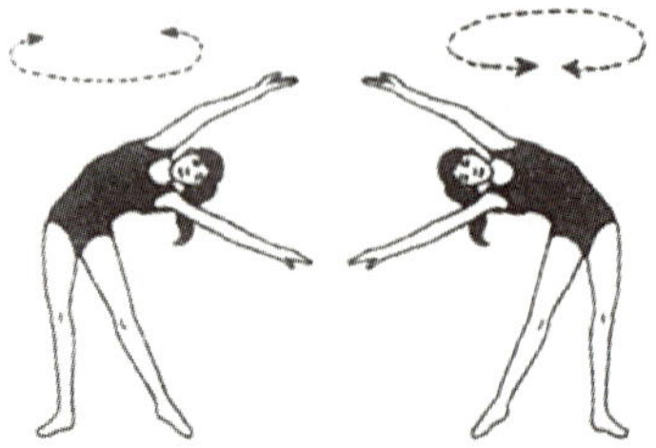

图 8-13　腰绕和绕环

(七)髋部动作

1. 顶髋

动作有左顶髋、右顶髋、前顶髋、后顶髋(见图 8-14)。

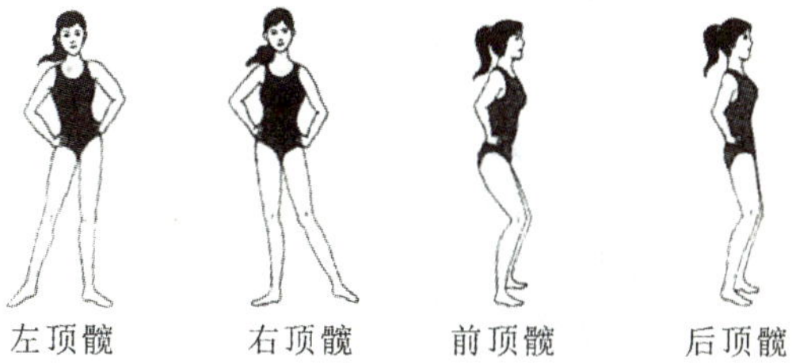

图 8-14　顶髋

2. 提髋

动作有左提髋、右提髋。练习时，同侧脚要提起(见图 8-15)。

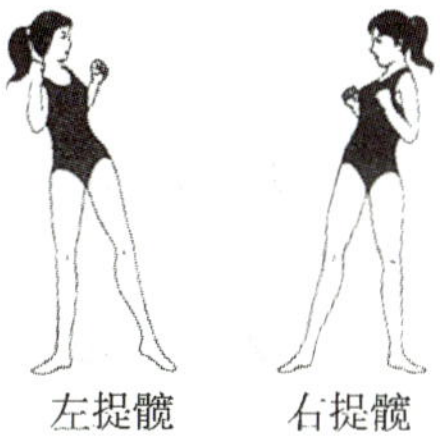

图 8-15　提髋

3. 绕髋和绕环髋

动作有向左绕髋、向右绕髋、绕环髋(见图 8-16)。

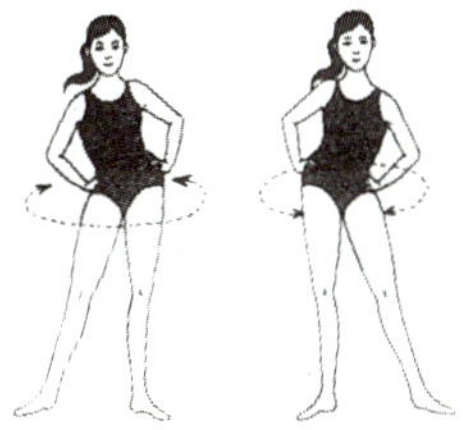

图 8-16　绕髋和绕环髋

4. 行进间正(反)髋走

动作是顶髋方向与身体行进方向一致(相反)。

(八)下肢动作

健美操的下肢动作主要包括如下。

(1)滚动步：从前脚尖至全脚掌依次落地，两脚交替进行。

(2)交叉步：一只脚向另一只脚前交叉或后交叉行进。

(3)点弓步：一只脚向侧成弓步，另一只脚跟进并拢，交替进行。

(4)踏步：两腿交替，不间断地做屈膝、上提、踏地的动作。踏步动作包括脚尖不离地的踏步、脚离地的踏步和高抬腿的大幅度踏步。

(5)吸腿跳：单腿跳起，同时另一条腿屈膝向前、向侧上提。

(6)踢腿跳：单腿跳起，同时另一条腿直腿向前、向侧踢出，包括小幅度的踢腿和大幅度的踢腿。

(7)后踢腿跳：两脚交替有短暂腾空过程(类似跑步)，小腿向后屈。

(8)弹踢腿跳：单腿跳起，同时另一条腿屈膝向前、向侧弹踢。

(9)开合跳：并腿跳起，分腿落地，然后分腿跳起，并腿落地。

(10)弓步跳：并腿跳起，落地时成前(侧、后)弓步。

跳跃时要轻松自如、有弹性，注意呼吸的配合。

第二节 瑜伽

一、瑜伽概述

(一)瑜伽的起源

瑜伽起源于古印度，距今已有3000多年的历史，是印度传统文化的重要组成部分，是一种历史悠久、内容丰富的修身养性方法。关于瑜伽的起源，有多种说法。一般认为瑜伽发源于印度北部喜马拉雅山麓地带。那时，古印度瑜伽修行者在大自然中修炼身心，无意之间发现各种动物与植物天生具有治疗、放松、促进睡眠或保持清醒的方法，它们在患病时能不经任何治疗而自然痊愈。于是，古印度对动物的姿势进行观察、模仿，创立出一套有益身心的锻炼方法，这套方法也就是今天说的体位法。这些方法历经了几千年的演变逐步形成了一套理论完整、确切实用的养生健身体系。

(二)瑜伽的定义

瑜伽，梵文为Yog。Yoga一词来源于梵文语根Yu，是联合、加入、结合和束缚的意思，即把人的注意力集中起来加以引导、运用和实施。瑜伽是一种运用古老而易于掌握的技巧，提高人们的身体素质和心理素质，以达到身心和谐统一的运动形式。

二、瑜伽呼吸法

呼吸是生命的特征之一。呼吸节律的变化，表明人的情绪、行为和健康也在发生着变化。瑜伽的呼吸训练，能让人掌握正确、科学的深呼吸方法。它能使身体变得稳定放松，更好地舒展筋骨，并且最大限度地将氧气吸纳到肺部，对身体的健康非常有益。深呼吸还能安抚人的情绪，使心灵获得平衡。因此，瑜伽的精髓是由呼吸来控制身体的放松、稳定、平衡，以达到身心合一的境界，从而调动起内在生命的智慧和力量。

根据呼吸部位的不同，常见的瑜伽呼吸分为腹式呼吸法、胸式呼吸法、完全呼吸法。

1. 腹式呼吸法

做法：仰卧，把手放在腹部上，两鼻孔慢慢吸气，放松腹部，感觉空气被吸向腹部，手能感觉到腹部越抬越高，实际上这时横膈膜下降，将空气压入肺部底层；吐气时，慢慢收缩腹部肌肉，横膈膜上升，将空气排出肺部。

2. 胸式呼吸法

做法：仰卧或盘腿坐，背挺直，双手置于肋骨处。两鼻孔慢慢吸气，同时双手感觉肋骨向外扩张并向上提升，再缓缓地吐气，体会肋骨下移并向内并拢。

3. 完全呼吸法

做法：盘腿坐正，一手放在腹部，一手放在肋骨处，缓缓地吸气，感觉腹部慢慢鼓起。先让空气充满肺部的下半部，再让空气充满肺部的上半部，直到空气充满了肺部的每一个角落，达到双肺的最大容量；再缓缓地呼气，先放松肺部的上半部，再放松肺部的下半部和腹部，最后收缩腹肌把气完全呼出。

三、瑜伽体位法

瑜伽体位法又称瑜伽姿势，是一种健身方法，其作用是帮助人保持身体健康。瑜伽体位法的每个伸展动作都是配合呼吸来完成的。它柔和地按摩人体的各个器官，能活化僵硬的关节部位，通畅经络，矫正不良体态，调整自主神经系统和内分泌系统，也能减少赘肉脂肪，使体形更为紧凑、健美。

下面主要介绍拜日式。

(1)祈祷式。腰背挺直站立，两腿并拢伸直，两手在胸前合十，眼睛平视前方，均匀呼吸(见图8-17)。

(2)后仰式。吸气，两臂向头顶上方伸展，带动上半身慢慢向后仰，直到弯曲到身体极限处，同时向前推送髋关节(见图8-18)。

(3)前屈式。两臂带动身体慢慢恢复站立姿势，两腿保持伸直，上半身继续向前向下倾，两手撑地，头部自然下垂，保持此姿势10秒(见图8-19)。

(4)骑马式(左)。吸气，两膝弯曲，呼气，左腿向前跨一步，左小腿与地面垂直，右腿尽量向后伸展。两手交叠放在左膝上，腰背挺直，胸部尽量向外扩展，眼睛看向前方(见图8-20)。

图8-17 祈祷式

图8-18 后仰式

图8-19 前屈式

图8-20 骑马式(左)

(5)斜板式。上半身向前倾，两手撑地，双臂伸直，左腿向后伸展，与右腿并拢，两腿绷直，两脚尖点地，用两臂和两脚支撑全身重量，身体成一条直线，保持此姿势10秒(见图8-21)。

(6)八体投地式。吸气，两膝弯曲，着地。呼气，两肘弯曲，使胸部和下巴着地，髋部和腹部抬离地面(见图8-22)。

(7)眼镜蛇式。吸气，慢慢伸直两臂，腰部以上部位抬离地面，同时臀部下落，让下半身完全贴于地面，头部尽量向后仰，眼睛看向上方(见图8-23)。

图 8-21　斜板式

图 8-22　八体投地式

图 8-23　眼镜蛇式

(8)顶峰式。呼气，勾起脚趾，脚尖点地，两腿绷直，臀部上顶，低头向下，肩背下压，重心落在两臂之间(见图 8-24)。

(9)骑马式(右)。吸气，两膝弯曲，呼气，右腿向前跨一步，右小腿与地面垂直，左腿尽量向后伸展。两手交叠放在右膝上，腰背挺直，胸部尽量向外扩展，眼睛看向前方(见图 8-25)。

图 8-24　顶峰式

图 8-25　骑马式(右)

(10)前屈式。身体恢复站立姿势，上半身慢慢向前向下屈，同第三步姿势。

(11)后仰式。慢慢抬起上半身，两手在头顶合十，手臂带动头部和上半身慢慢向后仰，同第二步姿势。

(12)祈祷式。呼气，身体慢慢恢复原位，两手在胸前合十，回到第一步姿势。然后用两手轻轻拍打肩部、背部、腹部、腿部等部位，逐渐放松全身。

思政元素

大学生暑期教村民瑜伽健身操　引领重庆乡村健康新风尚

2022 年 7 月 29 日，在重庆市荣昌区万灵镇尚书村的农家小院内，10 多个村民在一位年轻姑娘的带领下，呼吸、调息、盘腿而坐、单腿站立……这位年轻的姑娘是来重庆市荣昌区参加暑期实践活动的华中科技大学体育学院研究生淦莉洛，她正在教乡亲们练习户外瑜伽健身操。

2022 年暑假，华中科技大学“喻竹计划”重庆荣昌实践队和清华大学研究生骨干研修班重庆荣昌支队走进万灵镇尚书村，开展“小院+”公益健康活动，以简单易学的户外瑜伽健身操，推动全民健身运动走进乡村，引领乡村健康新风尚。

“为了引导村民们积极锻炼，强身健体，林家院子在区里的支持下，成立了‘健康小院’，当地村民经常在此相约一起开展活动，锻炼身体。”林家院子健康小院“院长”林念介绍，“这次华中科技大学和清华大学的研究生来到我们健康小院，教我们练习瑜伽，让村民们都感到很惊喜，让我们健康小院的生活也更加丰富多彩。”

荣昌区委组织部相关负责人表示，近年来，为持续推进乡村振兴战略，荣昌区把不少传统院落建设成不同主题的新型农村院落。为了在乡村振兴中全面加强党建引领乡村善治，荣昌区计划每年创建100个以上的善治小院，打造“小院+”品牌，全面提升农村居民的获得感、幸福感、安全感。

（资料来源：中国新闻网，2022年7月30日，有改动）

教学检测

1. 健美操起源于传统的(　　)。

A. 竞技体操　　B. 艺术体操　　C. 无氧运动　　D. 有氧健身运动

2. 在音乐伴奏下，运用各种不同类型的操化动作，融体操、舞蹈、音乐为一体的运动是(　　)。

A. 游泳　　B. 健美操　　C. 排球　　D. 体操

3. 根据健美操运动的目的和任务来划分，健美操可分为健身健美操、表演健美操和(　　)。

A. 竞技健美操　　B. 徒手健美操　　C. 肩部健美操　　D. 形体健美操

4. 瑜伽起源于(　　)。

A. 日本　　B. 美国　　C. 中国　　D. 古印度

5. 瑜伽的基本呼吸有：胸式呼吸法、腹式呼吸法和(　　)。

A. 不完全呼吸法　　B. 大口呼吸法　　C. 完全呼吸法　　D. 间歇性呼吸法

思政园地★

77岁健美操教练的“青春秘诀”

77岁的田福秀多年来致力于健美操青少年培训，如今依然工作在教学一线。“健美操是一项充满青春活力的运动。”她说，“而我让自己保持青春的秘诀，是热爱、追求与坚持。”

热爱

冬日清晨，街边广场上的晨练者寥寥无几，田福秀就是其中之一。压腿、伸腰、扭胯……这是出身体操世家的田福秀从小练习的基本功，已过古稀之年的她依然动作灵活、步伐矫健。她说：“爱运动的人永远不老。”

田福秀年轻时是一名体操运动员，退役后一直从事健美操教练工作。虽然早已过了退休年龄，但田福秀从没想过离开，因为健美操已经成了她生命的一部分。

“跃起、踩肩、抛起，接着360度转体……”在山西省临汾市第三中学健美操队训练室里，田福秀正在对队员们进行指导。这个生活中和蔼的老太太，一到训练场上就成了学生眼中严厉的“师太”，一个动作她往往要抠几十遍，每个细节都力求完美。

训练之余，田福秀每日的必做功课是写教案，训练的计划、发现的问题、想到的新动作，她都一一记录在案，几十年下来教案本已经堆成了一座小山。

“有人觉得校园健美操就是随便跳跳，但我始终以专业的态度和要求来教孩子们。”田福秀说，“因为我知道，只有让孩子们全身心投入，才能引导他们真正爱上这项运动。”

追求

20 多年前，时任山西师范大学体育学院健美操队教练的田福秀在一次带队外出比赛时发现，参赛队伍中竟然没有山西省的少年健美操运动员，这让她深受触动。“我看别的地方的小孩练得都很好，我想我们本地的孩子也不比他们差。”她说，“所以我就下定决心，健美操要从娃娃抓起。”

2000 年，临汾市少年健美操基地在田福秀的努力下正式成立。克服了缺生源、缺场地、缺资金等重重困难，田福秀凭借执拗的精神一步步走下去，她的目标只有一个：“带领队员们冲出全国，登上更大的赛场。”

2002 年，田福秀带队参加了全国第十二届学生运动会健美操比赛。“当时我没信心，但最后成绩还不错，我们最好的名次是第三，这让我很受鼓舞。”她说，此后队伍每年都参加全国比赛，成绩越来越好。

2004 年，临汾市少年健美操基地与临汾市第三中学合作，成立了临汾三中健美操队，田福秀担任总教练。2006 年，临汾三中健美操队通过层层选拔，代表中国参加了第二届世界青少年健美操锦标赛，最终斩获一金一银。

“当五星红旗升起的那一瞬间，我感到前所未有的激动与自豪。”田福秀说，“健美操让我的人生变得精彩而不凡。”

坚持

活力的舞步加上动感的音乐，点燃了原本沉寂的临汾三中体育馆。在不久前举行的全国第十四届学生运动会健美操预赛中，这支队伍参加了五项比赛并荣膺四项冠军、一项季军，而随着他们的回归，校园里再次刮起一股健美操热潮。

如今在临汾三中，越来越多的孩子正在加入练习健美操的队伍。“2004 年，就在这个训练室，只有几个孩子来参加健美操训练，可你看看今天，人多得都快装不下了。”田福秀说，“这样的变化并非一日之功，是我们几十年努力坚持的成果。”

从一无所有起步，田福秀与健美操队的教练们一步步摸索、尝试、完善，逐渐建立起一套涵盖 4 岁到 17 岁、从基础训练到精英培养的青少年健美操培训体系。她说，2004 年以来，临汾三中健美操队共获得国内外大奖 300 多个，为中国健美操国家队输送了 11 名优秀队员，培养出 200 余名国家健将级和国家一级运动员，不少孩子借助健美操圆了大学梦。

如今，77 岁的田福秀仍然坚持每天亲自上训练课。“只要我还教得动，就会一直教下去。”她说，“看着青春洋溢的孩子们热情舞蹈，我就觉得自己还年轻。”

（资料来源：新华社，2021 年 1 月 4 日，有改动）

讨论：

1. 田福秀的“青春秘诀”是什么？
2. 结合材料和所学知识，谈谈健美操对人们的积极影响。

第九章 武术与技击

育人目标

◎以强国为志向，以武术铸精魂，全力学习武术动作，弘扬武术文化。
◎通过学习中华武术等传统文化，强身健体、增长见识，深入感受中华文化底蕴，努力做中华民族优秀传统的自觉弘扬者。

学习目标

◎了解武术运动的发展和分类，了解一些武术的基本术语。
◎了解太极拳的概念、特点，掌握太极拳的动作要求。
◎了解八段锦的分步功法和练习要领。
◎掌握跆拳道的基本技术和品势。

情境导入

逾130名海内外青少年在广东省江门市"切磋"武术

2022年8月6日，在广东省江门市新会区崖门镇京梅村，9支海内外青少年武术代表队的130多名武术爱好者以武会友，分别展演了蔡李佛拳、咏春拳、佛家拳、武当拳、周家拳、洪拳、太极拳等拳术。当天，2022年"少年中国说"中国侨都国际武术交流大会在这里举行。大会还邀请了美国、巴西、墨西哥、荷兰等30多个国家的武术爱好者、武术代表队上线"云切磋"。

江门市素有"武术之乡"的美誉，蔡李佛拳、咏春拳、佛家拳、周家拳等著名武术流派早已传播到世界各地，海外弟子达千万之多，遍布全球100多个国家和地区。

"少年中国说"是江门市打造的粤港澳台暨海外华裔青少年文化交流品牌活动。多年来，江门市举办了"中华诗词大会""武术大会""创客嘉年华"等活动，为青少年朋友搭建一个永不落幕的文化舞台。截至目前，"少年中国说"共吸引了超过50万名粤港澳台和海外华裔青少年参加。

当天，江门市举行中国侨都武术论坛，以“全球共享武术魅力”为主题，邀请一众武术专家和武术爱好者齐聚江门市，挖掘侨都武术文化内涵，向全球分享武术魅力。同时，中侨武术大赛、“中侨武”龙狮大赛、“武术探寻之旅”等一系列活动举行，吸引了青少年朋友和武术爱好者踊跃参与。

（资料来源：《中国青年报》，2022 年 8 月 7 日，有改动）

第一节 武术

一、武术概述

武术是以技击动作为主要内容，以套路和格斗为主要运动形式，注重内外兼修的中国传统体育项目。

（一）武术的形成和发展

武术最早起源于生产劳动，生存竞争萌芽了武术的本质特征，即技击性。原始社会的武术是多位一体的，既是狩猎的训练形式、丰收的庆典形式，又是军事演习和宗教仪式形式。

奴隶社会，中国武术已由原始状态下的武术雏形，逐渐成为人们有目的、有意识、有组织的社会活动，成为一种“准武术文化形态”。

从春秋战国开始，武术与军事武艺分离，开始形成军旅武术和民间武术两大平行体系，两者相互影响、依存和消长，构成中国武术的基本格局，中国武术文化体系逐渐完善。

从 1840 年以后，随着冷兵器的消亡，武术基本从军事中脱离出来，成为强身自卫运动，并逐步成为中国近代体育的有机组成部分。

中华人民共和国成立后，武术事业沿着新的体育发展道路，按照武术自身的发展规律，在不断探索、改革、开拓中前进，在传承祖国优秀文化遗产、增强人民体质、振奋民族精神、建设社会主义精神文明中发挥了重要作用。在增进国际交往、跨出国门、走向世界的征途中，武术创造了举世瞩目的辉煌业绩。目前，武术运动正在世界各地兴起，并已预示其广阔的发展前景。

（二）武术的分类

武术的分类方法很多，在过去有以流行地区分类的，有以技术特点分类的，也有以姓氏分类的。现在按其内容分为以下五类。

1. 拳术

拳术包括长拳、太极拳、南拳、形意拳、八卦掌、通臂拳等。

（1）长拳。长拳是查拳、华拳、洪拳、炮拳、花拳等拳术的总称。它是一种姿势舒展、动作灵活、快速有力、节奏鲜明，并包括蹿蹦跳跃、闪展腾挪和起伏转折等动作和技术的拳术。其中，各个拳种又各有不同的技术特点和风格。长拳的动作幅度舒展、关节活动范围较大，对肌肉和韧带的柔韧性和弹性都有较高的要求。

小贴士

长拳适合青少年练习。从编排上看，它既有适合于基础训练的一面，又有适合于竞赛、提高能力的一面。它的内容包括拳、掌、钩三种手型，弓步、马步、仆步、虚步、歇步五种步型，还有一定数量的拳法、掌法、肘法和伸屈、直摆、扫转、击响等不同组别的腿法及平衡、跳跃、跌仆、滚翻动作。

(2)太极拳。太极拳是一种柔和、缓慢、轻灵的拳术。它的特点是心静体松，呼吸自然，轻灵沉着，圆活连贯，上下相随，虚实分明，柔中寓刚，以意导动等。它的主要流派有陈式太极拳、杨式太极拳、吴式太极拳、武式太极拳、孙式太极拳等。

(3)南拳。南拳是流行于广东、广西、福建、湖南、湖北、浙江、江苏、四川等南方各省的拳术的总称。南拳的特点是步稳、势烈、动作刚劲有力，并常以发声吐气来助长动作的发力。习练南拳能发展各主要肌群的力量。

知识延伸

“南拳北腿”的由来

南拳，是流行于我国长江以南一带的拳术总称，一般以拳法、手法为主，腿法为辅；北方的拳术除拳法外，注重腿法，故有“南拳北腿”之说。据说这与南北方地理特征和生活环境相关。南方舟船生活较多，小范围的上肢搏击更利于自身的稳定和击败对手。因此，南拳的特点是步法沉稳、拳法较多。而北方地域辽阔，出行多靠两腿，腿部力量足。因此，“北腿”的特点是蹿蹦跳跃、闪展腾挪、跃扑滚翻。

(4)形意拳。形意拳是以三体式为基本姿势，以劈拳、崩拳、钻拳、炮拳、横拳为基本拳法，并吸收了龙、虎、蛇、马、鹰、鹞等动物的技能专长所编制的拳术。它的特点是动作整齐、简练、发劲较刚，能发展人体力量、速度等素质。

(5)八卦掌。八卦掌是一种以摆扣步走转为主，以掌法变换为内容的拳术。它的特点是沿圆走转，势势连绵，身灵步活，随走随变，可以锻炼下肢的力量及身体灵活性、协调性等机能。

(6)通臂拳。通臂拳有摔、拍、穿、劈、攒五种基本掌法。它的特点是放长击远，发力通达于臂。练习时由于胸背吞吐，双臂交换摔劈，拧腰切胯，连续不息，因此对发展机体协调性、灵活性、力量等素质有着良好的作用。

2. 器械武术

武术器械主要包括刀、剑等短器械，枪、棍、大刀等长器械，双刀、双剑、双枪等双器械，九节鞭、绳镖、流星锤等软器械。

(1)刀术。刀术是以缠头裹脑为主要动作，加上劈、砍、挂、刺、撩等刀法所组成的套路练习。它的特点是勇猛、快速。

(2)剑术。剑术是以击、刺、点、崩等剑法所组成的套路练习。它的特点是动作轻快、身法矫捷，富于韵律感。

(3)枪术。枪术是以拦、拿、扎为主要动作，加上劈、摔、穿、缠、舞花等枪法所组成的套路练习。它的特点是枪扎一条线，脚为根，腰为轴，力达枪尖。

(4)棍术。棍术是以抡、劈、戳、撩、舞花等棍法所组成的套路练习。它的特点是使用两端、横打一片。

3. 对练

对练是指两人及两人以上按照固定套路所进行的攻防技术练习，包括徒手对练、器械对练、徒手与器械的对练等。

4. 集体演练

集体演练是 6 人或 6 人以上集体进行的徒手、器械或徒手与器械的演练。练习时可变换队形，可采用音乐伴奏，要求队形整齐，动作协调一致。

5. 攻防技术

攻防技术是两人按照一定的规则而进行的具有实战意义的搏斗形式的运动。

(三)武术的基本术语

1. 套路

套路是武术运动的主要形式，是以技击动作为素材，按攻守进退、动静虚实、刚柔疾徐的运动变化规律编成的整套练习形式。它一般由 4 段或 6 段组成，有起势与收势。现行的套路类型有规定套路、自选套路、传统套路及对练套路等。

2. 格斗

格斗是两人在一定条件下，按照一定的规则斗智、斗勇、较技、较力的对抗性练习形式。

3. 散打

散打又称“散手”，是两人按照一定规则，使用踢、打、摔等方法制胜对方的竞技项目。

4. 推手

推手又称“太极推手”，是两人按照一定的规则，使用掤、捋、挤、按、采、挒、肘、靠八法，双方粘连粘随，通过肌肉的感觉来判断对方的用劲，然后寻机借劲发劲将对方推出，以此决定胜负的竞技项目。

5. 短兵

短兵是两人手持一种用藤、皮、棉制作的短棒似的器械，在一定的圆形场地内，按照一定的规则，使用劈、砍、刺、崩、点、斩等方法以决胜负的竞技项目。

6. 功法运动

功法运动是以单个武术动作为主体进行练习，以达到健身或增强体能目的的运动。

7. 抱拳礼

抱拳礼是武术礼法之一。它是由中国传统作揖礼和少林拳的抱拳礼(四指礼)加以提炼、规范、统一而来的，并赋予了新的含义，它是在国内外被采用的具有代表性的礼法。行礼的方法是并步站立，左手四指并拢伸直成掌，拇指屈拢，右手成拳，左掌心掩贴右拳面，拳眼向内，斜对胸窝。行抱拳礼时，两手臂于胸前，屈臂成圆，肘尖略下垂，拳掌与胸相距一拳左右。头正，身直，目视受礼者。武术散手在戴拳套练习和比赛时，可模拟地行抱拳礼，两拳套合抱于胸前即可。

8. 注目礼

注目礼也是武术礼法之一。其动作方法是并步站立，目视受礼者或向前平视，勿低头弯腰，以表示对受礼者的恭敬、尊重。表示对行礼者答诺或聆听指教受益时，受礼者可微微点头示意。

9. 拳

(1)手型之一：拳的部位包括拳眼、拳心、拳面、拳背、拳轮。

(2)拳型之一：又名捶、捶头、拳头，通常指四指并拢，卷屈紧握，拇指压于食指、中指第二指节上。这种拳型称为四平拳、平拳或卷心拳。

10. 空拳

空拳也称半握拳，从食指到小指四指并拢，卷屈松握，拇指压于食指、中指的指甲上，拳心虚空。太极拳多用此拳型。

11. 掌

掌的部位包括掌心、掌背、掌指、掌根、掌外沿。通常拇指弯曲扣于虎口处，其余四指并拢伸直。这种掌型也称为柳叶掌。

12. 勾

勾也称勾手。勾的部位包括勾尖、勾顶。勾分为两种，一是五指勾：屈腕，五指相撮；二是三指勾：屈腕，拇指、食指、中指相撮，无名指、小指卷屈于手心。

13. 太极拳掌型

(1)五指自然分开并微屈，虎口呈圆形，掌心微含。

(2)陈式太极拳掌型：拇指和小指内扣，食指、中指、无名指微向后伸张。

14. 剑指

剑指是剑术中不持剑手的手型。食指、中指并拢伸直，其余三指向手心弯曲，拇指压在无名指第一节指骨上。在动作转换中，拇指与无名指也可松开，屈而不压。

15. 坐盘

两腿交叉叠拢下坐，臀部和后腿的大小腿外侧及脚面均着地，脚跟接近臀部；前腿在身前横跨于后腿上方，全脚掌着地，脚尖向前，大腿贴近胸部。

16. 并步

两腿伸直并拢，全脚掌着地，脚尖向前。

17. 叉步

两腿前后交叉，前腿屈膝半蹲，大腿接近水平，全脚着地，脚尖外展约 45°；另一腿挺膝伸直，前脚掌着地，脚尖向前，挺胸、塌腰、沉髋。

18. 横裆步

两脚左右开立，约同弓步宽，全脚掌着地，两脚脚尖向前，一腿屈膝半蹲，大腿成水平；另一腿挺膝伸直。挺胸、立腰、沉髋，目视前方。

19. 提膝平衡

支撑腿直立站稳；另一腿在体前屈膝上提近胸，小腿斜垂内扣，脚面绷平内收。

20. 望月平衡

支撑腿伸直或稍屈站稳，上体前倾拧腰向支撑腿同侧侧方上翻，挺胸、塌腰、转头、回视；另一腿在身后向支撑腿的同侧方上举，小腿屈收，脚面绷平，脚底向上。

思政元素

传非遗　弘文化　践初心

——山东体育学院志愿服务活动走进济宁

为弘扬中华民族传统文化，让广大社区居民群众切实感受到非物质文化遗产的独特魅力，2022 年 7 月 1 日，山东体育学院体育管理学院韶华志愿服务队走进济宁市任城区仙营街道仙营社区，开展“传非遗　弘文化　践初心”志愿服务活动。

活动期间，济宁市昆仑拳非遗传承人黄双庆先生采用通俗易懂的语言详细讲解了昆仑拳的历史、传承、发展和特点，向社区居民和大学生志愿者现场传授了昆仑魁武拳的基本动作，演练了昆仑拳的基础招式，表演了昆仑八法拳，一招一式都展示着中华传统武术的精妙与魅力。这次互动交流，让社区居民和大学生志愿者更加直观、真切地感受到中华民族传统武术文化的博大精深，激发了文化自豪感，坚定了文化自信。

通过走进社区，开展志愿服务活动，非遗文化走近老百姓的身边，使更多人了解传统武术的魅力。通过这些活动，更好地传承非遗，厚植传统底蕴，播撒武术火种，让优秀的传统文化基因得以更好地延续，积极推进全民健身养生运动的发展。

（资料来源：大众网，2022 年 7 月 4 日，有改动）

二、武术的基本动作及其组合练习

（一）武术的基本动作

1. 手型

（1）拳。四指并拢卷握，拇指紧扣食指和中指的第二指节。要求拳握紧，拳面平，直腕。

（2）掌。四指并拢伸直，拇指弯曲紧扣于虎口处。

（3）勾。五指第一指节捏拢在一起，屈腕。

武术的手型如图 9-1 所示。

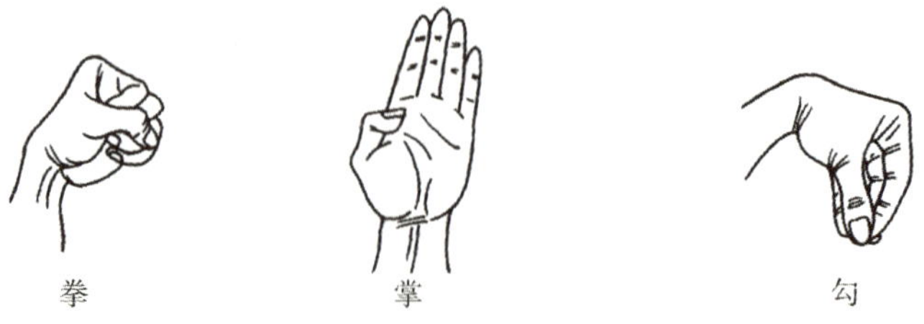

图 9-1　手型

2. 手法

（1）冲拳。冲拳有平拳与立拳两种。平拳拳心向下，立拳拳眼向上。

①预备姿势：两脚左右开立，与肩同宽，两拳抱于腰间，肘尖向后，拳心向上。

②动作说明：挺胸、收腹、直腰，右拳从腰间向前猛力冲出，转腰、顺肩，在肘关节过腰后，右前臂内旋，力达拳面，臂要伸直，高与肩平，同时左肘向后牵拉(见图 9-2)。练习时，左右交替进行。

③要求与要点：出拳要快速有力，要有寸劲(即爆发力)，做好转腰、顺肩、急旋前臂的动作。

④练习步骤：先慢做，不要用全力，注意动作的准确性，然后再逐步过渡到快速出力阶段；结合各种步型、步法和腿法做冲拳练习。

正面　　侧面

图 9-2　冲拳

(2)推掌。

①预备姿势：与冲拳同。

②动作说明：右拳变掌，前臂内旋，并以掌根为力点向前猛力推击。推击时要转腰、顺肩，臂要伸直，高与肩平，同时左肘向后牵拉(见图 9-3)。练习时，左右交替进行。

③要求与要点：挺胸、收腹、直腰。出掌要快速有力，有寸劲；同时，还要做好转腰、顺肩、沉腕、翘掌等动作。

④练习步骤与冲拳同。

3. 步型步法

(1)弓步。

①动作说明：两腿前后开立一大步，前腿弓，后腿绷直，挺胸、塌腰(见图 9-4)。

②练习步骤：左右弓步交替练习；原地保持弓步姿势不动，加做左右冲拳或推掌练习；行进间练习，左弓步冲右拳再上步接做右弓步冲左拳，依次连续进行。

侧面

图 9-3　推掌

侧面

图 9-4　弓步

(2)马步。

①动作说明：两脚开立宽于肩，屈膝成 90°，两膝内扣，两脚脚尖向前，挺胸、塌腰(见图 9-5)。

②练习步骤：原地做马步蹲起练习，即扎马步和站立交替进行；还可做马步左右冲拳或推掌的练习；连续上步做马步架打练习。

马步

(3)虚步。

①动作说明：两脚前后开立，后腿屈膝半蹲，全脚掌着地；前腿屈膝，脚尖内扣点地(见图 9-6)。

②练习步骤：可先手扶一定高度的物体进行练习，或先把姿势放高一些，再逐渐按姿势要求做正确的动作；可结合手型、手法练习，可向左右跳换练习。

图 9-5　马步

图 9-6　虚步

(4)仆步。

①动作说明：一腿全蹲，全脚掌着地；另一腿伸直平铺，全脚掌着地，脚尖内扣，上体尽量挺直(见图 9-7)。

②练习步骤：参看虚步的前两个练习步骤；加手型、手法练习；行进间连续做仆步穿掌练习。

(5)歇步。

①动作说明：两腿前后交叉并下蹲，前脚全脚掌着地，脚尖外展；后脚脚跟离地，膝部贴近前腿外侧，臂部外侧紧贴后小腿，上体直立(见图 9-8)。

②练习步骤：参看虚步的前两个练习步骤；交替做左右歇步，并增加手法。

(6)丁步。

①动作说明：两腿屈膝半蹲，一脚全脚掌着地；另一脚在支撑脚内侧，脚尖内扣，并虚点地面(见图 9-9)。

②练习步骤：与虚步同。

图 9-7　仆步

图 9-8　歇步

图 9-9　丁步

名人名言

以无法为有法，以无限为有限，是为武术最高境界！

——李小龙

(二)武术基本动作的组合练习

1. 组合练习之一

(1)预备姿势。并步抱拳，头向左转，目视左前方(见图 9-10)。

(2)步拳组合。①拗弓步冲拳：左脚向左迈出一步成弓步，同时左手向左平搂并收回腰间抱拳，右拳向前冲拳成平拳，目视前方(见图 9-11)。

②弹踢冲拳：身体重心前移，右腿向前弹踢，同时左拳由腰间向前冲拳成平拳，右拳收回腰间，目视前方(见图 9-12)。

图 9-10　预备姿势

图 9-11　拗弓步冲拳

图 9-12　弹踢冲拳

③马步架打：右脚落地，身体左转 90°，两腿下蹲成马步，同时左拳变掌，屈膝上架，右拳由腰间向右冲拳成平拳。头部右转，目视右前方(见图 9-13)。

④歇步盖打：左脚向右脚后插一步，同时右拳变掌经头上向左下盖，掌外沿向前，身体左转 90°，左掌收回腰间抱拳，目视右手。两腿屈膝下蹲成歇步，同时左拳向前冲出成平拳，右掌变拳收回腰间(见图 9-14)。

图 9-13　马步架打

图 9-14　歇步盖打

⑤提膝仆步穿掌：两腿起立，身体左转，随即左拳变掌，掌心向下，右拳变掌，掌心向上，右掌由左手手背上穿出，同时左腿提膝，左手顺势收至右腋下，目视右手。左脚落地成左仆步，右掌方位不变，左掌向前沿左腿内侧穿出，目视左掌(见图 9-15)。

⑥虚步挑掌：左腿屈膝前弓，右脚向前上方蹬地成右虚步，同时左手向上、向后画弧成正勾手，略高于肩，右手由后向上、向前顺右腿外侧向上挑掌，右掌掌指向上高于肩，目视前方(见图 9-16)。

(3)收势。两脚靠拢，并步抱拳(见图 9-17)。

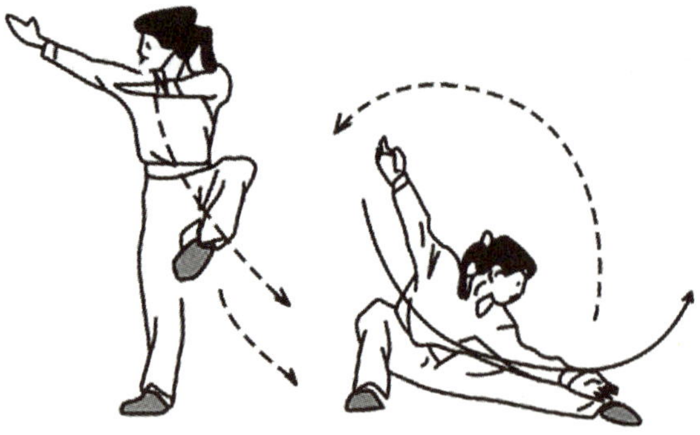

图 9-15　提膝仆步穿掌

图 9-16　虚步挑掌

图 9-17　收势

2. 组合练习之二

(1)预备姿势。并步站立，目视前方(见图 9-18)。

(2)步拳组合。①马步双劈拳：两拳下落至腹前交叉，同时左脚向左横跨出约三脚，两臂由腹前上举经头部向身体两侧劈拳成马步双劈拳，目视左拳(见图 9-19)。

图 9-18　预备姿势

图 9-19　马步双劈拳

②拗弓步冲拳：右脚掌、左脚跟碾地，上体左转成左弓步，左拳收至腰间，拳心向上，同时右拳向前立拳冲出，目视前方(见图 9-20)。

③弹踢冲拳：左腿直立支撑，右拳收至腰间，拳心向上，同时弹右腿、冲左拳成立拳，目视前方(见图 9-21)。

④马步上架冲拳：右脚下落成马步，同时左拳上架于头的左上方，右拳由腰间立拳冲出，目视右拳(见图 9-22)。

图 9-20　拗弓步冲拳

图 9-21　弹踢冲拳

图 9-22　马步上架冲拳

⑤转身弓步顶肘：以右脚为轴，身体向左后转 180°成弓步。同时左臂由体前画弧架于头的左上方，左拳变掌，右臂屈臂顶肘，右拳平握于右腋前，头向右转，目视右前方(见图 9-23)。

图 9-23　转身弓步顶肘

⑥提膝双砸拳：右脚提膝站立，右拳不动，左臂屈臂握拳于胸前，目视双拳。两臂经头部向下双砸拳，目视右拳(见图 9-24)。

⑦震脚弓步双推掌：两臂由体前按掌收至腹前，同时震右脚、抬左脚，目视前方。左脚向前落步成左弓步，两臂由腹前向前双推掌，目视前方(见图 9-25)。

图 9-24　提膝双砸拳

图 9-25　震脚弓步双推掌

⑧回身弓步推掌：左掌方位不动，上体从右向后回转成右弓步，同时右掌收至腰间并向前推掌，目视右掌(见图 9-26)。

⑨虚步砍拳：右掌收回抱拳于腰间，上体右转 90°正对前方，同时左臂由体后向体前平砍，成右虚步砍拳，目视前方(见图 9-27)。

⑩右架掌踢腿：左掌握拳收至腰间，右腿直立支撑，同时右臂架拳于头的右上方，左腿向前上方猛踢，目视前方(见图 9-28)。

⑪左架掌踢腿：右掌握拳收至腰间，左腿向下落步支撑，同时左臂架掌于头的左上方，右腿向前上方猛踢，目视前方(见图 9-29)。

图 9-26　回身弓步推掌

图 9-27　虚步砍拳

图 9-28　右架掌踢腿

图 9-29　左架掌踢腿

⑫弓步推掌：右腿下落成右弓步，同时左掌握拳收至腰间，右拳由腰间向前立掌推出，目视右掌(见图 9-30)。

(3)收势。右掌握拳收至腰间，收右腿成并步抱拳，头向左转，目视前方，两手下落成立正姿势(见图 9-31)。

图 9-30　弓步推掌

图 9-31　收势

第二节 太极拳

一、太极拳概述

思政数字课堂

太极拳是一种柔和、缓慢的拳术健身运动，动作圆活自然、前后贯穿、虚实分明、刚柔相济。练习太极拳，对中枢神经系统、呼吸系统、心血管系统、消化系统及骨骼肌肉等都有良好作用。再加上它要求意识引导动作，配合均匀深沉的呼吸，练习之后，周身血脉流通而又不气喘，让人身心舒适，精神焕发。

太极拳内涵丰富，博大精深，是因为生于中国传统文化的沃土中，并深深扎根于中国传统哲学、中国传统医学、中国传统美学等多学科的广袤深厚的领域，是中国几千年灿烂文化的历史产物。

名人名言

太极阴阳，有柔有刚；刚中寓柔，柔中寓刚；刚柔相济，运化无方。

——陈鑫

(一)太极拳的特点

太极拳不像一般拳道以烈、猛、刚、力为形，也不似一般武术内功以意念气息为本，它撷取众家之长，讲究神形兼备，内外合一，运气而造形，引拳而寓意，内涵博大精深，极富哲理。因此，它有较高的锻炼价值，既可强身健体，又可宁神益智。

知识延伸

太极拳与养生

中医理论认为，高强度的运动形式不利于科学健身。而太极拳运动的特点是举动轻灵，呼吸匀长，静中寓动，虽动犹静，静所以养脑力，动所以活气血，内外兼顾，身心交修。打拳过程中，内气自然流转，动作和谐统一，可以调和人体阴阳，疏通经络，和畅气血，以至肾气旺盛，神清目明。总之，太极拳通过颐养精、气、神来增强人体生命力，使之日趋旺盛。

(二)太极拳的动作要求

1. 太极拳的动作要领

(1)体松心静，呼吸自然。

练习太极拳除全身各个肌肉群、关节需要活动外，还要配合均匀的深呼吸与横膈膜运动。并且人们在打拳时应尽量做到体松心静，呼吸自然，即身体内外各部位自然放松，不用着力，思想安静集中，专心引导动作；呼吸自然平稳，深、长、细、匀，并与动作运转协调配合，一般规律是虚吸实呼，开吸合呼，起吸落呼，不可勉强憋气。

(2)动作弧形，虚实分清。

动作变换要走弧形，不可直来直去，生硬转换；重心移动要沉稳，虚实分明，不可呆滞双垂。

(3)上下相随，圆活完整。

动作要以腰为轴，带动四肢，上下配合，完整一体，不可手脚脱节，腰身分离。

(4)均匀连贯，和顺自然。

动作要求连贯柔和，绵绵不断，速度保持大体均匀，不可忽快忽慢；发劲拍脚动作，速度可以有变化，但须保持前后衔接自然，气势完整不散。

(5)轻灵沉稳，刚柔相济。

运动之中要轻盈不浮，沉稳不僵，外柔内实，刚柔相济，发劲要起于腰腿，迟于两手，盘引展放，刚中寓柔。

2. 太极拳的习练要义

习练太极拳，与其他体育项目一样，有一个由生到熟、由熟到巧、由外到内、由形到神的逐步提高过程。习练太极拳大致分为三个阶段：第一阶段，应该在动作姿势上打好基础，把套路中的基础动作、技术领悟清楚，做到正确、舒展、稳定、柔和；第二阶段，应该掌握动作运动变化的规律和运动的特点，做到动作连贯圆活，上下相随，协调自然；第三阶段，着重劲力的运用以及意念、深呼吸和动作的结合，做到轻灵沉稳、刚柔相济，意、气、力内外合一。

二、24式简化太极拳

24式简化太极拳

24式简化太极拳是国家体委(现为国家体育总局)于1956年组织太极拳专家汲取杨氏太极拳之精华编串而成的。尽管它只有24个动作，但相比传统的太极拳套路来讲，它的内容更显精练，动作更显规范，并且也能充分体现太极拳的运动特点。

(一)起势

(1)身体直立，两脚开立，与肩同宽，脚尖向前；两臂自然下垂，两手轻贴于大腿外侧；目视前方(见图 9-32a)。

(2)两臂慢慢向前平举，两手臂约与肩平，与肩同宽，手心向下(见图 9-32b、c)。

(3)上体保持正直，两腿屈膝下蹲；同时两掌轻轻下按，两肘下垂，与两膝相对；两眼平视前方(见图 9-32d)。

a　b　c　d

图 9-32　起势

(二)左右野马分鬃

(1)上体微向右转，身体重心移至右腿；同时右臂收在胸前平屈，手心向下，左手经体前向右下画弧至右手下，手心向上，两手心相对，呈抱球状；左脚随即收到右脚内侧，脚尖点地；目视右手(见图 9-33a、b)。

(2)上体微向左传，左脚向前方迈出，右脚跟后蹬，右腿自然伸直，成左弓步；同时上体继续向左转，左右手随转体慢慢分别向左上方、右下方分开，左手高与眼平(手心斜向上)，左肘微屈，右手落在右胯旁，右肘也微屈，手心向下，指尖向前；目视左手(见图 9-33c～e)。

(3)上体慢慢后坐，身体重心移至右腿，左脚尖翘起，微向外撇，随后脚掌慢慢踏实，左腿慢慢前弓，身体左传，身体重心再移至左腿；同时左手翻转向下，左臂收在胸前平屈，右手向左上画弧至左手下，两手心相对，呈抱球状；右脚随即收到左脚内侧，脚尖点地；目视左手(见图 9-33f～h)。

(4)右腿向右前方迈出，左腿自然伸直，成右弓步；同时上体右转，左右手随转体分别慢慢向左下方、右上方分开，右手高与眼平(手心斜向上)，右肘微屈，左手落在左胯旁，左肘也微屈，手心向下，指尖向前；目视右手(见图 9-33i、j)。

(5)与(3)同，只是左右相反(见图 9-33k～m)。

(6)与(4)同，只是左右相反(见图 9-33n、o)。

a　b　c　d　e

图 9-33　左右野马分鬃

f　g　h　i　j

k　l　m　n　o

图 9-33　左右野马分鬃(续)

(三)白鹤亮翅

(1)上体微向左转，左手翻掌向下，左臂平屈胸前，右手向左下画弧，手心转向上，与左手呈抱球状；目视左手(见图 9-34a)。

(2)右脚跟进半步，上体后坐，身体重心移至右腿，上体先向右转，面向右前方，眼看右手；然后左脚稍向前移，脚尖点地，成左虚步；接着上体微向左转，面向前方，两手随转体慢慢向右上方、左下方分开，右手上提，停于右额前，手心向左后方，左手落于左胯前，手心向下，指尖向前；目视前方(见图 9-34b、c)。

a　b　c

图 9-34　白鹤亮翅

(四)左右搂膝拗步

(1)右手从体前下落，由下向后上方画弧至右肩外侧，右肘微屈，手与耳同高，手心斜向上，左手由左下向上、向右下方画弧至右胸前，手心斜向下；同时上体先微向左转，再向右转；左脚收至右脚内侧，脚尖点地，目视右手(见图 9-35a～c)。

(2)上体左传，左脚向前迈出，成左弓步；同时右手屈回，由耳侧向前推出，高与鼻尖平，左手向下由左膝前搂过，落于左胯旁，指尖向前；目视右手手指(见图 9-35d、e)。

(3)右腿慢慢屈膝，上体后坐，身体重心移至右腿，左脚尖翘起微向外撇，随后脚掌慢慢踏实，左腿前弓，身体左传，身体重心移至左腿，右脚收到左脚内侧，脚尖点地；同时左手向外翻掌由左后向上画弧至左肩外侧，左肘微屈，左手约与耳同高，手心斜向上，右手随转体向上方、向左下方画弧落于左胸前，手心斜向下；目视左手(见图 9-35f～h)。

(4)与(2)同，只是左右相反(见图 9-35i、j)。

(5)与(3)同，只是左右相反(见图 9-35k～m)。

(6)与(2)同(见图 9-35n、o)。

图 9-35　左右搂膝拗步

(五)手挥琵琶

右脚跟进半步，上体后坐，身体重心移至右腿，上体半面向右转，左脚略提起稍向前移，变成左虚步，脚跟着地，脚尖翘起，膝部微屈；同时左手由左下方向上方挑举，高与鼻尖平，掌心向右，左臂微屈，右手收回至左臂肘内侧，掌心向左；目视左手(见图 9-36)。

图 9-36　手挥琵琶

(六)倒卷肱

(1)上体右转，右手翻掌，手心向上经腹前由下向后上方画弧平举，右臂微屈，左手随即翻掌向上，眼睛随着向右转体先向右看，再转向前方看左手(见图 9-37a、b)。

(2)右臂屈肘折向前，右手由耳侧向前推出，手心向前，左臂屈肘后撤，手心向上，撤至左肋外侧；同时左腿轻轻提起，向后偏左退一步，脚掌先着地，然后全脚慢慢踏实，身体重心移至左腿，成右虚步，右脚随转体以脚掌为轴扭正；目视右手(见图 9-37c、d)。

(3)上体微向左转，同时左手随转体向后上方画弧平举，手心向上，右手随即翻掌，掌心向上；眼睛随转体先向左看，再转向前方看右手(见图 9-37e)。

(4)与(2)同，只是左右相反(见图 9-37f、g)。

(5)与(3)同，只是左右相反(见图 9-37h)。

(6)与(2)同(见图 9-37i、j)。

(7)与(3)同(见图 9-37k)。

(8)与(2)同，只是左右相反(见图 9-37l、m)。

图 9-37 倒卷肱

(七)左揽雀尾

(1)上体微向右转，同时右手随转体向后上方画弧平举，手心向上，左手放松，手心向下；目视左手(见图 9-38a)。

(2)身体继续向后转，左手自然下落，逐渐翻掌经腹前画弧至右肋前，手心向上，右臂屈肘，手心转向下，收至右胸前，两手相对，呈抱球状；同时身体重心落于右腿，左脚收到右脚内侧，脚尖点地；目视右手(见图 9-38b、c)。

(3)上体微向左传，左脚向前方迈出，上体继续向左转，右腿自然蹬直，左腿屈膝，成左弓步；同时左臂向左推出，高与肩平，手心向内；右手向右下落于右胯旁，手心向下，指尖向前；目视前臂(见图 9-38d、e)。

(4)身体微向左传，左手随即前伸翻掌向下，右手翻掌向上，经腹前向上、向前伸至左前臂下方；然后两手下捋，即上体向右转，两手经腹前向右后上方画弧，直至右手手心向上，高与肩齐，左臂平屈于胸前，手心向后；同时身体重心移至右腿；目视右手(见图 9-38f、g)。

(5)上体微向左传，右臂屈肘折回，右手附于左手腕内侧，上体继续向左转，两手同时向前挤出，左前臂要保持半圆；同时身体重心逐渐转移变成左弓步；目视左手腕部(见图 9-38h、i)。

(6)左手翻掌，手心向下，右手经左腕上方向前、向右伸出，高与左手齐，手心向下，两手左右分开，宽与肩同；然后右腿屈膝，上体慢慢后坐，身体重心移至右腿，左脚尖翘起；同时两臂屈肘回收至腹前，手心均向前下方；两眼平视前方(见图 9-38j～l)。

(7)上式不停，身体重心慢慢前移，同时两手向前、向上按出，掌心向前；左腿前弓成左弓步；两眼平视前方(见图 9-38m)。

图 9-38　左揽雀尾

(八)右揽雀尾

(1)上体后坐并向右转，身体重心移至右腿，左脚脚尖内扣；右手向右平行画弧至右侧，然后由右下经腹前向左上画弧至左肋前，手心向上，左臂平屈胸前，左手掌向下与右手呈抱球状；同时身体重心再移至左腿，右脚收至左脚内侧，脚尖点地；目视左手(图 9-39a～d)。

(2)同“左揽雀尾”(3)，只是左右相反(见图 9-39e、f)。

(3)同“左揽雀尾”(4)，只是左右相反(见图 9-39g、h)。

(4)同“左揽雀尾”(5)，只是左右相反(见图 9-39i、j)。

(5)同“左揽雀尾”(6)，只是左右相反(见图 9-39k～m)。

(6)同“左揽雀尾”(7)，只是左右相反(见图 9-39n)。

a　b　c　d　e　f　g　h　i　j　k　l　m　n

图 9-39　右揽雀尾

(九)单鞭

(1)上体后坐，身体重心逐渐移至左腿，右脚尖内扣；同时上体左传，两手(左高右低)向左弧形运转，直至左臂平举伸于身体左侧，左手手心向左，右手经腹前运至左肋前，手心向后上方；目视左手(见图 9-40a、b)。

(2)身体重心再渐渐移至右腿，上体右转，左脚向右脚靠拢，脚尖点地；同时右手向右上方画弧(手心由内转向外)，至右侧时变勾手，臂约与肩平，左手向下经腹前向右上画弧停于右肩前，手心向内；目视左手(见图 9-40c、d)。

(3)身体微向左转，左脚向左前方迈出，右脚脚跟后蹬成左弓步；在身体重心移向左腿的同时，左掌随上体的继续左转慢慢翻转向前推出，手心向前，手指与眼齐平，左臂微屈；目视左手(见图 9-40e、f)。

a　b　c　d　e　f

图 9-40　单鞭

(十)云手

(1)身体重心移至右腿，身体渐向右转，左脚尖内扣；左手经腹前向右上画弧至右肩前，手心斜向后，同时右手变掌，手心向右前；目视左手(见图 9-41a～c)。

(2)上体慢慢左转，身体重心随之逐渐左移；左手由脸前向左侧运转，手心渐渐向左侧，右手由右下经腹前向左上画弧至左肩前，手心斜向后；同时右脚靠近左脚，成小开立步(两脚距离为 10～20 厘米)；目视右手(见图 9-41d、e)。

(3)上体再向右转，同时左手经腹前向右上画弧至右肩前，手心斜向后，右手向右侧运转，手心翻转向右；随之左腿向左横跨一步；目视左手(见图 9-41f～h)。

(4)同(2)(见图 9-41i、j)。

(5)同(3)(见图 9-41k～m)。

(6)同(2)(见图 9-41n、o)。

图 9-41　云手

(十一)单鞭

(1)上体右转，右手随之向右运转，至右侧时变成勾手，左手经腹前向右上画弧至右肩前，手心向内；身体重心落在右腿上，左脚尖点地；眼看左手(图 9-42a～c)。

(2)上体微向左传，左脚向左前方迈出，右脚脚跟后蹬，成左弓步；在身体重心移向左腿的同时，上体继续左转，左掌慢慢翻转向前推出，成“单鞭”式(见图 9-42d、e)。

图 9-42　单鞭

(十二)高探马

(1)右脚跟进半步，身体重心逐渐后移至右腿；右勾手变成掌，两手心翻掌向上，两肘微屈；同时身体微向右转，左脚跟渐渐离地；目视左前方(见图 9-43a)。

(2)上体微向左转，面向前方；右掌经右耳旁向前推出，手心向前，手指与眼同高，左手收至左侧腰前，手心向上；同时左脚微向前移，脚尖点地，成左虚步；目视右手(见图 9-43b)。

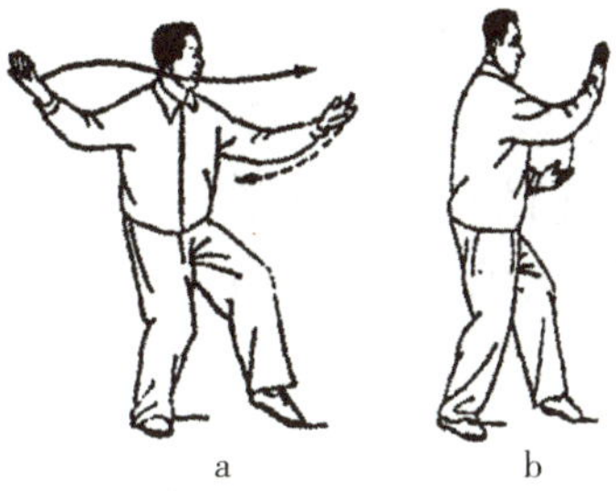

图 9-43　高探马

(十三)右蹬脚

(1)左手手心向上，前伸至右手腕背面，两手相互交叉，随即向两侧分开并向下画弧，两手心斜向下；同时左脚提起向左前方进步(脚尖略外撇)；身体重心前移，右腿自然蹬直，成左弓步；目视前方(见图 9-44a～c)。

(2)两手由外圈向内圈画弧，两手交叉合抱于胸前，右手在外，两手心均向后；同时右脚向左脚靠拢，脚尖点地；两眼平视右前方(见图 9-44d)。

(3)两臂左右画弧，分开平举，肘部微屈，两手心均向外；同时右腿屈膝提起，右脚向右前方慢慢蹬出；目视右手(见图 9-44e、f)。

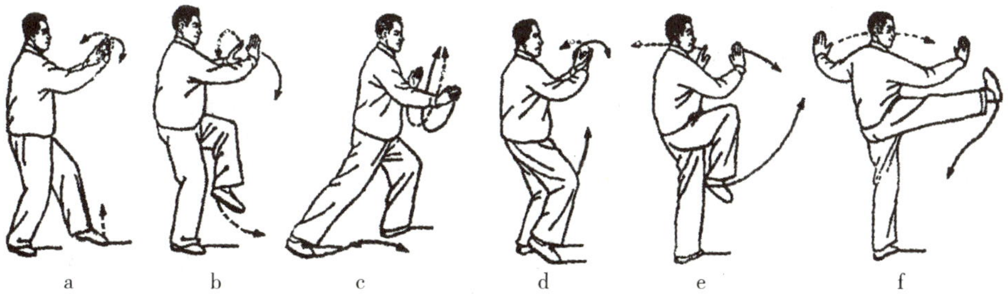

图 9-44　右蹬脚

(十四)双峰贯耳

(1)右腿收回，屈膝平举，左手由后向上、向前下方落至体前，两手心均翻转向上，两手同时向下画弧，分落于右膝两侧；目视前方(见图 9-45a、b)。

(2)右脚向右前方落下，身体重心渐渐前移，成右弓步，面向右前方；同时两手下落，慢慢变拳，分别从两侧向上、向前画弧至面部前方，呈钳形，两拳相对，高与耳齐；目视右拳(见图 9-45c、d)。

a　b　c　d

图 9-45　双峰贯耳

(十五)转身左蹬脚

(1)左腿屈膝后坐，身体重心移至左腿，上体左传，右脚尖内扣；同时两拳变掌，由上向左右画弧分开平举，手心向前；目视左手(见图 9-46a、b)。

(2)身体重心再移至右腿，左脚收到右脚内侧，脚尖点地；同时两手由外圈画弧，合抱于胸前，左手在外，手心均向后；目视看左方(见图 9-46c、d)。

(3)两臂左右画弧分开平举，肘部微屈，两手心均向外；同时左腿屈膝提起，左脚向前方慢慢蹬出；目视左手(见图 9-46e、f)。

a　b　c　d　e　f

图 9-46　转身左蹬脚

(十六)左下势独立

(1)左腿收回平屈，上体右转；右掌变成勾手，左掌向上、向右画弧下落，立于右肩前，掌心斜向后；目视右手(见图 9-47a、b)。

(2)右腿慢慢屈膝下蹲，左腿由内向左侧偏后伸出，成左仆步；左手下落(掌心向外)向左下顺左腿内侧向前穿出；目视左手(见图 9-47c、d)。

(3)身体重心前移，以左脚跟为轴，脚尖尽量向外撇，左腿前弓，右腿后蹬，右脚脚尖内扣，上体微向左转并向前起身；同时左臂继续向前伸出立掌，掌心向右，右勾手下落，勾尖向后；目视左手(见图 9-47e)。

(4)右腿慢慢提起平屈，成左独立式；同时右勾手变掌，并由后下方顺右腿外侧向前弧形摆出，屈臂立于右腿上方，右肘与右膝相对，手心向左，左手落于左胯旁，手心向下，指尖向前；目视右手(见图 9-47f、g)。

a　b　c　d　e　f　g

图 9-47　左下势独立

(十七)右下势独立

(1)右脚下落于左脚前，脚尖着地，然后以左脚前脚掌为轴，左脚跟转动，身体随之左转；同时左手向后平举变成勾手，右掌随着转体向左侧画弧，立于左肩前，掌心斜向后；目视左手(见图9-48a、b)。

(2)同“左下势独立”(2)，只是左右相反(见图 9-48c、d)。

(3)同“左下势独立”(3)，只是左右相反(见图 9-48e)。

(4)同“左下势独立”(4)，只是左右相反(见图 9-48f、g)。

a　b　c　d　e　f　g

图 9-48　右下势独立

(十八)左右穿梭

(1)身体微向左转，左脚向前落地，脚尖外撇，右脚跟离地，两腿屈膝成半坐盘式；同时两手在左胸前成抱球状(左上右下)；然后右脚收到左脚的内侧，脚尖点地；目视前臂(见图 9-49a～c)。

(2)身体右转，右脚向右前方迈出，屈膝弓腿，成右弓步；同时右手由脸前向上举并翻掌停在右额前，手心斜向上，左手先向左下再经体前向前推出，高与鼻尖平，手心向前；目视左手(见图9-49d～f)。

(3)身体重心略向后移，右脚尖稍向外撇，随即身体重心再移至右腿，左脚跟进，停于右脚内侧，脚尖点地；同时两手在右胸前成抱球状(右上左下)；目视右前臂(见图9-49g、h)。

(4)同(2)，只是左右相反(见图9-49i～k)。

图9-49　左右穿梭

(十九)海底针

右脚向前跟进半步，身体重心移至右腿，左脚稍向前移，脚尖点地，成左虚步；同时身体稍向右转，右手向下、向后画弧再从右耳旁斜向下方插出，掌心向左，指尖斜向下；与此同时，左手向前、向下画弧落于左胯旁，手心向下，指尖向前；目视前下方(见图9-50)。

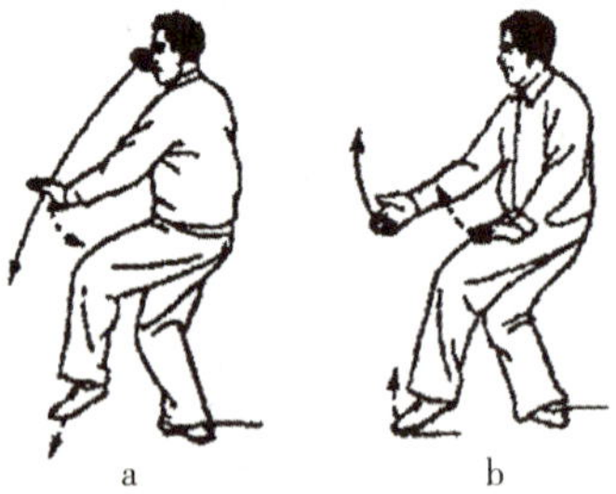

图9-50　海底针

(二十)闪通臂

上体稍向右转，左脚向前迈出，屈膝弓腿成左弓步；同时右手由体前上提，屈臂上举，停于右额前上方，掌心翻转斜向上，拇指向下，左手上起经胸前推出，高与鼻尖平，手心向前；目视左手(见图9-51)。

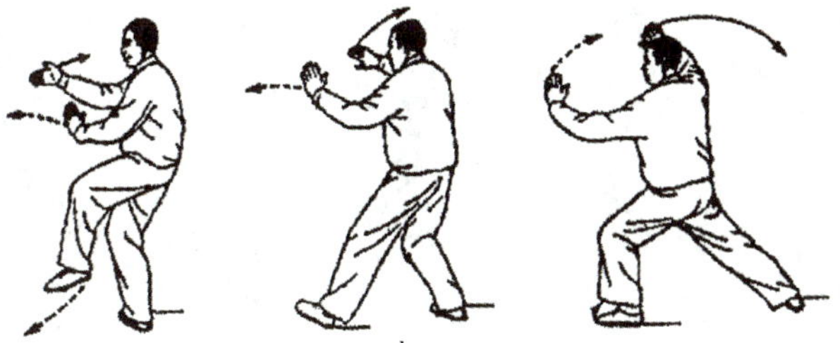

图 9-51　闪通臂

(二十一)转身搬拦捶

(1)上体后坐，身体重心移至右腿，左脚脚尖内扣，身体向右后转，然后身体重心再移至左腿；与此同时，右手随着转体向右、向下变拳，经腹前画弧至左肋旁，拳心向下，左掌上举于头前，掌心斜向上；目视前方(见图 9-52a、b)。

(2)向右转体，右拳经胸前向前翻转撇出，拳心向上，左掌落于左胯旁，掌心向下，指尖向前；同时右脚收回后(不要停顿或脚尖点地)，即向前迈出，脚尖外撇；目视右拳(见图 9-52c、d)。

(3)身体重心移至右腿，左脚向前迈一步；左手上起经左侧向前上画弧拦出，掌心向前下方；同时右拳向右画弧，收到右腰旁，拳心向上；目视左手(见图 9-52e、f)。

(4)左腿前弓成左弓步，同时右拳向前打出，拳眼向上，高与胸平，左手附于右前臂内侧；目视右拳(见图 9-52g)。

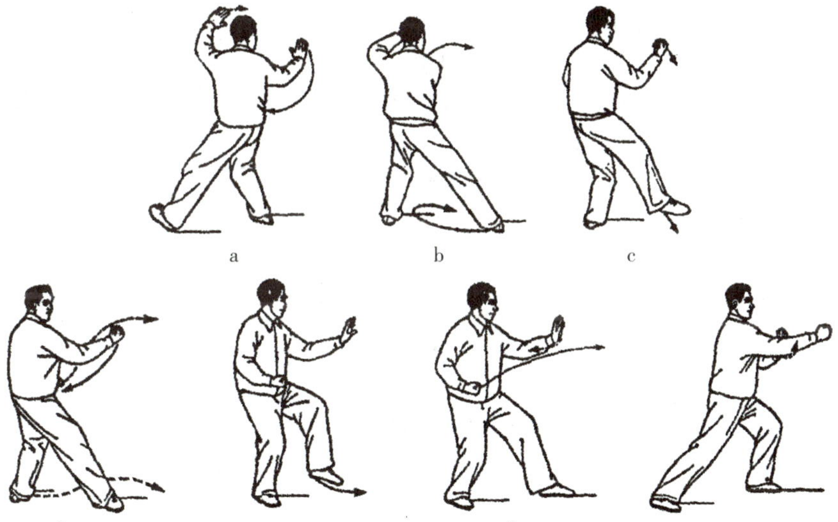

图 9-52　转身搬拦捶

(二十二)如封似闭

(1)左手由右腕下方向前伸出，右拳变掌，两手心逐渐翻转向上慢慢分开回收；同时身体后坐，左脚脚尖翘起，身体重心移至右腿；目视前方(见图 9-53a～c)。

(2)两手在胸前翻掌，向下经腹前再向上、向前推出，腕部与肩平，两手心向前；同时左腿前弓成左弓步；目视前方(见图 9-53d、e)。

a b c d e

图 9-53 如封似闭

(二十三)十字手

(1)屈膝后坐，身体重心移向右腿，左脚脚尖内扣，向右转体；右手随着转体动作向右平摆画弧，与左手成两臂侧平举，掌心向前，肘部微屈；同时右脚脚尖随着转体稍向外撇，成右侧弓步；目视右手(见图 9-54a～c)。

(2)身体重心慢慢移至左腿，右脚脚尖内扣，随即向左收回，两脚距离与肩同宽，两腿逐渐蹬直，成开立步；同时两手向下经腹前向上画弧交叉合抱于胸前，两臂撑圆，腕略高与肩平，右手在外，成十字手，两手心均向后；目视前方(见图 9-54d、e)。

a b c d e

图 9-54 十字手

(二十四)收势

两手向外翻掌，手心向下，两臂慢慢下落，停于身体两侧；目视前方(见图 9-55a～c)。

a b c

图 9-55 收势

思政元素

湘潭太极拳爱好者公益推广 25 年

今年 78 岁的唐翠芬是一名太极拳爱好者。1996 年，唐翠芬创建了一支健身队伍——白石健身辅导站。此后，唐翠芬便开始在公园、广场开设公益课堂，义务传授太极拳，弘扬民族传统文化。健身辅导站创立之初，仅有十几个人，没有固定场地，学员们就在马路边、屋檐下、空坪坚持晨练太极拳。后来，越来越多的太极拳爱好者加入健身队伍，2016 年，小小的健身辅导站变成了湘潭市白石太极健身协会。

白石健身辅导站创建之初，唐翠芬和她的弟子们就始终将开设公益课堂义务传授太极拳、太极剑、太极扇，在全市推广太极拳运动作为协会的宗旨，25 年间累计开设了数百期公益课堂，活动的足迹遍布湘潭各大院校、社区、公园、广场，学习太极拳的市民达 1.5 万余人。这些接受培训的学员，在各种太极拳比赛中，经常取得不错的成绩，特别是 2000 年在珠海举行的国际太极拳交流大赛中，白石太极健身协会的学员表演的功夫扇、太极刀、太极拳 3 个集体项目分获一、二、三等奖。此外，在每年举行的全民健身活动中，都会有白石太极健身协会学员的大型太极拳表演方阵。

现在，白石太极健身协会在全市许多街道、广场、公园建立了分会，这些分会带动了更多的市民加入全民健身运动的队伍中。据统计，目前，全市常年坚持练习太极拳的市民超过 2 万人。

（资料来源：湘潭在线，2021 年 8 月 4 日，有改动）

第三节　八段锦

一、八段锦概述

八段锦功法是一套独立而完整的健身功法，起源于北宋，至今有 800 多年的历史。现代的八段锦在内容与名称上均有所改变，此功法分为八段，每段一个动作，故名为“八段锦”，练习时不需要器械，不受场地局限，简单易学，作用显著，男女老少皆宜。

八段锦由八节动作组成的一套功法，是古代的医疗保健体操之一。其特点是术式简单、运动量适中，不但能柔筋健骨、养气壮力，而且可行气活血，协调五脏六腑功能，增强机体免疫力，达到强身健体的目的。

二、八段锦的分步动作

（一）两手托天理三焦

动作要领：两脚并立，两臂下垂于体侧。左脚向左开步，与肩同宽，屈膝下蹲；两臂外旋微下落，向前画弧，两掌在腹前交叉，掌心向上，目视前方。两腿缓缓伸直，同时两掌上托至胸前，随之两臂向上托起，掌心向上，肘关节伸直，抬头，目视两掌。随后下颏微收，头部保持中正，目视前方。身体重心缓缓下降，膝关节微屈，同时交叉的两掌慢慢分开，两臂向下画弧，两掌收于腹前，掌心向上，目视前方(见图 9-56)。

图 9-56　两手托天理三焦

(二)左右开弓似射雕

动作要领：全身放松，自然站立。左脚向左横跨一步，成马步；两臂缓慢上提至胸口前，两手腕交叉，两掌心向内。随之右手成爪状，左手成八字掌，左臂向左侧缓慢推出，与肩同高，目视左掌方向。左臂伸直时掌心向左，犹如拉弓射箭姿态，左臂缓慢推出时，目光随着左手移动。随后重心右移，右臂向右上方伸展，右手变掌，左掌变为立掌，两掌心向外，左脚收回，顺势两手向下画弧，收于腹前(见图 9-57)。右侧动作与左侧动作相同，只是方向相反。

图 9-57　左右开弓似射雕

(三)调理脾胃须单举

动作要领：自然站立，两臂平屈于胸前，掌心向上，指尖相对，目视前方。左手翻掌从左侧上举，左臂用力伸直，掌心向上，指尖向右；同时，右手翻掌向下，用力下按，指尖向前(见图 9-58)。右侧动作与左侧动作相同，只是方向相反。

图 9-58　调理脾胃须单举

(四)五劳七伤往后瞧

动作要领：两脚开立与肩同宽，两臂伸直放于身体两侧，掌心向后方，指尖向下，下按呈撑掌式。头部和颈部缓慢向左后方转，两臂缓慢外旋，向后伸展开，目视左斜后方。然后头部和颈部缓慢转回，两臂收回至两髋旁，指尖向前，掌心向下，目视前方(见图 9-59)。再向右侧拧转，与左侧动作相同。

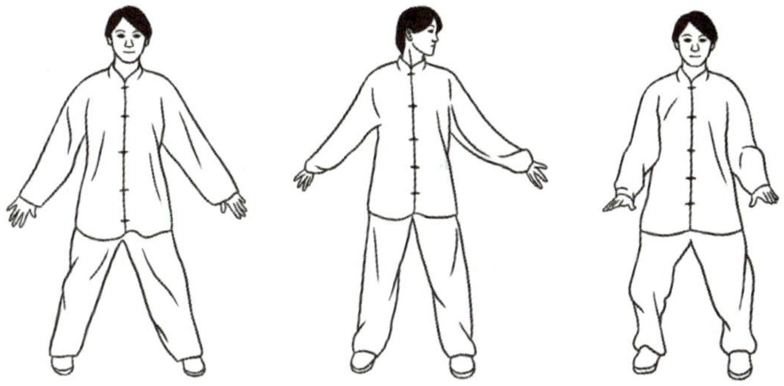

图 9-59　五劳七伤往后瞧

(五)摇头摆尾去心火

动作要领：两腿屈膝半蹲成马步，两手反按于膝盖上方，目视前方。身体重心右移，上体向右倾，随之俯身，然后身体重心左移，上体由右向前、向左旋，头向后摇，髋关节向前旋绕。然后还原至初始姿势(见图 9-60)。右侧动作与左侧动作相同，只是方向相反。

图 9-60　摇头摆尾去心火

（六）两手攀足固肾腰

动作要领：自然站立，两臂自然下垂。两臂向前向上举起，举至头顶并伸直，掌心相对，然后屈肘，两掌心向下按至胸前，目视前方。随后两臂外旋，两掌顺着腋下向后插，两掌心贴着脊柱向下至臀部，上半身前俯向前弯腰，同时两掌心继续向下经两腿碰到脚面。随后身体缓慢升起，两手沿着两腿缓慢轻抚上移，移至腰部时托住腰部，而后身体回正，将手臂放于身体两侧（见图 9-61）。

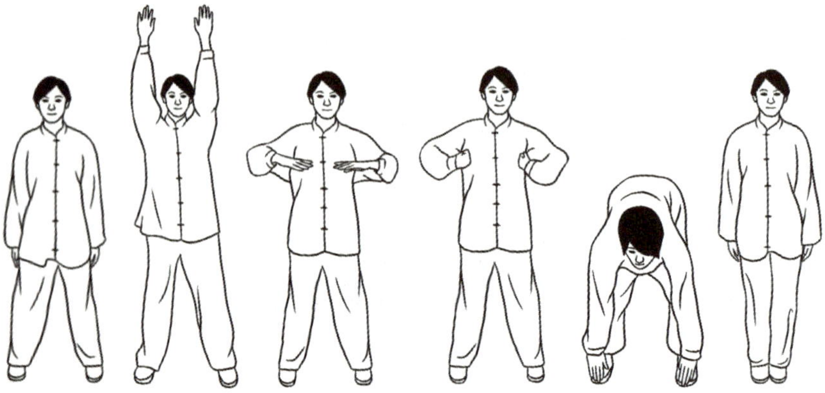

图 9-61　两手攀足固肾腰

（七）攒拳怒目增气力

动作要领：自然站立，左脚向左开步，两腿屈膝下蹲成马步；同时，两手握拳，收至腰间，目视前方。上动不停，左拳缓慢向前冲出，与肩同高，肘关节微屈，拳眼向上，随后左臂内旋，左拳变掌前伸，掌心向外，目视左掌。上动不停，左掌指向下、向右、向上、向左、再向下依次旋腕一周，随之握固，拳心向上；同时脚趾抓地；眼睛睁圆，目视掌动。上动不停，左拳回收，随屈肘收至腰间，拳眼向上；同时脚趾放松；眼睛放松，目视前方（见图 9-62）。右侧动作与左侧动作相同，只是方向相反。

图 9-62　攒拳怒目增气力

（八）背后七颠百病消

动作要领：自然站立，两臂自然下垂。两脚脚跟向上提起，头用力向上顶，稍停后，脚跟下落着地，轻震地面，目视前方（见图 9-63）。

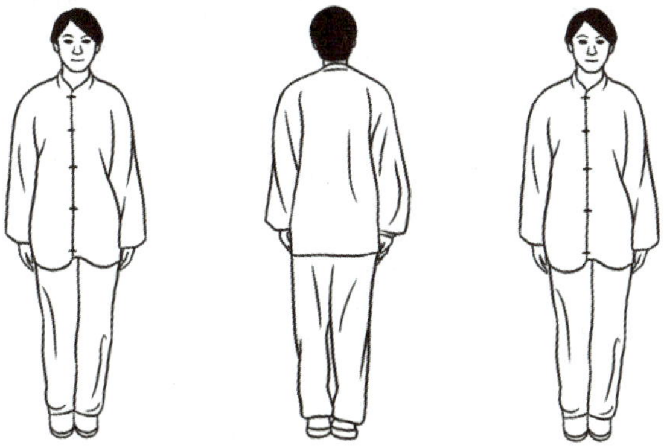

图 9-63　背后七颠百病消

三、八段锦的习练要领

（一）松静自然

松静自然是习练八段锦的基本要领，也是最根本的法则。松是指精神与形体两方面的放松。精神的放松主要是消除心理上和生理上的紧张状态；形体的放松是指关节、肌肉及脏腑的放松。静是指思想和情绪要平稳、安宁，排除一切杂念。自然是指形体、呼吸、意念都要顺其自然。

（二）准确灵活

准确主要是指习练八段锦时的姿势与方法要正确，合乎规格。在初练阶段，基本身形的锻炼最为重要。在练习各式动作时，要对动作的路线、方位、角度、虚实、松紧分辨清楚，做到姿势工整、方法正确。灵活是指练习时对动作幅度的大小、姿势的高低、用力的大小、练习的次数、意念的运用、呼吸的调整等，都要根据自身情况灵活掌握。

（三）练养相兼

练是指形体运动、呼吸调整与心理调节有机结合的锻炼过程。养是通过上述练习，身体出现的轻松舒适、呼吸柔和、意守绵绵的静养状态。练习者应做到练中有养、养中有练，特别是要合理安排练习的时间、数量，把握好强度，处理好“意”“气”“形”三者之间的关系。

（四）循序渐进

在初学阶段，练习者首先要克服动作僵硬、手脚配合不协调、顾此失彼等问题。经过一段时间和数量的练习，姿势逐渐准确，动作的连贯性与控制能力得到提高，对动作要领的体会不断加深。待动作熟练后，练习者可采用练功时的常用方法腹式呼吸，并持之以恒，循序渐进，最后达到动作、呼吸、意念的有机结合。

思政元素

洋学生“秀”中国功夫　神秘东方的“运动处方”

清晨，江西中医药大学校园里，来自亚洲和非洲多个国家的留学生相约来到操场上，在指导老师的带领下，有模有样地练起五禽戏、八段锦、太极拳等健身功法。他们的健身身影与校园满目青翠相映成趣，成为一道别样的风景线——尽管文化各异、肤色不同，此刻却心意相通。

作为中西结合临床医学专业的留学生，学习中医理论之余，练习健身功法成了一堂独特的“必修课”，他们将此统称为“中国功夫”。

“两手托天理三焦，左右开弓似射雕，调理脾胃须单举，五劳七伤往后瞧……”来自尼日利亚的姑娘尼玛特念起八段锦口诀，一招一式间毫无违和感。

学习的过程也是重塑生活方式的过程。自练习八段锦以来，尼玛特逐渐养成了早睡早起、顺应自然的习惯，这让她受益匪浅。这位24岁的非洲姑娘说，现在许多年轻人受到亚健康的困扰，练习养生功法能够防患于未然。她说，这是可以“治未病”的“运动处方”。

“来华学医的经历改变了海外留学生对中医药的传统印象。”江西中医药大学相关领导介绍，江西中医药大学是1993年首批教育部批准招收外国留学生的高校之一，也是江西唯一一所提供留学生中医药教育的院校，截至目前已与数十个“一带一路”沿线国家和地区的机构建立起合作关系，为39个国家和地区培养了2000余名医学人才。

（资料来源：新华网，2022年5月26日，有改动）

第四节　跆拳道

一、跆拳道概述

跆拳道起源于朝鲜半岛，是一种利用手脚技术和身体能力进行搏击格斗或对抗的运动，它分为大众跆拳道和竞技跆拳道，按级别分为“十级、三品、九段”。跆拳道以“礼义廉耻，百折不屈”为宗旨。它以腿法为主，拳脚并用，动作追求速度、力量和效果，强调呼吸，发声扬威。

跆拳道具有礼始礼终、内外兼修的运动特点，具有防身健身、修身养性、娱乐观赏等多方面的作用。练习跆拳道可以培养人顽强勇敢、吃苦耐劳的精神，磨炼人坚韧不拔、积极向上的品质。

二、跆拳道基本技术

（一）实战姿势

左脚在前称为左势；右脚在前称为右势。以左势为例（见图9-64），两脚前后开立，约与肩同宽，左脚掌斜向右前微内扣约45°。右脚掌斜向右前内扣30°～60°，脚跟抬起，膝关节微屈，保持弹性和灵活。身体自然直立，侧身面对对手。两手握拳，左拳高与肩平，右拳置于胸前，肘关节自然下垂，呈防御状态。

(二)基本手型、手法

(1)拳：四指关节回屈并拢握紧，将拇指内屈紧贴食指和中指的第二关节处，拳面要平(见图 9-65)。

(2)冲拳：以腰部旋转带动肩部、手臂旋转出拳，放松手臂和拳头。在击中目标的一刹那，突然加速用力握紧拳头以拳面击中目标，力达拳面(见图 9-66)。

图 9-64　左势

图 9-65　拳

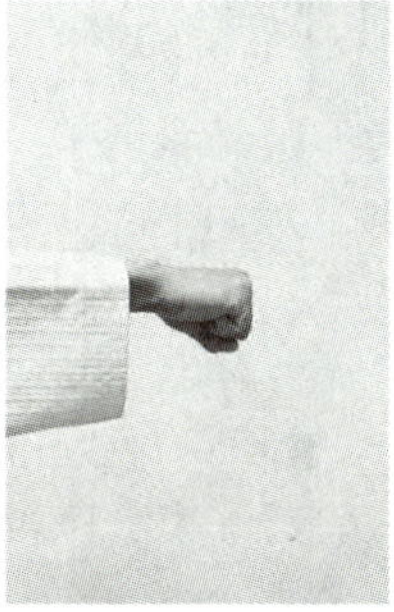
图 9-66　冲拳

(3)手刀：四指并拢微屈，拇指屈曲贴紧食指，小指的外侧沿形成手刀，拇指的内侧形成刀背(见图 9-67)。

(4)贯手：手型和手刀相似，中指和食指微屈，基本保持四指尖齐平，拇指向掌内贴紧(见图 9-68)。

(5)二指贯手：伸展食指和中指呈“V” 字形，拇指压紧无名指和小指第二指关节处(见图 9-69)。

图 9-67　手刀

图 9-68　贯手

图 9-69　二指贯手

(三)基本步形、步法

1. 步形

(1)并步：两脚内侧贴紧并拢，身体自然直立(见图 9-70)。

(2)开立步：两脚左右开立，与肩同宽，两脚脚尖正对前方，两臂下垂，两手轻握拳置于体前(见图 9-71)。

(3)马步：两脚左右平行开立，约脚长的 3 倍，挺胸立腰，上体正直。两腿屈膝半蹲，重心在两腿之间(见图 9-72)。

(4)弓步：两脚前后开立，约脚长的 3 倍，前腿屈膝，后腿伸直，后脚脚尖与前脚的延长线成 30°角；前腿膝关节和脚面垂直，重心偏于前脚(见图 9-73)。

(5)前行步：亦称行走步、高前屈立。两脚前后开立姿态和平时向前走路时相似，前后脚相距大约一拳头，重心在两腿之间(见图 9-74)。

(6)三七步：亦称后屈立。两脚前后相距一步约两脚半，后脚脚尖外展约 90°，后腿屈膝，前腿微屈膝，前脚脚尖朝前，重心前后腿三七分(见图 9-75)。

图 9-70　并步

图 9-71　开立步

图 9-72　马步

图 9-73　弓步

图 9-74　前行步

图 9-75　三七步

(7)虚步：亦称猫足步。两脚前后开立约一脚半，前脚脚尖点地，脚跟抬起，两膝关节微内扣，重心在后腿(见图 9-76)。

(8)独立步：亦称鹤立步。一腿直膝站立；另一腿屈膝上提，脚贴于支撑腿内侧或膝窝处(见图 9-77)。

(9)交叉步：亦称十字步。两腿交叉，两小腿贴紧。交叉步有两种形式：一种是一脚向另一脚后面插步，脚掌着地，两腿膝关节交叉，称后交叉步；另一种是一脚向另一脚前面插步，脚掌着地，两腿膝关节交叉，称前交叉步(见图 9-78)。

图 9-76　虚步

图 9-77　独立步

图 9-78　交叉步

2. 步法

(1)前滑步与后撤步：前滑步是前脚先动，向前小距离迈步，后脚迅速跟进。后撤步反之。

(2)前垫步与后垫步：前垫步和前滑步相反，后脚先动，向前有力而弹性地垫向前脚，同时前脚迅速向前小距离迈步。后垫步反之。

(3)前进步和后退步：前进步属于大距离前进的步伐，前脚后拉半步，后腿迅速越过前脚，交叉大跨步前进。后退步反之。

(4)侧闪步：和前滑步类似，区别在于侧闪步是向左右移动。向左移则左脚先动，向右移则右脚先动。

(四)基本腿法

1. 前踢

前踢的动作过程如图 9-79 所示，具体动作介绍如下。

动作过程：

(1)左势站立，重心移至左腿。

(2)提起右大腿，同时髋部略向左转，膝关节向前，脚面稍绷直，两手握拳自然垂放在身体两侧。

(3)继续将髋关节前送，右大腿向前抬提，当大腿抬至水平或稍高时，向前弹出小腿，用脚面击打目标。

(4)向右转髋，使右小腿折叠快速收回原位，右腿落下成右势，然后后撤右腿，还原为左势准备姿势。

图 9-79 前踢

动作要领：

(1)提起右腿时，两大腿之间的距离应尽量小，即右腿尽量直线踢出。

(2)为保持重心，躯干可稍向后倾，髋关节尽量向上、向前送。

(3)击打时脚面绷直。

(4)在小腿弹直的一刹那，要有一个制动的过程，使脚产生鞭打的效果。

(5)右腿踢出后，脚尖的方向向前上方。

(6)前踢主要攻击对方的面部。

2. 横踢

横踢的动作过程如图 9-80 所示，具体动作介绍如下。

动作过程：

(1)左势站立，重心移至左腿。

(2)提起右大腿，同时髋部略向左转，膝关节向前，大、小腿折叠，脚面绷直。

(3)继续将右大腿向前提高，左脚向外侧转动，右腿快速鞭打踢出小腿，膝关节向左。

(4)击打目标后，右脚自然落下成右势，然后后撤右脚，还原成左势准备姿势。

图 9-80　横踢

动作要领：

(1)横踢和前踢类似，区别在于横踢腿在击打的一刹那转髋，使膝关节朝向侧上方，而前踢腿的膝关节朝向前上方。

(2)提起右腿时，两大腿内侧之间的距离应尽量小，即右腿尽量直线踢出。

(3)为保持身体重心，躯干稍向左后倾以配合快速转髋。

(4)击打时脚面绷直，但踝关节要放松。

(5)小腿在弹直的一刹那，要有一个制动的过程，使脚产生鞭打的效果。

(6)提膝与转髋应同时进行，不能完全转髋后再提膝，这样会造成膝关节过早偏向左侧。

(7)左脚应积极配合髋部的转动，转动时脚跟可稍踮起。

(8)横踢主要攻击对方胸腹部和面部。

3. 前横踢

前横踢的动作过程如图 9-81 所示，具体动作介绍如下。

动作过程：

(1)右势站立，左脚向前站立，将身体重心移至左腿。

(2)提起右腿，向前送髋，大、小腿稍折叠。

(3)脚面绷直，右膝内向，快速弹出小腿。

(4)右脚自然落下，两脚同时后撤一步，还原成右势准备姿势。

图 9-81　前横踢

动作要领：

(1)前横踢与横踢相似，由于用前腿击打，距离对方近，动作较突然，但是击打力度较小。

(2)后脚一定要积极向前移动。

(3)右腿的小腿要快速弹出，尽量增加鞭打力量。

(4)在击打的一刹那，膝关节朝向对方的腹部。

(5)小腿在弹直的一刹那，要有一个制动的过程，使脚产生鞭打的效果。

(6)前横踢主要攻击对方的胸腹部和面部。

4. 旋风踢

旋风踢的动作过程如图 9-82 所示，具体动作介绍如下。

动作过程：

(1)右势站立，以右脚前脚掌为轴，脚后跟外旋，重心移至右腿。

(2)身体左后转约 360°，左腿也随着向后转动。

(3)身体稍后仰，左腿下落的同时右脚蹬地使用右腿横踢技术。

(4)击打后，两脚自然落下成右势准备姿势。

图 9-82　旋风踢

动作要领：

(1)旋风踢主要在与对手距离适中或较远时使用。

(2)向后转动时，左腿围绕着右腿转动，两腿之间的距离不应过大。

(3)为保持身体重心的平稳，躯干应稍向后倾。

(4)击打时，右脚脚面稍绷直，但踝关节要放松。

(5)小腿在弹直的一刹那，要有一个制动的过程，使脚产生鞭打的效果。

(6)右脚应积极配合身体的转动，以右脚前掌为轴转动。

(7)用横踢主要攻击对方胸腹部和面部。

5. 双飞踢

双飞踢的动作过程如图 9-83 所示，具体动作介绍如下。

动作过程：

(1)右势站立，重心移至右腿。

(2)提起左大腿使用横踢，然后在左脚未落下时，立即提右腿使用横踢。

(3)击打后，两脚自然落下，还原成右势准备姿势。

图 9-83 双飞踢

动作要领：

(1)双飞踢适合于与对手距离较远时使用，双飞踢中的第一个横踢常常是为了找到合适的距离或破坏对方的进攻，以利于第二个横踢。

(2)击打第一个横踢时，身体可稍后倾，以利于第二个横踢。

(3)两腿前后交换时，髋部要快速扭转。

(4)双飞踢主要攻击对方的胸腹部和面部。

6. 后踢

后踢的动作过程如图 9-84 所示，具体动作介绍如下。

动作过程：

(1)右势站立，重心移至右腿。

(2)以右脚尖为轴，右脚跟外旋，身体向左后方转动，同时提起左大腿，使大、小腿几乎折叠，脚尖勾起，头部稍向左后方转动。

(3)左腿向后平伸后蹬，在蹬直前膝关节稍外翻(向左侧)。

(4)用脚跟部位击打对方腹部和胸部。

(5)击打后，左脚自然落下成左势，然后后撤左脚，还原成右势准备姿势。

图 9-84　后踢

动作要领：

(1)身体向左后方向转动时，要同时快速提起左膝。

(2)身体转到背朝对方时要制动，同时左脚后蹬，此时身体不应再有转动，左腿膝关节此时的方向应与右腿膝关节的方向一致。

(3)左腿提起时，应“擦”着右腿起腿。

(4)身体转动时，头部沿同方向转动。

(5)为保持身体重心的平稳，躯干在向下弯曲的同时可稍挺胸。

(6)动作熟练时，转身与后蹬应同时进行。

(7)最后再练习后踢击头(高后踢)。

(8)右脚应积极配合髋部的转动，调整好身体重心。

(9)对方的进攻常常是侧向的，因此后踢的方向应在正前方稍偏向左侧。

(10)后踢主要攻击对方的胸腹部和头部。

7. 下劈

下劈的动作过程如图 9-85 所示，具体动作介绍如下。

动作过程：

(1)右势站立，重心移至右腿。

(2)提起左大腿，同时略转髋向右并向上送髋，使左腿膝关节与胸部尽量贴近。

(3)左脚高举过头，左腿伸直贴紧上体，上体保持正直或稍前俯。

(4)左脚脚面稍绷直，左腿快速下压，用脚掌或脚后跟下砸对方的头部，身体重心前移至左腿上，身体稍后仰。

(5)击打后，左脚自然落下成左势，然后后撤左脚，还原成右势准备姿势。

图 9-85　下劈

动作要领：

(1)下劈腿与武术中的正踢腿相似，区别在于劈腿稍转髋，并且在提腿向上时，要向上积极送髋，膝关节可以有一定的弯曲。

(2)在下劈时，身体重心向前移。

(3)上提腿时，左脚脚面不需要绷直，应自然放松，而下劈腿时要稍绷直。

(4)也可直接用前腿(右腿)使用劈腿，左脚进行跟步(即随着身体重心向前移动而向前跳动)。

(5)右脚应积极配合身体向前移动而调整身体重心。

(6)下劈腿主要攻击对方面部。

8. 侧踢

侧踢的动作过程如图 9-86 所示，具体动作介绍如下。

动作过程：

(1)右势站立，将重心移至右腿，同时以右脚前掌为轴，脚跟内旋。

(2)左大腿直线提起，弯曲小腿同时向右转髋，身体左侧侧对对方。

(3)膝关节向内，勾脚面，展髋，直线平蹬出左腿，用脚掌外侧攻击对方。

(4)左腿自然落下，并撤回原位。

图 9-86　侧踢

动作要领：

(1)侧踢同散打中的侧踹相似。
(2)也可用前腿(右腿)直接侧踢对方。
(3)右脚要积极向前移动。
(4)侧踢主要攻击对方胸腹部。

9. 后旋踢

后旋踢的动作过程如图 9-87 所示，具体动作介绍如下。
动作过程：
(1)右势站立，以右脚尖为轴，右脚跟外旋，重心移至右腿。
(2)身体向左后方转动，同时提起左大腿向斜后方向 40°左右蹬伸，头部向左后方转动。
(3)身体继续旋转，左腿借旋转的力，向后画一个半圆形的水平弧线，快速屈膝用脚掌攻击对方。
(4)击打后，左脚自然落下，还原成右势准备姿势。

图 9-87 后旋踢

动作要领：
(1)左腿并非抡圆了去画弧，在开始时有一个向斜后方向蹬伸的动作。
(2)身体向左后方向转动时，同时要快速提起左腿。
(3)身体转动时，头部应同向转动。
(4)小腿在开始时要自然放松，在击打对方前再瞬时绷紧脚面，用脚掌呈水平弧线鞭打。
(5)动作熟练时，转身与后蹬应同时进行。
(6)右脚应积极配合髋部的转动。
(7)后旋踢主要攻击对方的面部。

三、跆拳道品势

跆拳道品势是指跆拳道练习者以技击为主要内容，通过攻守进退的动作编排，以强身健体、磨炼意志为目的一种练习形式。其分为初级品势太极一章至太极八章；高级品势又分为：高丽型、金刚型、太白型、平原型、十进型、地跆型、天拳型、汉水型、一如型。

下面以太极一章动作解析为例来谈跆拳道品势。太极一章所走路线(见图 9-88)。

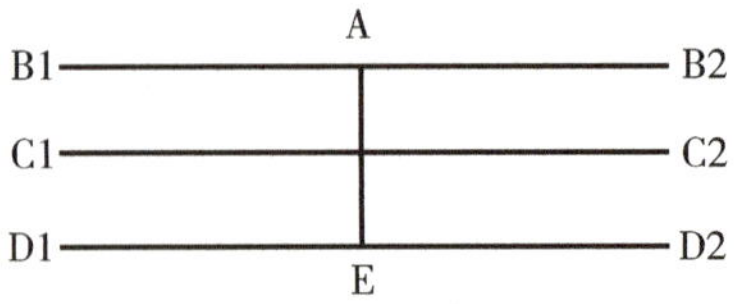

图 9-88　太极一章所走路线

动作 1：立正站在演武线的中间 A 的位置(见图 9-89)；左脚横跨一步，两手掌心向上经腹前至下颚，同时配合吸气，重心慢慢提起，再握拳匀速向下发力配合呼气至腹前，拳心斜向内(见图 9-90)。

动作 2：身体向左转 90°，面向 B2 方向，同时成左行走步，左臂经右肩下格挡，右手握拳于腰间，拳心向上(见图 9-91)。

图 9-89　准备动作

图 9-90　动作 1

图 9-91　动作 2

动作 3：向前上步成右行走步，右直拳顺攻中段，与胸同高，拳打中线，左手握拳于腰间，拳心向上(见图 9-92)。

动作 4：以左腿为轴，身体向右转 180°，面向 B1 方向，成右行走步，右拳经左肩下格挡，左手握拳于腰间，拳心向上(见图 9-93)。

动作 5：向前上步成左行走步，左直拳顺攻中段，右拳收回于腰间，拳心向上(见图 9-94)。

动作 6：以右腿为轴，身体向左转 90°，面向 E 方向，成左弓步，左拳经右肩下格挡，右手握拳于腰间，拳心向上(见图 9-95)。

图 9-92　动作 3

图 9-93　动作 4

图 9-94　动作 5

图 9-95　动作 6

动作 7：下肢不动，右直拳逆攻中段，拳打中线，左拳收回于腰间，拳心向上(见图 9-96)。

动作 8：右脚向 C1 方向横跨一步，成右行走步，左拳向内中位格挡，与肩同高，右拳收回于腰间，掌心向上(见图 9-97)。

动作 9：向前上步成左行走步，右直拳逆攻中段，左拳收回于腰间，拳心向上(见图 9-98)。

动作 10：以右腿为轴，身体向左转，面向 C2 方向，成左行走步，右手向内中位格挡，与肩同高，左拳收回于腰间，掌心向上(见图 9-99)。

图 9-96　动作 7

图 9-97　动作 8

图 9-98　动作 9

图 9-99　动作 10

动作 11：向前上步成右行走步，左直拳逆攻中段，右拳收回于腰间，掌心向上(见图 9-100)。

动作 12：以左腿为轴，身体向右转 90°，面向 E 方向，成右弓步，右拳经左肩下格挡，左手握拳于腰间，掌心向上(见图 9-101)。

动作 13：下肢不动，左直拳逆攻中段，右拳收回于腰间，拳心向上(见图 9-102)。

动作 14：左腿向前方上步，两手在胸前十字交叉，左手在外，右手在内，身体左转，面向 D2 方向，成左行走步，左臂上格挡，手腕在头上方，右拳收回于腰间，掌心向上(见图 9-103)。

图 9-100　动作 11

图 9-101　动作 12

图 9-102　动作 13

图 9-103　动作 14

动作 15：左腿不动，左拳收回于腹前，右腿前踢攻击上段，屈腿落步成右行走步，同时右直拳顺攻中段(见图 9-104)。

图 9-104　动作 15

动作 16：以左脚为轴，身体向后转 180°，面向 D1 方向，两手在胸前十字交叉，右手在外，左手在内，成右行走步，右臂上格挡，左拳收回于腰间，拳心向上(见图 9-105)。

动作 17：右脚不动，右拳收回于腹前，左腿前踢攻击上段，屈腿落步成左行走步，同时左直拳顺攻中段(见图 9-106)。

动作 18：以右脚为轴，身体向右转 90°，面向 A 方向，成左弓步，同时左拳经右肩下格挡，右手握拳于腰间，掌心向上(见图 9-107)。

动作 19：左脚不动，右脚向前一步，成右弓步，同时右直拳顺攻中段(见图 9-108)。

动作 20：以右脚为轴，身体向左转 180°，两手握拳由下颚还原成准备式，左脚并步，立正(见

图 9-109）。

图 9-105　动作 16

图 9-106　动作 17

正面　背面

图 9-107　动作 18

正面　背面

图 9-108　动作 19

图 9-109　动作 20

教学检测

1. 以技击动作为主要内容，以套路和格斗为主要运动形式，注重内外兼修的中国传统体育项目是（　　）。

A. 柔术　　B. 武术　　C. 剑术　　D. 法术

2. 武术起源于（　　）。

A. 娱乐　　B. 农业　　C. 工业　　D. 生产劳动

3. 武术的本质特性是（　　）。

A. 艺术性　　B. 娱乐性　　C. 技击性　　D. 健身性

4. 以技击动作为素材，按攻守进退、动静虚实、刚柔疾徐的运动变化规律编成的整套练习形式的是（　　）。

A. 武术　　B. 打法　　C. 拳术　　D. 套路

5. 太极拳起源于(　　)。

A. 中国　　B. 美国　　C. 日本　　D. 印度

6. 24 式太极拳有几个动作(　　)。

A. 21 个　　B. 22 个　　C. 23 个　　D. 24 个

7. 八段锦起源于(　　)。

A. 东汉　　B. 唐朝　　C. 北宋　　D. 明末

8. 以“礼义廉耻，百折不屈”为宗旨的运动项目是(　　)。

A. 足球　　B. 击剑　　C. 跆拳道　　D. 柔道

思政园地★

陈中华——“让更多人感受太极拳魅力”

“易有太极，是生两仪，两仪生四象，四象生八卦。”太极拳蕴含着阴阳循环、天人合一的中国传统哲学思想，是中华民族宝贵的非物质文化遗产。陈中华师从陈式太极拳十八代宗师洪均生和冯志强两位大师，数十年用心钻研太极拳法，不断在海外推广太极拳文化。他开设的武馆和教学点分布在欧洲、美洲、澳洲等地。迄今为止，全球已有 5 万余人跟随他学习太极拳法。对陈中华来说，太极拳是中华千年文化的结晶，也是他的毕生追求。

学有所成　远渡重洋

陈中华幼时体弱多病，疾病几乎贯穿他的整个童年。那时，陈中华能进行的体育运动很少，太极拳是为数不多的他能适应的体育运动。

1979 年，陈中华考上山东大学外语系英语专业。上大学后，他在努力提高英语水平的同时，跟随学校老师学拳。后来机缘巧合之下，陈中华听闻济南黑虎泉有位名叫洪均生的老师傅，比武百战百胜，便下决心挑战洪师傅。不料，这位白发苍苍的老者轻易将年轻力壮的陈中华打败。于是，陈中华心悦诚服，决定拜洪均生为师。陈中华回忆说：“我师父生性耿介，从不故弄玄虚，总能把难懂的道理讲明白，让我渐渐领悟太极的真谛。”

1985 年，陈中华和妻子赴加拿大攻读硕士学位。在加拿大求学期间，陈中华从未荒废拳法，一有时间就在教学楼外的草坪练拳。渐渐地，他的太极功夫吸引了很多学生，他也意识到在海外传播太极拳文化的可能性。2001 年，他开始全职教授太极拳。

传授拳法　弘扬国粹

陈中华深深热爱着博大精深的太极拳文化，不想将太极拳教学商业化。他认为，如果仅仅让学生模仿太极拳动作，而不去领会太极内涵，那无疑是对太极拳的亵渎。

在海外传播太极拳文化绝非易事。陈中华说：“面对中外巨大的文化差异，主要有 3 个问题很难解决。其一，海外太极拳发展缺乏体系。我需要用大量时间编写太极拳教材，将教材逐字逐句翻译成英文。我也会在教材中加入一些中医经络、骨骼和中草药知识，帮助学生更好地理解太极拳文化。其二，在海外很难找到符合要求的太极拳拳师。很多赴国外留学的中国学生缺乏对太极拳文化的深入了解，而从国内请来的老拳师又面临语言不通的困境。我只能亲自培养既懂太极拳文化，又能用英语教学的拳师。其三，由于文化观念不同，一些外国人很难认同太极拳。为了推广太极拳，我多次组织太极拳相关讲座，为世界各地的人们讲解太极拳的哲学内涵。”

多年来，陈中华不仅传授太极拳的理论知识，还注重太极拳法的实战教学。香港陈式太极拳协会名誉主席孙中华回忆，他曾观看陈中华与一名弟子推手，“整场比赛没有花拳绣腿，更没有飞檐走壁，却让人感到震撼”。

十年树木　百年树人

2005年，陈中华回到家乡，萌生了建设大青山的念头。

经过十几年的经营，大青山风景区游客络绎不绝，重大太极拳赛事接连不断。大青山国际太极拳培训交流基地项目在2015年被列入“中国文化产业重点项目”，大青山国际太极拳大赛也在2018年入选“中国体育旅游博览会体育旅游精品赛事”。

来大青山学拳的外国人，上有耄耋老者，下有垂髫小儿，有牛津大学的哲学博士，有新加坡的企业老板，有跳街舞的澳大利亚女孩，也有工人、运动员、程序员等。

陈中华的学生蒂姆也是太极拳的受益者。66岁的他在几年前病情严重时，甚至无法抬起手臂。与太极结缘后，他的身体逐渐好转，如今爬山、打拳都游刃有余。因为深深热爱着大青山和太极拳，他决定全身心投入大青山太极拳基地的建设。

大青山上这样的故事还有很多，陈中华也在不断推动全民健身、弘扬传统文化。陈中华曾说：“在海外传播太极拳文化是我的初心，也是我的使命。我希望让更多人感受太极拳的魅力，让世界了解中国太极拳文化！”

（资料来源：人民网，2022年6月06日，有改动）

讨论：

1. 陈中华的事迹给了你什么启示？
2. 结合材料和所学知识，谈谈学习太极拳有哪些好处。

第十章 时尚休闲体育运动

育人目标

◎提高参与体育活动的积极性，提升获得感、幸福感，展现蓬勃朝气、映照美好生活，透射出中华民族昂扬向上的精神风貌。

◎紧跟国家发展形势，大力弘扬体育精神，为建设健康中国、实现体育强国的宏伟目标做出贡献。

学习目标

◎了解各种时尚休闲体育运动。

◎掌握各种时尚休闲体育运动的基本技术。

情境导入

四川自然岩壁攀岩精英赛举办

2022 年 7 月 10 日，经过两天的角逐，2022 年四川自然岩壁攀岩精英赛在四川省广元市剑阁县剑门关景区自然岩壁攀岩场地精彩收官。来自四川省的 44 名攀岩高手在剑门关绝壁廊上演了精彩的“岩壁芭蕾”。最终，来自乐山的宋枭夺得男子冠军，成都体育学院的研究生巫丽娟夺得女子冠军。

剑门关历来以雄奇险峻闻名于世，被誉为攀岩运动的“人间天堂”。在剑门关绝壁廊上，攀岩选手根据自己的经验和观察，在不同角度的岩壁上娴熟地完成腾挪、转体、跳跃等系列动作，乐享攀岩的趣与美。据了解，本次比赛设难度速度赛男子、女子两个组别。比赛在剑门绝壁廊上，其中男子赛道 45 米，难度 5.12 BC。“剑门关绝壁廊属于丹霞地貌，岩壁角度小，可抓握的支点偏小。这就要求运动员具备更强的综合能力，在攀爬时对自己的身体重心要有较好的转换。”

赛事副裁判长张丹说。

在女子组的角逐中，成都体育学院的研究生巫丽娟脱颖而出。“预赛主要是求稳，在发挥水平的同时避免失误，不要出现滑脚或者抓到爆点。”具有 5 年攀岩经验的巫丽娟曾先后夺得 2021 年中国自然岩壁攀岩系列赛长治黎城站女子难度冠军、2021 年中国自然岩壁攀岩系列赛全国女子难度总积分第三名。“这次的比赛线路不是很难，长度 40 米。但对运动员的体力是挑战。而且赛段的节点很多，如果要有好成绩就不能有太多停顿。我很开心能获得冠军。”巫丽娟说，“这次比赛组委会还设置了绳梯、绳结，给予不同水平运动员很好的体验感。”

（资料来源：国家体育总局，2022 年 7 月 11 日，有改动）

第一节 台球运动

一、台球运动概述

（一）台球运动的发展

台球也叫桌球，或称弹子球，关于其起源，历史记载甚少。目前有英式台球、法式台球、美式台球等几种，国际上以英式台球最为流行。

现代台球随着器械的改革和技术水平的提高，开始由娱乐活动向竞技体育项目发展。世界台球运动联盟成立于 1940 年，总部设在比利时首都布鲁塞尔。

台球运动于 1900 年传入我国。80 年代开始，台球运动在我国盛行一时。当前，随着我国著名的台球运动员丁俊晖、潘晓婷等在国际比赛中一次次夺冠，我国台球运动员在国际赛场上的出色表现，引起了世界台球界对我国台球运动的广泛关注，掀起了我国台球运动的高潮。

（二）台球运动的特点

1. 高雅舒适

台球运动的形式具有“动中求静、静中求动、急中见稳”的特点。由于球技中含有一定的力学、数学原理，常需要通过积极思考才能提高技术水平。通常台球运动周围环境安静、舒适，运动气氛祥和，因此被视为可以使身心备感舒适，且又文明高雅的体育项目。

2. 娱乐健身

台球运动既是一种身体的运动，又是一种思维的训练，真正融艺术、技术和体力于一体。台球运动的各种技击方法能使球的态势变幻莫测，从而使参与者在运动中感到其乐无穷。随着参与者球技的不断提高，不仅可以增加运动的竞争气氛，还能根据球理变化规律，自编自创许多花色击球的技巧与方法。台球运动方式并不剧烈，它在怡情之余，可以陶冶情操，锻炼人们稳重的性格，使人的精神状态保持健康、达观，从而收到愉悦身心的效果。

二、台球运动的分类

台球流行于世界各国，种类很多，除了大家熟悉的斯诺克台球外，还有很多台球打法在国内外都很流行，并且都有各自的世界大赛，在一些综合性的大赛中，台球项目也设立了很多小项。为了使大家了解台球运动，这里仅介绍目前世界上流行的几种台球打法。

1. 英式台球

英式台球包括英式比例台球和斯诺克台球两大类，主要流行于英国和欧洲大陆。英式比例台球又称为三球落袋式台球，属基础类型的台球，是世界上正式台球比赛项目之一。英式比例台球出现较早，要求具有较全面的技术打法。英式台球的另一个种类斯诺克台球更是世界流行的主要台球项目之一。斯诺克的含义为障碍，由英文"snooker"音译而得名。斯诺克台球的打法是不仅自己可以击球入袋得分，也可以有意识地打出让对方无法施展技术的障碍球，从而使对方得分受阻。因此，斯诺克台球竞争激烈，趣味无穷，也是世界台球大赛的项目。

斯诺克台球介绍

2. 美式台球

美式台球又称美式普尔(或称鲁尔球)，是台球的一个重要流派，是在法式台球和英式台球之后形成的一种新风格。美式台球包括 8 球制台球、9 球制台球、芝加哥台球、普尔台球和保龄台球等种类。美式台球具有大众化的特点，广泛地流行于美洲和亚洲东部，在我国也有广泛的群众基础。美式台球的打法分为基础打法和一杆清两种。

3. 开伦台球

开伦台球起源于法国，也称法式台球、卡罗姆台球，是国际大赛项目之一。开伦台球所用的球台没有球袋。它是以球杆击球得分的一种台球打法，它最基本的要求是连续撞击两个球，即主球连续触及两个球。开伦台球的打法分为颗星开伦、三星开伦、四球开伦、直线开伦、台线开伦等，但最流行的是四球开伦打法。

名人名言

台球就像围棋，千台无同盘，需要长年累月的积累，才能成为世界顶尖高手。

——丁俊晖

三、台球运动的主要设备

1. 球台

球台也叫台盘，或称球案、球桌，分为落袋式球台和开伦球台两种，这里主要介绍落袋式球台。球台一般为 350 厘米×175 厘米，四角和两边共设有 6 个直径约 85 毫米的洞穴，洞口边缘做成圆形倒角，用网绳扎成落袋，或由铜棒托成斜梯状，分别称为角袋和腰袋。台面用大理石板或青石板镶拼而成，铺上绿色厚呢，台沿包有弹性橡皮，高出台面 38 毫米。

2. 台球

通常用硬质高强度的热固性树脂制成，也有纸浆球、化学球、象牙球等，国际大赛普遍采用比利时和英国产的水晶球。落袋式台球直径为 40～42 毫米，重 200 克左右；撞击式台球直径为 65～68 毫米，重 325 克。

3. 滑石粉

滑石粉用于球杆杆头，以增强球杆和主球之间的摩擦。滑石粉通常被制作成正方体滑石粉块。

4. 球杆

球杆是用于击打主球的木制用具。

5. 加长把

加长把是加在球杆尾部的一根短棒，用于增加球杆长度，当主球远离选手时，可用加长把，以助选手击打主球。

6. 架杆

架杆是用于支撑球杆的铜制的“X”形头部的木杆。

7. 三角架

三角架类似架杆，但头部是拱形的，而且头部更大，可架在另一只球上方，以便挥杆击球。

8. 定位器

定位器是一种带有角形卡球开口或半圆形卡球开口的装置，用于确定球的准确位置。在其帮助下，球在比赛中途擦拭后可以准确无误地放回原来的位置。

9. 三角框

三角框是开赛前用于将所有的红球排成标准的正三角形的三角形框架。

四、台球运动的基本技术

(一)身体姿势

正确的身体姿势是身体放松，不刻意摆姿势，身体重心平稳而固定。

(1)手臂弯曲成 90°角。

(2)握杆时手腕放松，虎口朝下，四指微握。

(3)两脚开立，身体重心平稳，身体姿势自然轻松。

(4)击球前要使握杆、架桥、母球及目标球成一条直线，以预备击球。

(5)球杆应在脸部(下巴)正中心的正下方，使架桥、下巴、握杆三点成一条直线。

(二)握杆的方法

握杆的方法直接影响出杆的质量。正确的握杆方法：拇指和食指在虎口处轻轻用力握杆；手腕自然下垂，既不要外翻，也不要内收。

(三)击球动作结构

1. 架杆

架杆就是用手给球杆一个稳定支撑(架桥)和对杆头在主球的击球点进行调节的姿势。架杆是打好台球的重要环节。

(1)基本架杆方法。

①“V”形架杆方法：先将整个手掌放在台面上，将拇指以外的四指分开，手背稍微弓起，拇指翘起和食指的根部相贴形成一个“V”形的夹角，球杆放在“V”形夹角内。需要注意的是，架杆手的掌根、小指、食指以及拇指处大鱼际部位要充分贴住台面，切勿使球杆向左侧或右侧翻起，以确保架杆的稳定。“V”形架杆方法常用于斯诺克台球。

② 凤眼式架杆方法：架杆手手指张开，指尖微向内弯曲，用拇指和食指扣成一个指环，并与球杆成直角，掌根和中指、无名指、小指构成稳定支撑。凤眼式架杆方法多用于美式台球。

根据击打主球位置的不同，架杆手背可以平直、稍弓起或弓起去找击球点的下点、中点、上点。

(2)杆架的使用。除了上述架杆方法外，当主球远离台边，用常规的击球姿势无法击打主球时，就必须使用杆架。

杆架的使用方法：身体适度前倾，手持球杆的尾部，一只手拇指在下，食指、中指在上夹住球杆，无名指、小指自然弯曲；另一只手将杆架放于适当位置，将杆架整体放在台面上，用手按住，以防运杆、出杆时杆架晃动。

2. 运杆

在出杆击主球前，会有一个运杆的动作过程，这个动作过程可分解为 3 个部分，即运杆、后摆和暂停。

(1)运杆。在确定击打主球的部位后，便开始做运杆动作。在运杆时，要求身体保持稳定，持杆手的手臂前后运杆尽可能使球杆平直运摆。运杆的目的是获得击球的准确性。运杆的次数不宜太多，注意节奏均匀。

(2)后摆。后摆的幅度大小取决于所需要的击球力量。在肌肉用力相同时，后摆幅度大，球杆击球力量也要大；后摆动作要做到稳和慢，以保证出杆的平直。

(3)暂停。暂停是出杆前的一个短暂的停顿，以保证平稳出杆。

3. 出杆击球

正确的握杆、身体姿势、架杆及运杆是有效击球的重要准备工作。出杆击球是台球击球动作结构中最重要的环节，它决定着最终的击球效果。

出杆击球是在后摆停顿后所完成的动作。出杆击球的动作要领及注意事项：以肘关节为轴，前臂向前送出，触击球瞬间，根据击球的要求，注意对手腕力量的控制，避免由于过分抖动手腕造成击球的不准确。出杆时，肩部和身体不要用力，出杆动作要果断、清晰，即便是打一个轻缓的球也要如此。

4. 顺势跟进

击球后的球杆跟进动作是为了保证击球的力量充分作用在主球上以及击球动作的协调连贯。适当的跟进动作对击球动作的完成起着重要的作用。如果跟进过多，杆头出得太长，会使肩、肘下沉，破坏击球动作的正确性，影响击球质量；如果跟进过少，则会使击球动作发紧，使力量既不能有效作用于主球，也不能保持好出杆击球的稳定性。

第二节 保龄球运动

一、保龄球运动概述

保龄球，英文名是 bowling，又称地滚球，它是在木板道上用球滚击木瓶的一种室内运动。如今，保龄球已经成为现代社会中的一项时尚运动，流行于欧洲、美洲、大洋洲和亚洲的一些国家。1952 年，国际保龄球联合会成立。1988 年奥运会上保龄球被列为表演项目。

保龄球具有娱乐性、趣味性、抗争性和技巧性。因为是室内活动，不受时间、气候等外界条件的影响，也不受年龄的限制，易学易打，所以保龄球成为男女老少皆宜的运动。

名人名言

运动是身体的锻炼、德行的培养。

——雨果

二、保龄球的打法

(一)持球

以右手持球为例，将右手的大姆指放入底部球孔中，中指和无名指分别放在顶部的两个相邻球孔中，手心托着球，两手将球拿正。持球时，手臂要夹紧腋窝，确定身体、肩膀摆正，原本半蹲的姿势变为直立。球应该持在与右肩平行的位置，再用左手拖住。手部持球动作如图 10-1 所示。

保龄球的三种打法

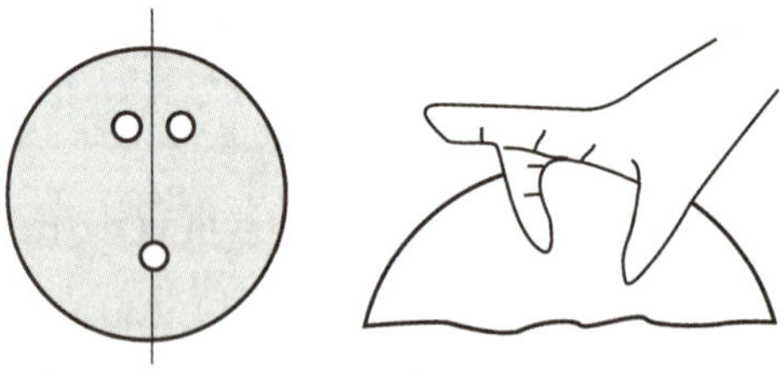

图 10-1 持球

(二)摆球

摆球时，将原本弯曲的手臂向下伸直，并往正后方摆动。持球的位置越高、向后摆的幅度越大，球速就会越快。如果持球于胸前，摆球时应先将球往与右肩平行的位置移动，然后再做摆球的动作。要注意腋窝仍要夹紧，手仍要伸直。

(三)助走

助走就是由站在球道上到出球的时候所需要走的路线。助走通常分为三步助走、四步助走及五步助走，步伐较大的可采用比较少的步数，但是也要配合自己身体的协调性以及灵活性。助走道上通常都会标示前、中、后三个点，这三个点各离球道犯规线的远近不同，站在后点(靠近座位)，用四步助走，这样便于有足够的时间调整球的角度以及出球。

(四)出球

出球时手仍然要伸直，不可弯曲，不可用蛮力。如果出球姿势正确的话，球速会自然加快(见图 10-2)。

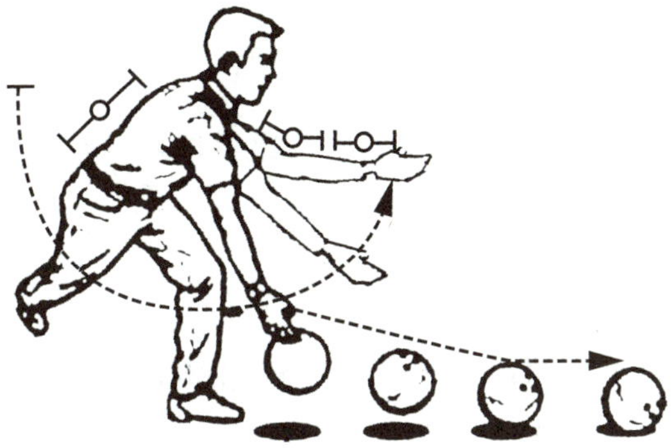

图 10-2　出球

(五)不持球手

很多人会忽略不持球手的作用，因此会影响球速。不持手球的作用是平衡持球手的重量，只有在平衡时速度才能加快。助走时，不持球手抬得越高，能量就聚集越多。

(六)落点

放球时，尽量不要将球腾空，不然很多能量会因与球道碰撞而抵消，从而影响球速和球的力量。

小贴士

保龄球运动的优势

(1)不分年龄、性别、体质强弱，男女老少均可参与。

(2)不管身体是否强壮，只要通过努力均可获得高分，因此可培养和增强人的自信心。

(3)可以弥补日常生活中和工作重负下的运动不足。据计算，打 3 局保龄球的运动量相当于骑车 20 分钟，或跑步 15 分钟，或打网球 20 分钟的运动量。

(4)不受天气、时间影响。

三、保龄球运动的比赛规则

保龄球比赛分为个人赛和多人赛。赛前，以抽签的方法决定比赛道次和投球顺序。比赛时，在球道终端放置 10 个木瓶，呈三角形，参加比赛者在犯规线后轮流投球撞击木瓶；每人均连续投击两球为 1 轮，10 轮为一局；击倒一个木瓶得 1 分，依次类推，得分多者为胜。

(一)全中

当每一个格的第一次投球击倒全部竖立的 10 个瓶子时，称为全中，用“X”符号记录在记分表上该格上方右边的小方格中。全中的记分是 10 分加该运动员下两次投球击倒的瓶数。一局的最高分为 300 分，若想取得最高分，运动员必须投出 12 个全中。

(二)补中

当第二次投球击倒该格第一个球余下的全部瓶子，称为补中，用“/”表示，记录在该格右上角的小方格内。补中的记分是 10 分加运动员下一个球击倒的瓶数。

(三)失误

除第一次投球后形成分瓶外，当运动员在某格两次投球后，未能将 10 个瓶子全部击倒，称为失误。

(四)分瓶

分瓶是指在第一球投出后，把 1 号瓶及其他几个瓶子击倒，剩下的瓶子呈下列情况：

①2 个或 2 个以上的瓶子，它们之间至少有 1 个瓶子被击倒，如 7 号瓶和 9 号瓶、3 号瓶和 10 号瓶。

②2 个或 2 个以上的瓶子，紧挨在它们前面的瓶子至少有 1 个被击倒，如 5 号瓶和 6 号瓶。

注意：分瓶在记分表上用“O”表示。

(五)犯规

在投球时或投球后，运动员的部分身体触及或超越了犯规线，以及接触了球道的任何部分和其设备建筑时，称为犯规。该次犯规的时效直到该运动员或下一名运动员投球为止。犯规在记分表上用“F”表示。

(六)合法击倒球瓶

运动员合法投球后球瓶的下列情况，将被认为是合法击倒球瓶：

①被球和其他瓶直接击倒或击出放瓶台的瓶。

②被从两侧边墙隔板或球道后部缓冲板反弹回来的瓶所击倒或击出放瓶台的瓶，均作为击倒的瓶计算。

③在清扫球瓶之前被扫瓶器横杆反弹回来的瓶所击倒或击出放瓶台的瓶。

④斜靠在边墙隔板上的瓶。

在下一次投球前，这些瓶都应清除掉。

(七)不合法击倒球瓶

凡属下列情况者，投出的球有效，但被击倒的瓶不予记分：

①当球在到达球瓶前先脱离球道，然后才击倒的球瓶。

②投出的球从后部缓冲板反弹回来击倒的球瓶。
③当瓶接触摆瓶员身体的任何部位反弹回来击倒的球瓶。
④被自动摆瓶器碰倒的球瓶。
⑤在清除倒瓶时被碰倒的球瓶。
⑥被摆瓶员碰倒的球瓶。
⑦运动员犯规后击倒的球瓶。
⑧投球后在球道和边沟里出现倒瓶，球在离开球道表面前碰到这些倒瓶。
不合法击倒球瓶一经出现，应恢复原位，运动员有权在该格投另一个球。

第三节 定向越野运动

一、定向越野运动概述

定向越野是一种借助地图、指北针或其他导航工具，在一个设定的范围内，通过途中的各种障碍，快速到达各个目标点位，并且完成各个点位任务，最后到达终点的运动。它既是一种户外休闲、娱乐运动，又是一种竞技运动。参加定向越野除需要指北针和地图外，不需要特殊的设备，是一种较为经济的运动项目。定向越野通常在森林中举行，也可以在公园、校园，甚至城市街头举行；而且定向越野可以设计出满足不同年龄、性别、体能和定向技能水平参赛者需要的比赛路线，因此参与定向越野很少受到条件限制。定向越野是一种令人兴奋的、充满挑战性的运动。它不但考验人的体能、智能和定向技能，还考验人在环境压力下迅速做出正确判断和果断决策的应变能力。

二、定向越野的技能

思政数字课堂

定向越野的技能体现在以下几个方面。

(一)标定地图

标定地图是为了使地图的方位与现地的方向一致。这是使用地图的最重要的前提。

1. 概略标定

地图上的方位是上北、下南、左西、右东。当我们在现地正确地辨别了方向之后，只要将地图的上方对向现地的北方，地图即已标定。这种方法简便、迅速，是定向越野比赛中最常用的方法。

2. 利用磁北线(MN 线)标定

先使透明式指北针圆盒内的定向箭头“↑”朝向地图上方，并使箭头两侧的平行线与地图上的磁北线重合(或平行)，然后转动地图，使磁针北端对正磁北方向，地图即已标定。

3. 利用直长地物标定

利用直长地物(如道路、土垣、沟渠、高压线等)标定地图，首先应在图上找到这段直长地物，对照两侧地形，使图与现地各地形点的关系位置概略相符；然后转动地图，使图上的直长地物与现地的直长地物方向一致，地图即已标定。

4. 利用明显地形点标定地图

当位于明显地形点上，并已从图上找到该地形点的位置(自己所在的站立点)时，可以利用明显地形点标定地图。先选择一个图上与现地都有的远方明显地形点(目标)，然后转动地图，使图上的站立点至目标的连线与现地的站立点至目标的连线相重合，此时地图即已标定。

知识延伸

定向越野的历史渊源

1918年，瑞典一位名叫吉兰特的童子军领袖组织了一次叫“寻宝游戏”的活动，引起参加者的极大兴趣，这便是定向越野的雏形。这个活动的组织方法简便，不仅对提高野外判定方向的能力及学习使用地图有好处，还能够培养和锻炼人的勇敢顽强精神，提高人的智力、体力水平。开展定向越野不像其他体育项目那样需要在场地与器材上耗费大量钱财，还能兼备娱乐性与实用性，因此日益受到军队的重视，并且很快地在民间流行起来。

(二)对照地形

对照地形，就是要通过仔细地观察，使图上和现地的各种地物、地貌一一“对号入座”，即相互对应。对照地形在定向越野比赛中的作用主要有两个：一是在站立点尚未确定时，只有正确地对照地形，才能在图上找出正确的站立点位置；二是在站立点已经确定，需要变换行进方向时，只有通过对照地形，才能在现地找到已选定的最佳行进路线。对照地形一般应先标定地图，然后根据不同的需要采用不同的对照方法。

1. 在站立点确定前

首先应概略地标定地图，然后迅速地观察一下周围，记清最大或最有特征的地物、地貌的大概方位与距离，并从图上找到它们，此时站立点的位置即可概略地确定。

2. 在站立点确定后

首先应概略地标定地图，然后从图上查明自己选定的运动路线上近前方两侧的特征物，同时记清它们的大概方位与距离，并将它们在现地辨别并标记出来，然后再前进。如果地形太复杂，如山丘重叠、形状相似等，不易进行对照，可以先采用较精确的方法标定地图，然后用带刻度尺的指北针的长边切站立点和特征物，并沿这条直长边向前瞄准，则特征物一定在此方向线上。若此方法还不能解决问题，应变换对照位置，或者登高观察和对照。在这里需要特别强调的是，无论在什么情况下进行现地对照地形，都必须特别注意观察和对照地形的顺序与步骤问题。现地对照地形的顺序一般是先对照大而明显的地形，后对照一般地形；由近及远，由左至右；由点及线，由线及面；逐段分片，有规律地进行对照。在步骤方面，首先保持地图方位与现地方位的一致，然后再根据不同需要进行下面的步骤。

知识延伸

定向越野的形式

定向越野有许多形式，按照运动模式，国际定向联合会(以下简称“国际定联”)将定向越野项目划分为徒步定向或定向越野、滑雪定向、山地自行车定向和轮椅定向。

在国际定联2004年版徒步定向赛事规则中，徒步定向或定向越野被定义为一项参赛者借助地图和指北针，在尽可能短的时间内到达若干个被同时标记在地图上和实地中的检查点的运动。定向越野的参赛者可以是个人，也可以是由两人以上组成的队。

(三)确定站立点

熟练地掌握在图上确定站立点的各种方法是学习使用地图的关键。对于这些方法，除了要记住它们各自的步骤、要领，尤其重要的是，要学会根据不同情况，对它们进行选择使用和结合使用。

1. 直接确定

当自己所处位置是在明显地形点上时，只要从图上找出该地形点，站立点即可确定。这是一种在行进中，特别是奔跑中最常用的方法。

可以称得上是明显地形点的主要地物有如下：

①单个的地物；

②现状地物的拐弯处、交叉点(呈“十”字形)、交汇点(呈“丁”字形)和端点；

③面状地物的中心或者有特征的边缘。

可以称得上是明显地形点的主要地貌有如下：

①山地、鞍部、洼地；

②特殊的地貌形态：陡崖、冲沟等；

③谷地的拐弯处、交叉点和交汇点；

④山脊、山背线上的转折点、坡度变换点。

2. 利用位置关系确定

当站立点位于明显地形点附近时，可以采用位置关系法确定站立点。利用位置关系法确定站立点主要是依据两个要素：一是站立点至明显地形点的方向，二是站立点至明显地形点的距离。在地形起伏明显的地方，还可以结合高低差情况进行判定。

3. 利用交会法确定

当站立点附近无明显地形点时，可以利用交会法确定站立点。按不同情况，它又可以具体分为90°法、截线法、连线法、后方交会法和磁方位角交会法。这些方法的优点是不需要判断或测量距离也能确定出较为准确的站立点位置。

(1)90°法。当待测点位于线状地形(包括道路、沟渠、山背线、谷底线、坡度变换线等)上时，如果在与运动方向相垂直的方向上能够找出一个明显地形点，那么就可确定站立点：线状地形符号与垂直方向线的交点即为站立点。

(2)截线法。当待测点位于线状地形上，但在其与运动方向相垂直的方向上没有明显的地形点时，可以采用此法。其步骤如下：标定地图；在线状地形的侧方选择一个图上与现地都有的明显地形点；

利用指北针的直长边缘(也可用三棱尺、铅笔等)切于图上明显地形点的定位点上，然后转动指北针，使其直长边对准该地形点；沿指北针的直长边向后画方向线，该方向线与线状地形符号的交点，就是站立点在图上的位置。

(3)连线法。当待测点位于线状地形上，同时待测的位置恰好是在某两个明显地形点的连线上时，可以利用这种方法确定站立点。

(4)后方交会法和磁方位角交会法。这两种方法只在下述情况下使用，即在待测点上无线状地形可利用，而且地图与现地相应地都有两个以上的明显地形点。

①后方交会法通常要求地形较开阔，通视良好。其步骤如下：在图上找到选定的方位物之后，标定地图；然后按照截线法的步骤分别向各个方位物瞄准并画方向线，图上方向线的交点就是站立点。

②磁方位角交会法既可以在地形开阔时使用，也可以在丛林中使用。但是，在丛林中使用这种方法需要攀爬到便于向远方观察的树上或其他物体上。其步骤如下：选择图上和现地都有的两个明显地形点，并用指北针分别测出至这两个明显地形点的磁方位角；标定地图，将所测磁方位角图解在地图上。图解磁方位角时，要先转动指北针的分度盘，让指标分别对正所测的方位角值，再将指北针的直长边分别切于图上被找准的两个地形点符号并转动指北针；待磁针与定向箭头重合后分别沿直长边描画方向线。两方向线的交点，就是站立点在图上的位置。

利用地图行进是定向越野的基本运动方式，它有赖于运动员对前面所述各种专项技能的综合运用。学习辨别方向，识别地图以及标定地图，对照地形确定站立点，都是为了能够熟练地利用地图行进。

(四)迷失方向时的处理方法

1. 沿道路行进时

标定地图，对照地形，判断是从哪里开始发生错误以及偏差有多大，然后根据情况另选迂回的道路前进。如果错误及时发现，可返回原路再行进。

2. 越野行进时

应尽早停止行进，标定地图后选择最适用的方法确定站立点，然后尽量取捷径插到原来的正确路线上去，不得已时再返回原路。

3. 在山林地中行进时

根据错过的基本方向、大概距离，找出最近的开始发生偏差的地点，并以此为基础，确定站立点的概略位置。如果行进路线错得太远，确定不了站立点，又不能返回原路，就要在图上看一看，迷失地区附近是否有较大型或较突出的明显地形(最好是线状的)。如果有，就要果断地放弃原行进方向，向明显地形靠拢，并利用它确定站立点。如果没有这个条件，就继续按原定方向前进，待途中遇到能够确定站立点的地形后，再迅速取捷径插向目的地。在山林地中行进，最忌讳在尚未查明差错程度和正确的行进方向情况下，匆忙而轻易地取“捷径”斜插，这样很可能导致在原地兜圈子。

名人名言

文明其精神，野蛮其体魄。

——毛泽东

(五)基本定向技术

1. 拇指辅行法

先明确自己的站立点和将要运动的路线，到达目标，然后转动地图(身体要随之转动)，使地图与现地的方向一致，并用拇指压于站立点一侧，再开始行进。行进中要根据自己所到达的位置，不断移动拇指，转动地图，保持位置、方向的连贯性与正确性。

2. 借线法

当目标位于线状地形或其附近时，可以采用此法。行进时，要先明确站立点，然后利用易于辨认的线状地形，如道路、围栏、高压线、山背线、坡度变换线等，作为行进的“引导”。由于沿着线状地形前进犹如扶着楼梯的栏杆行走，因此这种方法又称为“扶手法”。

3. 记忆法

按行进的顺序，分段地记住路线的方向、距离、经过的地形点、两侧的辅助(参照)物，即“人在地上跑，心在图上移”。

4. 借点法

先找出目标附近特别明显的特征，然后利用指南针，从地形点准确及迅速地前往目标。应选择容易辨认的地形点，如电塔架、小路交点等。

5. 数步测距

在地图上量度两点间的距离，然后利用步幅准确地测量要走的路程。方法如下：先量度 100 米所需步行的步数(设 120 步)，当在地图上发觉由 A 点到 B 点的距离是 150 米，便可计算出应走 180 步。为了减少数步的数目，利用“双步数”，只数右脚落地的一步，便可把步数减半。按上面的例子，双步数为 90 步。

6. 目标偏测

利用指南针前进，把目标偏移，当到达目标附近，再沿明显地形物进入目标。

思政元素

春城开展红色定向跑

2022 年 7 月，2022 年昆明市全民健身系列活动——第五届春城体育节社区运动会暨华山街道“七一”红色定向跑，在昆明市翠湖边的陆军讲武堂历史博物馆开跑。来自昆明市五华区 40 余家党建联盟成员单位的 400 人积极参与。

本次活动旨在用定向跑的方式，带领参与者和广大市民了解红色主题地标，重温革命历史，感受城市发展变迁。

活动为团队赛，设置了四条定向打卡线路，每条线路分别设有 1 个互动任务点和 3 个打卡点，每条线路不设打卡顺序，参赛队伍可以自主规划线路进行打卡，活动不设名次，集齐所有打卡点印章的队伍，最终需全员返回讲武堂，即可获得完赛纪念奖牌及完赛证书。

此次活动的打卡点涵盖了翠湖周边的多个红色文化地标，以及标志性建筑物，包括王九龄故居纪念馆、云南起义纪念馆等，参与者用健康奔跑的方式将“红色地标”串联起来，在寻访红色印记、感知历史文化的同时，也感受到运动带来的健康与快乐。

(资料来源：《中国体育报》，2022 年 7 月 6 日，有改动)

第四节 攀岩运动

一、攀岩运动概述

攀岩运动

攀岩运动是从登山运动中衍生出来的竞技运动项目。现代攀岩运动起源于苏联，是军队中作为一项军事训练项目而存在的。1974 年，攀岩被列入国际竞技体育项目。1991 年，亚洲攀岩委员会在香港成立。同年，第 1 届亚洲攀岩锦标赛在香港举行。2008 年 5 月，广东省肇庆市举办了第 17 届亚洲攀岩锦标赛。2018 年，第 18 届亚运会把攀岩列入亚运会比赛项目。2020 年东京奥运会上，攀岩首次被列入奥运会正式比赛项目。

二、攀岩运动的分类

(一)按地点分类

1. 自然岩壁攀登

(1)定义：自然岩壁攀登是指在野外攀爬天然生成的岩壁。

(2)优点：接近自然，攀登者可充分体会攀岩的乐趣；岩壁角度、石质的多样性带来攀登路线的千变万化；由于岩壁固定，路线公开且可长期保留，所以自然岩壁的定级可经多人检测对比，成为攀岩定级的主要依据。

(3)缺点：野外岩场地处偏僻，交通不便，时间和金钱花费都较大；路线开发也比较费力，路线开发后，会随时间老化。

2. 人工岩壁攀登

(1)定义：人工岩壁攀登是指在人工制造的岩壁上攀登，人工岩壁包括室内攀岩馆和室外人工岩壁。

(2)优点：安全性较高；交通方便，省时省力；不可预见因素少，可以定期训练或进行专项训练；人员密集，便于交流切磋。另外，人工岩壁可以对路线进行保密性设置，从而成为攀岩比赛的主要形式。

(3)缺点：缺少特殊地形，创意性少，自由发挥余地小；支点的可调性使得人工岩壁路线常变，定级主观性强，准确度偏低。

(二)按攀登形式分类

1. 自由攀登

(1)定义：自由攀登是指不借助保护器械(主绳、快挂、铁锁等)的力量，只靠自身力量攀爬。

(2)特点：这种攀登形式在我国占主导地位，考验人的综合攀登能力。

2. 器械攀登

(1)定义：器械攀登是指借助器械的力量攀登。

(2)特点：在大岩壁攀登中较为常用，对于难度超过攀登者能力范围的路线，有时也需借助器械通过。其意义在于攀登者达到项目目标和拥有活动经验，而不在于攻克难度动作。对器械操作的要求较高。

3. 顶绳攀登

(1)定义：顶绳攀登是指在岩壁上端预先设置好保护点，主绳通过保护点进行保护，攀登者在攀登过程中不需进行器械操作。

(2)特点：安全，脱落时无冲坠力，适合初学者使用；但对岩壁的要求苛刻，岩壁必须高度合适(8～20米)且路线横向跨度不大，由于需要绕到顶部进行预先操作，架设和回撤保护点的工作比较烦琐。

4. 先锋攀登

(1)定义：先锋攀登是指在路线上预先打上数个膨胀钉和挂片，在攀登过程中攀登者依靠快挂扣进挂片成为保护点并扣入主绳来保护自己，攀登者需要边攀登边操作。

(2)特点：它比传统攀登安全性高，可以减小攀登者的心理恐惧。另外，在角度较大或横向跨度较大的路线中，先锋攀登方式比顶绳保护便利。

(三)按比赛形式分类

1. 难度攀岩

难度攀岩是以攀岩路线的难度来区分选手成绩优劣的攀岩比赛。难度攀岩的比赛结果是以在规定时间内选手到达的岩壁高度来判定的。在比赛中，队员下方系绳保护，带绳向上攀登，并按照比赛规定，有次序地挂上中间保护挂索。比赛线路由定线员根据参赛选手水平设定，通常屋檐类型难度较大。

(1)完攀：运动员在比赛之前可以收集路线的有关资料和观察路线，在攀登过程中一旦脱落或犯规即判其失败。

(2)看攀：运动员在比赛前对路线的信息一无所知，边观察边进行攀登，在攀登过程中一旦脱落或犯规即判其失败。

(3)红点攀登：运动员可以对路线进行反复地观察和试攀，只要最终到达终点即可。

2. 速度攀岩

速度攀岩如同田径比赛里的百米比赛，充满韵律感和跃动感，按照指定的路线，以时间快慢区分优劣。

3. 抱石比赛

抱石比赛线路短小，难度较大，需要较好的爆发力和柔韧性。比赛设置结束点和得分点，抓住得分点并做出一个有效动作得分，双手抱住结束点3秒得分。比赛一般设4～6条线路，一条线路5分钟时间。判定名次首先看结束点的多少，如果结束点同样多，则看得分点数量，最后看攀爬次数。

4. 室内攀岩

室内攀岩是在室内设置不同角度、不同难度的人工岩壁，在上面装有许多大小不一的岩石点，供人们用四肢借助岩点的位置，手攀脚蹬。室内攀岩的难易程度可由人直接控制，训练时间比较机动，但高度和真实感有限。

三、攀岩的装备

攀岩的装备器材是攀岩运动的一部分，尤其在自然岩壁的攀登中，是攀岩者的安全保证。攀岩装备分为个人装备和攀登装备。

攀岩装备介绍：攀岩鞋和粉袋

(一)个人装备

个人装备是指安全带、下降器、安全铁锁和绳套、安全头盔、攀岩鞋、镁粉和粉袋等。

1. 安全带

攀岩安全带是连接主绳和攀岩者的安全装备，作用是为攀岩者提供安全、舒适的保护。

2. 下降器

下降器是用于控制攀岩者的下降速度和保证其安全。8 字环下降器是攀岩运动中使用最普遍的下降器。

3. 安全铁锁和绳套

在攀登过程中，安全铁锁和绳套可在休息或进行其他操作时起到自我保护的作用。

4. 安全头盔

一块小小的石块落下来，砸在头上可能造成极大的生命危险，因此，头盔是攀岩的必备装备。

5. 攀岩鞋

攀岩鞋是一种摩擦力很大的专用鞋，穿这种专用鞋攀岩可以节省很多体力。

6. 镁粉和粉袋

出汗时，涂抹一点粉袋中的镁粉，可以防止手打滑。

(二)攀登装备

攀登装备指绳子、铁锁和绳套、岩石锥、岩石锤、岩石楔，有时还要准备悬挂式帐篷。

1. 绳子

攀岩一般使用直径为 9～11 毫米的主绳，最好是 11 毫米直径的主绳。

2. 铁锁和绳套

铁锁和绳套是连接保护点，攀岩时可以保护身体，是下方保护攀登法必备的器械。

3. 岩石锥

岩石锥是固定于岩壁上的各种锥状、钉状、板状金属材料做成的保护器械，可根据裂缝的不同而使用不同形状的岩石锥。

4. 岩石锤

岩石锤是钉岩石锥时使用的工具。

5. 岩石楔

岩石楔与岩石锥的作用相同，是可以随时放取的固定保护工具。

6. 悬挂式帐篷

悬挂式帐篷是当准备在岩壁上过夜时使用的夜间休息帐篷，须通过固定点用绳子固定保护起来悬挂于岩壁。

其他装备包括背包、睡具、炊具、炉具、刀具、打火机等用具，视活动规模、时间长短和个人需要携带。

四、攀岩运动的基本技术

三点固定法是攀岩运动的基本方法，对身体各部位的姿势和动作有一定的要求。

(一)身体姿势

攀登岩石、峭壁时身体要自然放松，以三个支点稳定身体重心，而重心要随攀登动作的转换而移动，这是攀岩稳定、平衡、省力的关键。要想身体放松，就要根据岩壁陡缓程度，使身体和岩壁保持一定距离，靠得太近，会影响观察攀岩路线和选择支点。但在攀登人工岩壁时，要尽量与岩壁贴近。在攀登自然岩壁时，上、下肢要协调舒展，攀岩要有节奏，上拉、下蹬要同时用力，身体重心要落在脚上，保持面向岩壁、三点固定支撑、直立于岩壁上的攀登姿势。

(二)手臂的动作

手在攀登中是抓住支点、维持身体平衡的关键，手臂力量的大小直接影响攀登的质量和效果的好坏。因此，一个优秀的攀岩者必须有足够的指力、腕力和臂力。对初学者来说，在不善于充分利用下肢力量的情况下，手臂的动作就显得更为重要。手臂如何用力，在攀登人工岩壁和攀登自然岩壁时情况不同。前者要求在第一指关节用力抠紧支点的同时，手腕要紧张，手掌要贴在岩壁上，前臂也要随手掌紧贴岩壁而下垂，在引体时，手指(握点)有下压抬臂动作，其动作规律是重心活动轨迹变化不大，节奏更为明显。但攀登自然岩壁时，其动作变化比较大，要根据支点的不同采用各种用力方法，如抓、握、挂、抠、扒、捏、拉、推、压、撑等。

名人名言

身体的健康因静止不动而破坏，因运动练习而长期保持。

——苏格拉底

(三)脚的动作

一个优秀的攀岩者的攀登技术发挥得好坏，关键是看两腿的力量是否能充分被利用。只靠手臂力量攀登不可能持久。脚的动作要领是两腿外旋，大脚趾内侧贴近岩面，两腿微屈，以脚踩支点维持身体重心，在自然岩壁支点大小不一和方向不同的情况下，要灵活运用。但要切记，膝部不要接触岩石面，否则会影响到脚的支撑和身体平衡，甚至会造成滑脱而使膝部受伤。另外，用脚踩支点时，切忌用力过猛，并要掌握用力的方向。

（四）手脚配合

凡是优秀的攀岩者都能协调运用上、下肢力量。对初学者或技术还不熟练的攀岩者来说，上肢力量显得更为重要，攀登时往往是上肢引体，下肢蹬压抬腿来移动身体。如果上肢力量差，攀登时就容易疲劳，表现为手臂无力，酸疼麻木，逐渐失去抓握能力。失去抓握能力后，即使有好的下肢力量，也难以继续维持身体平衡。因此，学习攀岩，首先要练好上肢力量，上肢又要以手指、手腕、手臂力量为主，再配合以脚踝、脚趾以及腿部的力量，使身体重心随着用力方向的不同而协调地移动，手脚动作的配合自如。

思政元素

“体育+”助力“山旮旯”闯新路

2016 年，广西南宁市马山县首次引进承办中国—东盟山地马拉松系列赛，山地户外运动的发展为当地探索发展新路子带来了契机。为破解瓶颈，马山县转变发展思路，以“山”为媒，承办了一系列山地户外体育赛事活动，大力发展山地户外体育运动。如今，当地的经济社会发展尤其乡村振兴走出了一条新路子。

2017 年，马山县建起了攀岩特色体育小镇，核心区就是羊山村三甲屯。目前，攀岩小镇已完成一期建设，开发了 22 面岩壁、553 条攀岩线路。如今，攀岩小镇为定期举办体育赛事、长期开展体育训练和体育旅游产业聚集发展提供平台，先后获评广西体育产业示范基地、广西五星级山地户外运动营地等。

与此同时，马山县不断完善体育旅游设施，推进体育旅游深度融合发展。通过引进专业团队进行市场化运作，先后举办了多届中国—东盟山地马拉松系列赛（马山站）、环广西公路自行车世界巡回赛（马山赛段）、中国—东盟山地户外体育旅游大会等。

依托山地体育运动，马山县积极布局农文旅产业，将户外体育、休闲旅游、现代农业和文创产业集成串联起来，实现体育产业、乡村旅游、休闲农业优势互补、相互促进、深度融合。自攀岩小镇所在的乔老河片区开发建设以来，沿线的 7 个乡村均实现了整村脱贫。

（资料来源：新华社，2022 年 8 月 2 日，有改动）

第五节 轮滑运动

一、轮滑运动概述

轮滑运动是从滑冰运动发展而来的，又称滚轴溜冰、滑旱冰，是 19 世纪初兴起的一项运动。

19 世纪末，轮滑运动传入我国，大规模普及始于 20 世纪 80 年代初。为了推动轮滑这一群众性体育运动的蓬勃发展，我国于 1980 年成立了中国旱冰协会（1987 年更名为中国轮滑协会），协会支持和管理的轮滑运动项目主要包括速度轮滑、花样轮滑、自由式轮滑、轮滑球和极限轮滑等。1983 年 10 月在北京举办了第一届全国轮滑锦标赛。

二、轮滑运动的分类

轮滑是一项休闲运动，同时也是竞技类项目。现代轮滑运动分为速度轮滑、花样轮滑、自由式轮滑、轮滑球和极限轮滑五大项目。

1. 速度轮滑

速度轮滑是指追求速度，以单排、双排轮滑鞋为比赛工具的竞赛项目，分为场地赛、公路赛、马拉松赛 3 个类别。比赛有多种形式，如逆时针跑圈赛、淘汰赛、积分赛、定时赛、记分赛、接力赛、分段赛和追逐赛等。

2. 花样轮滑

花样轮滑是一种观赏性轮滑项目，分为规定图形滑、自由滑、双人滑和双人舞 4 个项目。比赛在长 50 米、宽 25 米的场地上进行。参赛各队每项比赛可以有 3 人参加，男女总计 12 人。根据动作的难易程度、舞姿的优美程度打分确定胜方。

3. 自由式轮滑

自由式轮滑是一种由多种轮滑形式混合而衍生出的特殊的轮滑形式，集合了速降、休闲、刷街、花式刹车、花式跳跃和旋转等元素。自由式轮滑是运动员在一排或多排相隔不同距离的桩上进行绕障碍的轮滑活动。自由式轮滑包括速度过桩、花式绕桩、双人花式绕桩、花式绕桩对抗、花式刹停、平地跳高赛。不同于花样轮滑(一般是指双排轮滑)，自由式轮滑讲究过桩的足部花式技巧，同时也要有全身性的节奏感，因此具有非常高的观赏性。

4. 轮滑球

轮滑球运动起源于英格兰。轮滑球融合了冰球和曲棍球，打法与冰球的打法相似，比赛队员穿着双排轮滑鞋或单排轮滑鞋进行比赛。比赛双方各上 4 名队员和 1 名守门员，守门员手执长 0.90～1.15 米的木质球杆，双方在平整的硬质球场上进行比赛。通过个人技巧和团队协作将球攻入对方球门得 1 分，每场比赛分上下两个半场，每半场比赛时间为 20 分钟，得分多者为胜方。

5. 极限轮滑

极限轮滑也称特技直排轮滑，很受年轻人的追捧，主要分为街式和专业场地式。街式是利用公共场所的栏杆、墙体等设施来做动作；专业场地式又分为道具式和半管(“U”形池)式，两者都是在特定的滑行场地上进行的轮滑运动。进行极限轮滑时必须佩戴相应的护具来保证安全。

三、轮滑运动的基本技术

思政数字课堂

(一)站立技术

1. “V”字形站立

(1)练习目的：保持稳定的站立姿势。

(2)动作要领：两脚脚尖外展 40°～50°，呈“V”字形，上体微向前倾，重心落在两脚之间。

(3)重点难点：保持身体的稳定、平衡。

2. “T”字形站立

(1)练习目的：保持稳定的站立姿势。

(2)动作要领：两脚呈“T”字形站立。前脚脚跟靠住后脚足弓处，上体略向前倾，重心略偏于后脚。

(3)重点难点：重心略靠后；保持稳定、平衡。

3. 平行站立

(1)练习目的：保持稳定的站立姿势。

(2)动作要领：两脚平行分开稍窄于肩，膝部微屈，重心落在两脚之间。如果练习时穿的是单排轮滑鞋，则还要注意站立时两脚略向内倾，以利于保持身体的稳定。

(3)重点难点：保持身体的稳定、平衡。

(二)滑行技术

1. 双脚向前滑行

(1)练习目的：控制和稳定身体重心，体会蹬地后两脚向前滑行的感觉。

(2)动作要领：由向前滑行的基本预备姿势开始，将身体重心移至右腿，在重心右移的同时左脚向左后方以平推的方式蹬地后，迅速提膝抬脚再平落至右脚旁边，成两脚间距略窄于肩宽的平行开立，向前滑行一段距离。然后将身体重心移向左腿，以与左侧同样的方法完成右脚蹬地，两脚再向前滑行一段距离。

(3)重点难点：

①除蹬地脚用力蹬地这一较短的过程用轮滑鞋轮子的内侧以外，滑行脚鞋底始终与地面平行，轮滑鞋的轮子与地面垂直。

②蹬地脚的蹬地方向是侧后方。

③蹬地是以轮滑鞋的所有轮子全部着地向侧后方平推的方式侧蹬。

④蹬地结束后，蹬地脚侧的腿要以提膝的方式向前提拉，蹬地脚向下以平落的方式踏放。

2. 双脚向后滑行

(1)练习目的：控制和稳定身体的重心，体会蹬地后两脚向后滑行的感觉。

(2)动作要领：由向后滑行的基本预备姿势开始，右腿支撑身体重心，左腿向左前方以平推的方式蹬地后，迅速提膝抬脚再平落至右脚旁边，成两脚间距略窄于肩宽的平行开立，向后滑行一段距离。然后将身体重心移向左腿，以与左侧同样的方法完成右脚蹬地，两脚再向后滑行一段距离。

(3)重点难点：

①除蹬地脚用力蹬地这一较短的过程用轮滑鞋轮子的内侧以外，滑行脚鞋底始终与地面平行，轮滑鞋的轮子与地面垂直。

②蹬地脚的蹬地方向是侧前方。

③蹬地是以轮滑鞋的所有轮子全部着地向侧前方平推的方式侧蹬。

④蹬地结束后，蹬地脚侧的腿要以抬膝的方式向前摆动，蹬地脚向下以平落的方式踏放。

3. 双“S”向后形滑行

(1)练习目的：控制和稳定身体的重心，体会两脚同时蹬地向后滑行的感觉。

(2)动作要领：由向后滑行的基本预备姿势开始，重心落在两腿之间，两腿同时向侧前方以平推的方式蹬地，向后滑行一段距离后，两脚脚后跟用力向内侧扭靠并收回靠拢，然后重复动作向后滑行。

(3)重点难点：

①除蹬地脚用力蹬地这一较短的过程用轮滑鞋轮子的内侧以外，滑行脚鞋底始终与地面平行，轮滑鞋的轮子与地面垂直。

②蹬地脚的蹬地方向是侧前方。

③两腿及两脚的用力和动作要对称。

(三)转弯技术

1. 向前惯性转弯

(1)练习目的：向前滑行过程中转弯。

(2)动作要领：在向前滑行达到一定速度时，两脚相距30～40厘米保持平行，两膝微屈，向左转弯时，右脚略靠前，重心落在两脚间前1/3处，左腿略弯曲，右腿伸直，身体重心向左倾斜，头部和上体向左转动，身体压在左脚外刃和右脚内刃上，借助惯性向左前方滑出一道弧线。如果向右转弯，则方向为向右，两脚滑行的部位相反，但动作方法相同。

(3)重点难点：

①两膝微屈，身体重心落在转弯方向的侧前方。

②向左转弯时，用左脚外刃、右脚内刃滑行；向右转弯时，用右脚外刃、左脚内刃滑行。

③在转弯过程中，以转头和转体带动髋部和腿部的转动。

2. 向后惯性转弯

(1)练习目的：向后滑行过程中转弯。

(2)动作要领：在向后滑行达到一定速度时，两脚相距30～40厘米保持平行，两膝微屈，向左转弯时，左脚略靠前，重心落在两脚间后1/3处，左腿略弯曲，右腿伸直，身体重心向左倾斜，头部和上体向左转动，身体压在左脚外刃和右脚内刃上，借助惯性向左后方滑出一道弧线。如果向右转弯，则方向为向右，两脚滑行的部位相反，但动作方法相同。

(3)重点难点：

①两膝微屈，身体重心落在转弯方向的侧后方。

②向左转弯时，用左脚外刃、右脚内刃滑行；向右转弯时，用右脚外刃、左脚内刃滑行。

③在转弯过程中，以转头和转体带动髋部和腿部的转动。

3. 向前交叉压步转弯

(1)练习目的：向前滑行过程中转弯。

(2)动作要领：在圆弧上以两脚平行向前滑行开始，当左脚有稳定的支撑时，身体重心向左倾并超出左腿支撑点，右脚向右后方蹬地后迅速收回，并以大腿带动小腿向左脚的左前方迈出10～20厘米，身体重心随之跟上；在右脚短暂滑行之后，左脚以大腿带动小腿迅速从右腿后方收回，脚尖外转落地，同时右脚向右后方蹬地，左脚向左前方滑行。如此反复进行。如果向右转弯，则方向为向右，两脚滑行的部位相反，但动作方法相同。

(3)重点难点：

①两膝弯曲，身体重心落在转弯方向的侧前方。

②向左转弯时，用左脚外刃、右脚内刃滑行；向右转弯时，用右脚外刃、左脚内刃滑行。

③向左转弯，每次左脚落地时，脚尖向外扭转一定的角度；向右转弯，每次右脚落地时，脚尖也向外扭转一定的角度。

④交叉压步的落脚点应在支撑脚附近，并在着地后迅速支撑身体重心。

⑤在转弯过程中，以转头和转体带动髋部和腿部的转动。

4. 向后交叉压步转弯

(1)练习目的：向后滑行过程中转弯。

(2)动作要领：在圆弧上以两脚平行向后滑行开始，当左脚有稳定的支撑时，身体重心向左倾并超出左腿支撑点，右脚向右前方蹬地后迅速收回，并以大腿带动小腿向左脚的左后方迈出 10～20 厘米，身体重心随之跟上；在右脚短暂滑行之后，左脚以大腿带动小腿迅速从右腿后方收回，脚尖外转落地，同时右脚向右前方蹬地，左脚向左后方滑行。如此反复进行。如果向右转弯，则方向为向右，两脚滑行的部位相反，但动作方法相同。

(3)重点难点：

①两膝微屈，身体重心落在转弯方向的侧后方。

②向左转弯时，用左脚外刃、右脚内刃滑行；向右转弯时，用右脚外刃、左脚内刃滑行。

③向左转弯，每次左脚落地时，脚跟向外扭转一定的角度；向右转弯，每次右脚落地时，脚跟也向外扭转一定的角度。

④交叉压步的落脚点应在支撑脚附近，并在着地后迅速支撑身体重心。

⑤在转弯过程中，以转头和转体带动髋部和腿部的转动。

(四)制动技术

1. 单排轮滑鞋滑行制动

(1)练习目的：停止滑行。

(2)动作要领：在滑行过程中，身体重心落在两腿之间，成两脚平行开立的基本姿势，惯性滑行时，准备开始制动。制动时，重心下降，将装有制动器的滑行脚向前伸出 20～30 厘米，脚尖抬起，通过制动器与地面接触摩擦，达到减速制动的目的。此时，重心应落在后面的滑行腿上，上体根据滑行的速度和制动的距离做倾斜调整。

(3)重点难点：

①除制动脚用制动器着地外，滑行脚鞋底始终与地面平行，轮滑鞋的轮子与地面垂直。

②身体重心下降。

③有效制动并且制动过程成直线。

2. 平行脚制动

(1)练习目的：停止滑行。

(2)动作要领：在滑行过程中，身体重心落在两腿之间，成两脚平行开立的基本姿势，惯性滑行时，准备开始制动。制动时，身体迅速向一侧转体 90°并带动两脚迅速转动 90°，两脚平行分开，同时身体重心急速降低并后留，如果向左侧转动时，单排轮滑鞋以右脚的四个轮内侧面(后滑时为外侧面)、双排轮滑鞋以内侧轮(后滑时为外侧轮)向滑行时的方向尽量延伸，与地面成小角度反支撑，左脚也应在重心的前面(后滑时为后面)成一定角度的反支撑，用左脚的外侧轮和右脚的内侧轮摩擦地面，使滑行突然停止。使用这种方法有较高的难度，但可以在很短的时间内达到制动的目的。

(3)重点难点：

①身体重心迅速下降，并倒向滑行的反方向。

②转体要迅速。

③两脚有效地与地面成反支撑。

第六节　飞盘运动

一、飞盘运动概述

飞盘既指一项运动，也指这项运动使用的器具。20 世纪 60 年代首先在美国出现，现流行于世界各地。飞盘是一种投掷运动，用手指和手腕发力，使之旋转，在空中飘飞。飞盘运动简便易行又有趣味，可一人或多人进行抛接游戏，人们可以控制飞盘在空中做多种路线、方向的飞翔，其形式各异、乐趣无穷。由于爱好飞盘运动的人越来越多，为此成立了国际飞盘协会(现为世界飞盘联合会)，其宗旨是在全世界推广和普及飞盘运动。

二、飞盘运动的基本技术

(一)投掷技术

扎实掌握投掷的基本要领，对学好飞盘技术至关重要。

投掷飞盘时，要面向自己的投掷目标，并向前迈出一步，或者将身体重心由后腿转移到前腿上，同时集中注意力在肩、胯和腿上直至飞盘出手，随后身体做顺势动作。在运盘的过程中，保持手臂伸直并与身体有一定的距离，然后弯曲手臂并甩动手腕，以增加飞盘在出手时的旋转角度；同时调整好出盘的角度，这也是精准投掷的重要因素之一。

1. 反手投掷

反手投掷是最基础的投掷方法(下面以右手投掷为例)。

①握盘：大拇指置于盘面，四指置于盘内侧呈扇形分开，食指第一个关节轻扣住盘缘底部。飞盘与地面应保持平行的状态。

②跨步：出盘前，右脚迈至斜前方，身体重心放在右脚。

③掷盘：右肩对准想要掷准的方向，转动身体，手臂在身前挥动，运用手臂挥动带动手腕投掷出盘。

2. 正手投掷

正手投掷同样也是基础的投掷方法(下面以右手投掷为例)。

①握盘：大拇指置于盘面，盘缘贴紧手掌虎口，食指中指置于盘内并以中指抵住盘内缘，无名指小指贴靠盘外缘。

②跨步：出盘前，左脚迈至斜前方，身体重心放在右脚。

③掷盘：左肩对准想要掷准的方向，转动身体，手臂在身前挥动，运用手臂挥动带动手腕投出飞盘。这个动作类似鞭打动作。

(二)接盘技术

接盘时，可以用任何一只手(或双手)来接由同伴传出或者自己投掷出的飞盘。由于飞盘是在不停地旋转，所以在接盘时必须用力抓紧飞盘的盘缘。

接盘方式主要有以下三种。

1. 三明治接盘法

三明治接盘法是一手在上、一手在下的接盘方式。

2. 左右式接盘法

左右式接盘法是分别以双手接握飞盘两侧的方式。

3. 上下式接盘法

上下式接盘法分为拇指上接盘和拇指下接盘。拇指上接盘适于接腰部以下的来盘；拇指下接盘适于接腰部以上的来盘和空中盘旋飞行的飞盘。

三、飞盘运动的比赛规则

(一)场地

正式比赛场地为长方形，长 100 米，宽 37 米。得分区分别位于场地两端，长度为 18 米。

(二)开盘

每一场比赛开始时，双方选手在各自防守的得分区内排成一队。先防守的队伍把飞盘扔给进攻的队伍(称为“发盘”)。正规的比赛中，每支队伍只许有 7 名选手上场。

(三)得分

如果进攻方选手在对方的防守得分区内接住飞盘，则得 1 分。

(四)传盘

选手可以往任意方向传盘给自己的队友。不允许持盘跑动。持有飞盘的选手(称为“掷盘者”)有 10 秒的时间来掷盘。防守掷盘者的选手(称为“防盘者”)应该大声地数出这 10 秒(称为“延时计数”)。

(五)失误

如果进攻方传盘没有成功(如出界、掉地、被对方断下、被对方截获)，则视为失误。此时防守方获得盘权，立刻攻防转换。

(六)换人

只有在得分之后或选手受伤的情况下才允许替换场上比赛选手。

（七）犯规

当一方选手跟另一方选手发生身体接触时，视为犯规。犯规的选手要立刻喊出“犯规”，此时所有场上选手要停在当前位置不得移动，直到比赛重新开始。如果犯规没有影响进攻方的盘权，比赛继续，如果影响了进攻方的盘权，飞盘交还给进攻方继续比赛。如果防守方选手不同意犯规，飞盘还给前一位持盘者，重新开始比赛。

第七节　射击运动

一、射击运动概述

从远古时代开始，人们在狩猎取食或者抗击敌人保护自身的同时，某些射击的形式就逐渐产生、发展和成型，后来人们逐渐将射击引入体育竞技领域。

近代射击运动是从军用射击和狩猎射击演变而来的。在现代奥运史上，除了 1904 年第 3 届奥运会和 1928 年第 8 届奥运会外，射击在其余各届奥运会中都是正式比赛项目。

思政元素

许海峰：奥运冠军　改革先锋

2018 年 12 月 18 日，在庆祝改革开放 40 周年大会上，党中央、国务院决定表彰对改革开放做出突出贡献的人员，授予 100 名同志“改革先锋”称号，许海峰作为一名杰出的体育运动员，获得了这一殊荣。

1984 年 7 月 29 日，对许海峰和中国体育而言，都是一个值得铭记的日子。在当天上午举行的洛杉矶奥运会男子自选手枪 60 发慢射比赛中，许海峰凭借精湛的技艺、沉着稳定的发挥，打出 566 环的好成绩，勇夺本届奥运会首枚金牌。这枚金牌，实现了中国奥运金牌“零的突破”，为我国体育翻开了崭新一页，代表中国体育健儿向世界发出了勇攀高峰的豪迈宣言，也使许海峰成为一个时代家喻户晓的“明星”。1985 年，许海峰光荣地加入中国共产党。

许海峰在自己的体育生涯中，获得过无数荣誉，但是他始终不忘初心，不骄不躁。在获得首个奥运金牌的两个月后，他就把金牌捐献给了国家。作为运动员，他共获得过 13 个世界冠军、9 个亚运会冠军，两次打破世界纪录，但是他说：“我是国家培养的，取得的成绩就是国家的成绩。”

2017 年退休后，许海峰把大量的时间用在关心少年儿童眼部健康的公益事业上。2019 年，他被评选为“最美奋斗者”。许海峰曾经的奥运冠军、“中国奥运金牌第一人”，为中国体育事业奋斗了数十年；如今的“改革先锋”，积极投身社会公益事业，用真情回报国家、回报党。

（资料来源：光明网，2022 年 3 月 9 日，有改动）

二、射击运动的基本技术

射击项目的基本类别是步枪射击、手枪射击、跑靶和抛靶射击，以及双向飞碟射击。步枪射击姿势有立势、跪势和卧势。步枪和手枪的标准靶由 10 个靶环构成，排列是从最外面的靶环 1 环到靶心 10 环。

在射击过程中，无论是步枪、手枪、飞碟还是移动靶项目，每发子弹的射击程序皆是一样的，即据枪、瞄准、击发和保持。

(一)据枪

据枪是指运动员在进行瞄准之前，所完成的诸如姿势的确立、举枪、抵肩、贴腮等一系列动作的总称。

(二)瞄准

瞄准动作包括两个主要内容：一是运动员用眼睛通过瞄准具来判断枪膛轴线的指向是否正确；二是在视觉的监督下，用肌肉的控制力量使枪膛轴线指向所需位置。

使用缺口式瞄准具的运动员，在瞄准中其视线通过缺口(照门)和准星，使准星位于缺口中央，准星上沿与缺口上沿平齐的操作过程称为“平正准星”，将“平正准星”所形成的景况指向瞄准点，就形成了正确的瞄准。

(三)击发

击发是射击过程中各项技术中的关键技术。任何项目的运动员最终都必须通过食指扣扳机完成射击任务。射击技术中的调整姿势、控制枪的稳定、进行瞄准等一系列的活动，最终结束在扣扳机动作上。

扣扳机的技术比较复杂，分解开来有以下要点：

第一，扣扳机的食指要单独用力，其余手指保持原来状态，以保持枪支的稳定和其他部位协调不变。

第二，扣扳机的食指要正直用力。食指用力方向应该是正直向后，目的在于减少对枪支稳定性的影响。

第三，扣扳机的食指要均匀用力。均匀用力是为了保持枪支在击发瞬间的平稳，防止食指突然用力，破坏各部位所形成的稳定关系。

第四，适时击发。使用任何枪支射击时，扣扳机的动作均须有预压过程，即枪支的准星在进入瞄准区之前就应对扳机施加压力，在枪支未完全达到稳定或将要达到稳定时，对扳机提前扣压。这样做一方面是为了防止猛扣扳机造成枪支晃动，另一方面有利于在枪支准星进入瞄准区短暂的稳定期内适时进行击发。

(四)保持

保持是指运动员在击发动作完成后，姿势动作和心理稳定按原来状态保持几秒钟后，再做收枪动作。

第八节 冰雪运动

一、冰雪运动概述

冰雪运动是指在冰上和雪地举行的体育运动，一般分为冰上运动和雪上运动两个大类。冰上运动主要包括速度滑冰、短道速滑、花样滑冰、冰球和冰壶等。雪上运动主要包括高山滑雪、单板滑雪、越野滑雪、跳台滑雪、自由式滑雪、冬季两项、北欧两项、有舵雪橇、无舵雪橇、俯式冰橇等。

冰上运动和雪上运动的区别首先在于场地的不同，前者在天然或人工冰场上进行，后者则在雪场上进行。随着科技的发展，目前冰上项目已经可以在室内进行，不受季节、纬度的限制，这使得冰上运动的普及和推广变得更加容易，观赛条件也更为舒适。雪场的运行条件相对较为苛刻，至今仍有很多雪上项目必须在雪量充足的天然场地上进行，这也是雪上项目独特的魅力所在。而场地的限制也在一定程度上造成了并非每个国家和地区都有条件举行雪上运动。

由于开展运动的场地不同，冰上运动和雪上运动所需的器具自然也不同。冰上运动借助专用冰刀在冰上滑行，而雪上运动则借助滑雪板、雪橇、雪车等器材在雪地上滑行。

思政元素

徐梦桃：珍惜每一次公益活动，将冰雪运动推向大众

2022年8月10日下午，北京冬奥会金牌得主徐梦桃出席在北京首钢园举办的2022第四届北京国际广告大会，并在会上发表以“我的梦，中国梦”为主题的演讲。

继2022年2月14日在首钢滑雪大跳台夺得女子自由式滑雪空中技巧金牌后，徐梦桃再一次来到首钢园，这一次她是为了公益而来。日前，国家体育总局推出公益视频广告，推行“全民健身”活动。徐梦桃也参与了拍摄，用自己的模范带头作用向社会公众推广“全民健身”的公益理念。

在近二十年的运动生涯中，徐梦桃不管伤病状况如何，都始终保持着作为中国年轻运动员代表的使命感。训练比赛之余，她也常参与公益活动，为患病儿童捐款，参与“全民健身”公益广告拍摄，以更好地将体育精神、公益精神传递给社会。

（资料来源：央广网，2022年8月11日，有改动）

二、冰雪运动的基本技术

（一）滑冰的基本技术

滑冰是一项集力量、耐力、速度、协调、柔韧、灵活、平衡、稳定于一身的运动项目。滑冰不仅能够增强人体的平衡能力、协调能力以及身体的柔韧性，还可增强人的心肺功能，提高有氧运动能力。青少年练习滑冰，还可以使下肢骨骼的骨骺得到刺激，促进下肢骨骼生长。

1. 站立与平衡

一般情况下，滑冰者在穿好滑冰鞋后，应先在陆地上感受，后在冰上练习。初学者可手扶栏杆或在同伴的扶持下，慢慢站直身体，身体重心落在两腿之间。保持两脚不左右扭动，做好站立姿势，然后放开栏杆。站立时，两脚略分开，约与肩同宽，两脚脚尖稍向外转，成小八字，两腿稍弯曲，上体稍前倾；维持身体平衡。再做原地提踵和原地踏步练习。

滑冰的作用及注意事项

2. 向前滑行

在学习和掌握了冰上站立与踏步后，就可以进一步学习向前滑行技术。

(1)小步走。冰上站立，两脚分开比肩稍窄，向前迈步。以脚上的冰刀内刃向侧后方蹬冰向前行，开始时步子要小一点，慢点走，然后逐渐加快速度前行。小步走时，眼向前看，两臂在体侧自然摆动，以维持身体平衡。

(2)助力下双脚平行滑动。初学者在同伴帮助下，两脚平行前滑，体会在冰面上滑动的感觉和滑动状态下的身体平衡的感觉。如果两脚能借助惯性前滑，说明身体已经逐渐适应了滑行状态，初步具有了在冰上滑行条件下控制自身平衡的能力。当这种能力逐步提高后，即可进行下面的滑冰技术练习。

(3)双脚滑行。冰上站立，用右脚内刃向侧后方蹬冰，身体重心移至左脚，蹬冰后的右脚迅速收回与左脚平行成双脚向前滑行。当向前滑行将要停止时，用左脚内刃向侧后方蹬冰，身体重心移至右脚，蹬冰后的左脚迅速收回与右脚平行成双脚向前滑行。两脚依次交替蹬冰连续向前滑行。

(4)前葫芦步滑行。开始以两脚内刃站立，前滑时上体稍向前倾，两膝弯曲、用力，两脚脚尖向外，两臂左右伸开，帮助维持身体平衡。当两脚向前外滑出至最大弧线时(两脚间距离稍宽于肩)，两脚脚尖迅速内收靠拢，恢复至开始姿势。连续做两脚的分开与靠拢，就能不断向前滑行，并在冰面上留下葫芦状的线痕。

(5)前双曲线滑行。两脚平行站立，左脚以内刃向侧后蹬冰，身体重心移至右脚，两脚向右曲线滑行，然后右脚用内刃向侧后方蹬冰，身体重心移至左脚，两脚再向左曲线滑行，依次做两脚不离冰的连续曲线滑行。

(6)单脚向前直线滑行。两脚在原地呈“T”形站立，左脚在前，右脚在后，两腿稍弯曲。用右脚内刃蹬冰，身体重心移至左腿，右腿蹬冰后伸直，右脚离开冰面，成左脚单脚向前滑行，接着收右脚在左脚侧面成开始姿势立于冰面。然后左脚用内刃向侧后方蹬冰重复上述动作，成右脚单脚向前滑行。两脚交替向前做直线滑行。滑行中，两臂在体侧自然摆动，帮助维持身体平衡。

3. 向后滑行

向后滑行是在掌握向前滑行技术的基础上进行的，初学者一般都是从先学习向后葫芦滑行，再学习向后蛇形滑行，然后过渡到单脚向后滑行。

(1)向后葫芦滑行。两脚稍分开平行站在冰面上，两腿弯曲，两脚脚尖稍向内，用两脚内刃向前蹬冰，同时两脚脚跟向两边分开，向后外滑至最大弧线(两脚间距稍宽于肩)时，两脚脚跟向内收拢，两膝用力伸直，恢复至开始姿势，随后重复开始滑行动作，连续后滑在冰面上留下葫芦状线痕。

(2)向后蛇形滑行。两脚分开约一脚距离站立在冰面上，两腿弯曲，两脚脚尖稍向内，用右脚内刃蹬冰，身体重心移至左侧，成左脚向后滑行。右腿在体前伸直，随即右脚放在左脚侧面，恢复至开始姿势，然后再用左脚内刃蹬冰，身体重心移向右侧，成右脚向后滑行。左腿在体前伸直，随即左脚放在右脚的侧面。依次重复上述动作。做蛇形后滑时，要注意在滑行中上体始终保持前倾姿势，两膝保持弯曲，两臂侧举。

4. 停止法

滑冰的停止方法多种多样，这里仅介绍内八字停止法、“T”形停止法、双脚急停法和向后滑行停止法。

(1)内八字停止法。在获得一定的向前滑行速度后，两脚平行分开滑冰，随后两脚脚尖内转，两脚以内刃柔和地压紧冰面，同时两腿弯曲，上体稍向前倾，臀部后坐，两臂前伸以维持身体平衡，这样就会逐渐减速至停止。

(2)“T”形停止法。在单脚向前滑行中，浮足在滑行脚的后跟处呈“T”形停好后，用浮足内刃柔和地压紧冰面，减缓滑行速度至停止。

(3)双脚急停法。在向前滑行时，两脚同时做顺时针(或逆时针)方向急转，左脚以内刃、右脚以外刃与滑行方向成 90°角压紧冰面，同时身体向右急转，身体重心移至右腿，两膝弯曲，两臂前侧伸，即可减速停止。

(4)向后滑行停止法。向后滑行停止法主要用于花样滑冰，因为花样滑冰鞋底的冰刀前缘有刀齿，所以在向后滑行的过程中，只要抬起脚跟做提踵动作，冰刀的刀齿就会起制动性摩擦冰面的作用，从而达到降低滑行速度停下来的目的。做刀齿摩擦冰面的时候，注意身体要稍向前倾，两臂侧举以维持平衡。

(二)滑雪的基本技术

下面以双板滑雪为例介绍滑雪的基本技术。

1. 平地滑雪技术

(1)基本站姿。身体放松站立，两脚平行，即双板平行，两腿微弯曲压靠滑雪靴，两手位于体侧紧握滑雪杖，滑雪杖插入雪地，两眼平视前方。

(2)雪上行走。雪上行走时，上体直立稍前倾，身体重心适当前移。雪板底不离雪面，边支撑、边滑、边走，用雪杖支撑时不是双杖同时推进，而是如同摆臂动作用雪杖支撑推进。雪杖尖支撑雪面的位置应是在平行于对侧脚的脚后跟部位，向前迈脚时身体重心要随之前移。

(3)推进滑行。推进滑行可在平地进行，也可在缓坡上进行。推进滑行时，双板平行稍分开，两腿稍屈膝，用两雪杖同时支撑前进。

动作要领：

①保持两膝微屈，上体前倾，两雪杖同时向前摆动，雪杖尖在体前着雪。

②膝部与上体加大前倾，两臂用力向后用雪杖支撑。

③雪杖充分后撑，两臂伸直，身体重心下降，保持滑行姿势滑进。

④收雪杖时重心升起，准备第二次撑杖。

(4)蹬冰式滑行。通过雪上行走和推进滑行的练习，对雪上行动有了一定的了解和感受后，就可以学习蹬冰式滑行技术。

动作要领：

①上体稍前倾，两膝微屈，双板平行，与肩同宽，两臂自然弯曲，两杖尖在身体侧后方。

②左侧板与前进方向成 45°角，左脚用力向侧后方蹬出。

③左脚蹬伸结束后，雪板抬离雪面，身体重心落在右腿上，向前方滑行时，将左脚收回。

④右脚蹬伸时，动作与左脚相同。

2. 登坡技术

登坡是指滑雪者着滑雪板登上山坡的技术动作。因技术水平、雪质、坡度的大小和滑雪者自身情况的不同，采用不同的登坡方法。从雪痕上可以分为直登坡、斜登坡和“之”字形登坡。从雪板的形状上又可分为双板平行登坡(阶梯式登坡)和雪板呈“八”字形登坡(开脚登坡)。

(1)双板平行登坡。双板平行登坡适用于各种坡面，登坡者侧对垂直落下线，一边用雪杖协助，一边蹬坡。双板平行登坡可用于直登坡，也可用于斜登坡。

动作要领：

①向上迈出的步幅不要太大。迈步时保持双板平行，身体重心随之向上移动，可用雪杖协助支撑。

②用山上侧板外刃刻住雪面后，身体重心全部移到山上侧腿，接着山下侧腿向山上侧腿靠拢，并用内刃刻住雪面。

③山下侧板内刃刻住雪面后，再进行第二步的登行。

(2)雪板呈“八”字形登坡。雪板呈“八”字形登坡一般用于缓、中坡，登坡者面对登坡方向，垂直向上登行。面对山坡，用两板内刃刻住雪面，身体前倾，向前上方依次迈出雪板。步子不宜过大，防止板尾交叉。迈出侧雪板的雪杖协助支撑，可用手握住雪杖握把的头。手脚及身体重心应配合一致。

3. 原地变向技术

滑雪者只有掌握了原地改变方向的技术之后，才能比较自如地进行各种练习。原地改变方向的方法有很多，既有板尾、板尖依次移动展开，逐步改变方向的方法，也有一次能完成较大角度的变向，还有原地跳跃变向等。

(1)板尖、板尾展开变向。板尖展开变向和板尾展开变向运用于较平坦的雪面。这两种变向方法很相似，也称为原地踏步变向。变向时要注意雪杖的位置，板尖展开变向时雪杖支撑位置应在体后，而板尾展开变向时雪杖支撑位置应在体前。雪板展开距离不宜过大，随着对雪板的适应再逐渐加大展开的距离。在展开雪板时，身体重心要明显地放在支撑腿上，移动要快。

(2)180°变向。180°变向多用于中、陡坡，具有相当高的实用价值，其特点是变向速度快。180°变向还可分为前转180°变向和后转180°变向。前转180°变向时，双板平行站立，两杖在体前支撑。右腿支撑体重，左板向前抬起直立，双杖在体侧支撑。上体左转的同时，直立的左板以板尾为中心向左侧下方转并着地。在落左板的同时，左雪杖移至右板外侧支撑。身体重心移至左腿，右板和右雪杖抬起移向与左板平行同一方向，随后两雪杖在体前侧支撑。把前转180°变向动作由结束部分依次向开始部分相反进行，即后转180°变向。

4. 停止滑行技术

掌握停止方法对保证自己或是他人的安全，增强对雪板的控制能力，学习其他技术动作都是有益的。

停止滑行的方法实际是通过增大雪板与雪的摩擦力来控制速度，直至停止。减速或停止是使板与前进方向成一定的角度或完全横对前进方向的同时，通过增大立刃的程度来加大摩擦力而完成的。

停止的方法有很多，下面介绍一种非常简单的犁式停止法。犁式停止法是指在滑降中使雪板成犁式状态；身体重心稍向后移，形成稍后坐姿势的同时两板尾蹬开，加大立刃，两板内刃逐渐加大刮雪力量；逐渐加大板尾向外侧的立刃和蹬出力量直至停止。

思政元素

为了钟爱的冰雪事业

——记原八一滑雪队世界冠军王锦芬

在举世瞩目的2022年北京冬残奥会上，曾连续两年被评为“全军十佳运动员”、全国“冰雪十佳”运动员的世界冠军王锦芬，又通过自己的辛勤耕耘，把5位冬残奥运动员送上了冠军领奖台。

王锦芬，1969年9月出生于吉林通化。1982年，她开始练习滑雪。1985年3月，她加入八一滑雪队从事冬季两项项目。那些年，凭着锲而不舍的韧劲，王锦芬的竞技水平在全国乃至亚洲一骑绝尘。她在第六、第七届全国冬运会上勇夺4金2银3铜；在第三届亚洲冬季运动会上斩获1枚金牌；在1993年波兰第十六届世界大学生冬季运动会上勇夺冬季两项7.5公里金牌，这是中国人第一次在世界滑雪赛场上升国旗、奏国歌。从此，王锦芬与中国雪上运动一起不断走向世界舞台，在冬季两项世界杯、世锦赛和冬奥会上都有不俗的表现。

这位数十次代表国家和军队征战世界赛场、夺得国内外大赛32枚金牌的军旅健儿，2004年退役时仍深深地眷恋着我国冰雪运动的建设与发展。退役后，她继续担任国际冬季两项联盟官员及国际裁判，为中国冰雪运动在国际赛场上争得话语权。她还在国内多个滑雪学校担当专家顾问，为培养青少年滑雪人才倾囊相授；在国家冬季两项集训队当陪练，为提升国内顶尖运动员竞技水平甘当阶梯和绿叶。

（资料来源：《解放军报》，2022年8月10日，有改动）

第九节 毽球运动

一、毽球运动概述

毽球运动俗称踢毽子，起源于我国汉代，盛行于六朝、隋唐时期。唐代《高僧传》记载：北魏时，有一个叫跋陀的人到洛阳去，在路上遇到了12岁的惠光，惠光在天街井栏上反踢毽子，连续踢了500次，观众赞叹不已。由此可见，踢毽子在当时已在民间流传。到了唐宋时期，踢毽子非常盛行，花样繁多，还出现了专门制作、出售毽子的店铺。到了清代，踢毽子的技巧已经达到了一个相当高的水平。清代民间艺人绘制的《北京民间风俗百图》中的踢毽图上的人物动作和姿态，跟现代毽球运动十分相似。

毽球运动是我国一项历史悠久的传统体育运动项目。毽球运动占地面积小，器材简单，男女老少皆宜，已经成为全民健身的重要内容。在群众性毽球运动广泛开展的基础上，我国毽球运动的竞技水平也不断提高，涌现出一大批高水平运动队。

毽球运动在世界范围内蓬勃开展，尤其是在越南、老挝、德国、匈牙利、荷兰等国家，已经成为深受人们欢迎的体育健身项目。

二、毽球运动的场地和器材

(一)场地

毽球比赛场地采用羽毛球双打比赛场地。

1. 规格

(1)场地长 11.88 米，宽 6.1 米。

(2)场地应按平面图画出清晰的界线，较长的两条界线叫边线，较短的叫端线。

(3)连接场地两边线的中点与端线平行的线叫中线，中线将场地分为均等的两个场区。

(4)在中线两侧各画一条与中线平行的线叫限制线，中线至限制线的距离为 2 米。

(5)距两端线中点两侧各 1 米处向场外各画一条长为 20 厘米与端线垂直的短线叫发球区线，发球区线向后无限延长的区域叫发球区。

2. 设施

(1)网柱：网柱安在中线以外，距边线 50 厘米处。

(2)球网：球网为深绿色，长 7 米，宽 76 厘米，网孔 2 厘米见方；球网上沿缝有 4 厘米宽的双层白布，用绳穿起，将球网挂在网柱上；球网必须挂在中线的垂直上方，网的两端距地面的垂直高度必须相等，两端与中间的高度相差不得超过 2 厘米；球网的中部顶端距地面垂直高度为 1.6 米(男子)或 1.5 米(女子)。

(3)标志带与标志杆：在球网的两端，垂直于边线和中线交接处，各系有一条宽 4 厘米、长 76 厘米的白色带子，叫标志带；在球网上连接标志带外侧应竖有两根有韧性的杆，叫标志杆，两杆内侧相距 6 米；标志杆应高出球网上沿 44 厘米，并用鲜明对比的颜色画上 10 厘米长的格纹。

3. 要求

场地上空 6 米以内(由地面计算)和场地四周 2 米以内不得有障碍物。

(二)器材

毽球的高度为 13～15 厘米，重量为 13～15 克，由毽毛和毽垫构成。

(1)毽毛为四支白色或彩色鹅羽呈“十”字形插在毛管内，每支羽毛宽 3.20～3.50 厘米。

(2)毽垫直径 3.80～4.00 厘米、厚 1.30～1.50 厘米，由上垫、下垫和毛管构成。

(3)毽垫的下垫和毛管连在一起，上垫套在毛管上，上垫和下垫中间套有由三层以上硬质薄形皮革或类似材料制成的垫圈。

三、毽球运动的基本技术

毽球基本技术包括准备姿势、起球、发球、移步等。

(一)准备姿势

准备姿势是运动员在场上接球时身体的一种等待状态。保持良好的姿势，使身体能随时在瞬间由静变动，由被动状态变主动状态的关键。准备姿势一般分为左右开立站姿和前后开立站姿两种。

1. 左右开立站姿

(1)动作方法：①两脚左右开立，略比肩宽，两膝略屈，脚跟略提起；②两臂自然垂直于体侧，两脚保持略动状态(见图 10-3)。

(2)技术要点：①屈膝提踵，上体前倾；②两脚保持略动。

2. 前后开立站姿

前后开立站姿能使运动员从静止状态快速转向前后的移动状态，较多地应用在比赛的接发球过程中。

(1)动作方法：①两脚前后开立，成前后开立站姿；②两臂自然垂直于体侧，两脚保持略动状态；③上体略前倾，身体重心落于两脚之间，两眼注视来球(见图 10-4)。

(2)技术要点：①防守时注意后脚脚跟离地，身体重心要向前移，随时保持静中带动的状态；②屈膝提踵，上体前倾；③两脚略动，便于步伐的转换。

(二)起球技术

起球是指球从脚面弹起到最高点的过程。根据起球时接触点的不同，起球技术可分为脚内侧起球、脚外侧起球、脚背起球、腿部起球、胸部起球和头部起球。

1. 脚内侧起球

(1)动作方法：①起球前，两脚自然开立，踢球脚在后，两膝略屈，两臂放松，自然下垂于体侧；②起球时，身体重心移到支撑腿上，踢球腿大腿带动小腿，由后向前上方摆动，在摆动过程中，逐渐形成髋关节外张、膝关节弯曲、踝关节内翻的基本姿势；③击球的一刹那，脚部击球面端平，击球部位应在脚内侧的中部，击球点一般在支撑腿膝关节前约 40 厘米处(见图 10-5)。

图 10-3　左右开立站姿

图 10-4　前后开立站姿

图 10-5　脚内侧起球

(2)技术要点：①在接发球时，队员要积极移动，调整好人与球之间的位置，做到一次起球到位；②在组织进攻时，要通过积极移动和第一次调整球的机会，处理好人与球之间、传球队员与进攻队员之间的位置关系；③在防守快速球、大力量球时，要提高出脚速度；④起球全过程应注意柔和、协调，大腿和小腿应完成向前上方的送球动作；⑤注意膝关节向外张，大腿向外转动并略上摆，髋关节和膝关节放松，小腿向上摆，脚放平，用内足弓部位踢球。

2. 脚外侧起球

(1)动作方法：①起球前，两脚自然开立，两膝略屈，做好准备姿势；②起球时，身体重心移至支撑腿上，踢球腿的髋、膝关节内扣，踝关节外翻，使脚外侧尽量与地面平行；③击球是利用小腿外翻快速上抬的动作完成的，脚接触球的部位一般在脚外侧面的中部或中后部，击球的高度一般不超过膝关节；④当来球较高并快速向体侧后方飞行时，踢球腿的大腿可外转，迅速沿地面向后摆，伸腿插入球下，踝关节自然勾起向外翻转，脚指向体侧，脚的外侧面约成水平，身体保持前倾，利用小腿快速屈膝上抬的动作，向体前上方击球。

(2)技术要点：①当来球平且快，落在身体两侧或从体侧、肩上向后场飞行时，一定要略侧身，向体侧甩踢小腿，勾脚尖，用脚外侧踢球；②要想获得较低的托球点，必须要使支撑脚做适当的弯曲；③身体重心应放在支撑脚上，击球点离地面 15～20 厘米。

3. 脚背起球

(1)动作方法：①起球时，一脚支撑身体，另一脚主动插入球下，脚背与地面基本成水平状态，当球快落到脚背上时，利用适度的伸膝和踝关节背屈协调用力的勾踢动作，把球向上踢起；②击球部位在脚的跖趾(脚面上接近脚趾的部分)关节处，击球点在离地面 10～15 厘米的高度，击出球的方向、弧度和落点，可通过脚背面的变化和踝关节背屈勾踢的程度来调整。

(2)技术要点：①脚背踢球，一般用正脚背，要注意绷脚尖和抖动脚踝发力击球；②击球点离地面 10～15 厘米。

4. 腿部起球

(1)动作方法：①当来球时，身体重心移到支撑腿上，踢球腿自然屈膝，大腿带动小腿由后向前上方快速抬起，用大腿的前 1/3 处击球，抬腿力量的大小应根据起球的速度和落点加以控制；②击球后，踢球腿立即放下，准备衔接下一个动作；③腿接触球时与地面保持一定的角度，形成良好的反射角(见图 10-6)。

(2)技术要点：支撑腿支撑身体，踢球腿屈膝，大腿带动小腿上提，膝关节略低于髋关节，用大腿的前半部分(主要由膝关节发力)起球。

图 10-6　腿部起球

(三)发球技术

发球是比赛的开始，又是一项进攻技术。发球的时候可采用盯人、找空、压后、吊前等手段发出各种战术球，以达到破坏对方、组织进攻或直接得分的目的。根据发球时身体与球网的关系，以击球接触脚的位置不同，发球技术可以分为脚内侧发球、脚背正面发球、脚外侧发球。

（四）移步

移步是利用脚步动作，根据来球的距离远近、球速快慢，采用各种不同的步伐，使身体接近球的落点，以便能及时准备好触击球。

四、毽球运动的基本战术

毽球战术是在比赛中，根据毽球的运动规律、彼此的具体情况和比赛场上的变化，安排具体阵容，合理地运用技术，充分发挥本方之长，限制对方正常发挥，而进行的有组织、有目的、有预见性、能克敌制胜的行动。

毽球战术分为进攻战术和防守战术。进攻战术是将高于网上沿的毽子直接攻入对方场区的一种击球动作。进攻战术根据阵容配置可分为“一二”配备、“二一”配备和“三三”配备。防守战术是比赛争取得分的关键技术，也是缓解对方进攻的最好方法，从而为反击得分创造有利条件。防守战术根据阵容配置可分为“弧形防”配备、“一拦二防”配备、“二拦一防”“拦—堵—防”配备。

小贴士

踢毽球时，抬腿、弹跳、屈身、转体等动作使身体的各部位都能得到很好的锻炼，能有效地提高腿部关节的柔韧性和身体的灵活性。毽球运动能够提高大学生的注意力、思维敏捷性，增强其应对事物变化的反应能力，以更好地适应环境。

第十节 花样跳绳运动

一、花样跳绳运动概述

花样跳绳运动是一项融健身、娱乐、竞技于一体的体育运动项目，是以我国优秀民间传统体育运动项目——跳绳为基础发展而成的。此项目既保留了传统跳绳的运动特点，又摒弃了传统跳绳的枯燥乏味，融入了其他时尚运动元素，而且还增添了舞蹈和音乐等艺术元素，目前呈现出一种多运动形式和多艺术元素融合发展的趋势。

花样跳绳总体而言由摇绳和跳绳两部分组成，每一部分都表现出千变万化的运动特征，而且随着绳子数量的变化，摇跳的变数也会相应增加。由于其内容丰富多彩、运动形式多变、运动方法各种各样，而且运动操作简便易行、场地器材要求不高以及突出的强心健身功效，因而深受人们的喜爱，在我国大众健身中有着举足轻重的作用，拥有广泛的群众基础和悠久的历史渊源。

二、花样跳绳的基本常识

(一)基本绳长

用脚踩住绳的中央，绳的末端(不包括绳柄)大约在肚脐处，为最佳绳长。

(二)基本握绳方法

两手与食指捏住绳柄后端，其余三指并拢后握住绳柄，两手握绳用力不可过大，手腕不宜过分紧张，以保证摇绳的灵活性。

(三)基本摇绳方法

①正摇：两手握持绳柄，将绳置于体后，两臂自然弯曲，上臂贴紧身体两侧，以肘关节为轴，用两前臂和手腕协调发力，将绳由后向上、向前摇动。当绳摇至头顶上方时，两手不停顿，继续向下、向后摇绳，两脚跳起过绳，使绳绕身体周而复始地转动。

②反摇：将绳置于体前，两手将绳从体前向上、向后摇动。当绳将要摇至脚下时，两手不停歇，在绳过脚后继续向上、向前摇绳，使绳绕身体周而复始地转动。

(四)基本跳跃方法

当绳摇至两脚下、将要触地时，两脚立即起跳，待绳通过脚下后，两脚便自然落地。两脚落地时，前脚掌先着地，完全落地后膝关节放松，自然弹起，起到缓冲作用，避免地面的反作用力伤害身体。两脚跳起时，身体应自然放松，两腿微屈。

三、花样跳绳的基本技术

(一)单人单绳跳

1. 双脚并跳

准备跳时，两脚并立，上体直立，目视前方，两手握持绳柄，上臂贴紧身体两侧，与前臂成大约120°夹角，将绳置于体后，绳子的中央约位于脚踝处。开始跳时，两手同时用力并配合前臂发力，将绳由体后向前摇动，当绳体触地瞬间，两脚并拢及时起跳，绳通过脚下后，两脚同时落地，两手继续摇绳，绳子绕过身体一周即为跳绳一次(见图 10-7)。

动作要领：

(1)两手臂保持基本摇绳的姿势，控制摇绳节奏。

(2)两脚落地时，应前脚掌先着地。

(3)当绳将要触地时，两脚要及时起跳。

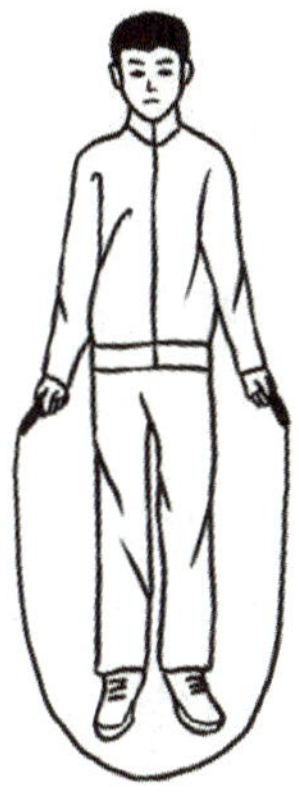

图 10-7 双脚并跳

2. 双脚交替跳

准备姿势和跳绳的方法与双脚并跳相同，只是在跳绳时，左右脚轮流交替过绳，像原地跑一样，两脚轮流蹬地跳(见图 10-8)。

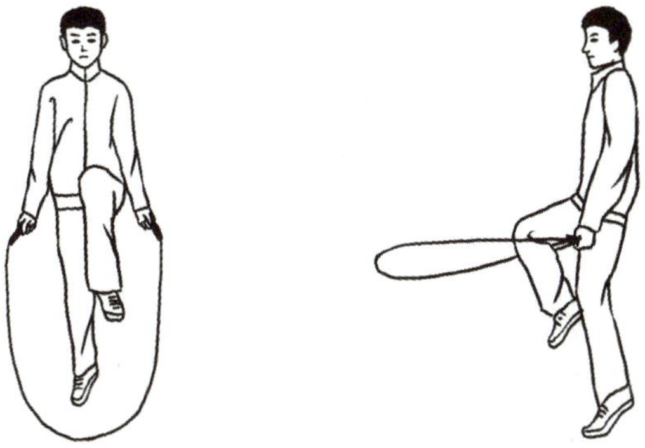

正面　　侧面

图 10-8 双脚交替跳

动作要领：

(1)两手臂保持基本摇绳的姿势，控制摇绳节奏。

(2)抬脚时，脚尖下压，并且脚尖与地面的距离不得超过 10 厘米；落地时，前脚掌先着地。

3. 开合跳

两手握持绳柄，保持正摇的准备姿势。当绳摇至体前时，两脚分开与肩同宽；当绳子摇至将要触及地面时，两脚并拢跳过绳。绳再次被摇至体前时，两脚再分开，依次连续跳(见图 10-9)。

图 10-9 开合跳

动作要领：

(1)两手臂保持基本摇绳的姿势，控制摇绳节奏。

(2)两脚分开时，与肩同宽。

(3)绳摇至体前时，两脚打开；过绳时，两脚合并。

4. 弓步跳

准备姿势与双脚并跳相同。当绳向前摇至空中时，两脚分开成前后弓步动作，当绳向前摇至将要触地时，两脚并拢跳过绳，一拍一动，左右交替，完成弓步跳(见图 10-10)。

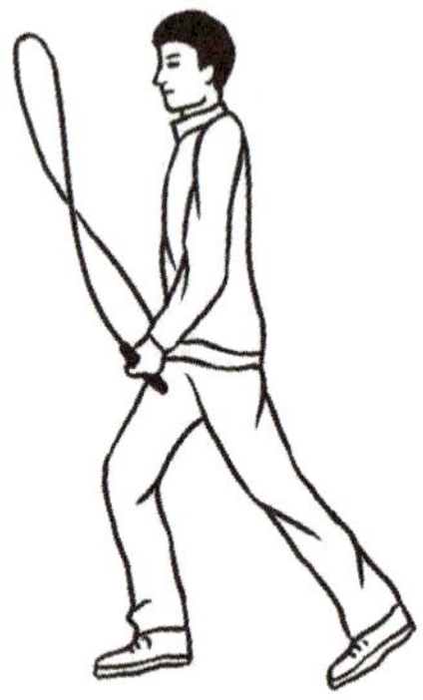

侧面

图 10-10　弓步跳

动作要领：

(1)两手臂保持基本摇绳的姿势，控制摇绳节奏。

(2)两脚成弓步时，前腿膝关节弯曲为 30°～60°，后腿应伸直并且脚跟不着地。

(3)弓步时，两脚的间距在 20 厘米左右。

5. 并脚左右跳

准备姿势与双脚并跳相同。当绳向前摇至触地瞬间跳向身体左侧，并拢跳过绳；当绳再次触地瞬间跳向身体右侧，并拢跳过绳。依次并脚左右轮换跳，称为并脚左右跳(见图 10-11)。

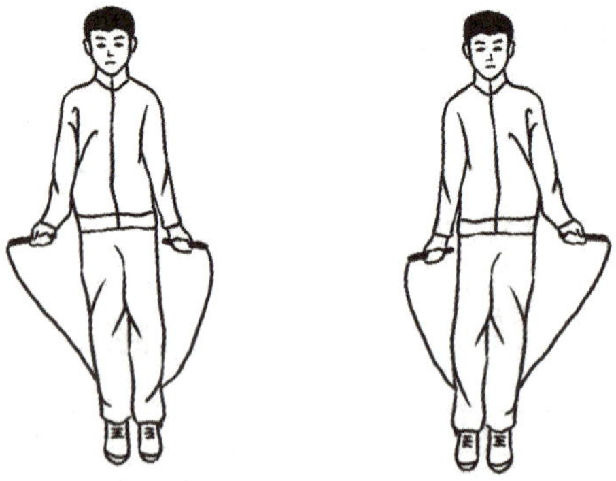

图 10-11　并脚左右跳

动作要领：

(1)两手臂保持基本摇绳的姿势，控制摇绳节奏。

(2)向左或向右跳的距离应与肩同宽。

(3)左右跳时一直保持并脚。

(4)左右并脚跳时，绳先过脚再打地。

6. 左右钟摆跳

准备姿势与双脚并跳相同。当绳向前摇至空中时，左腿伸直向左侧摆动，右脚跳跃过绳；当绳再次摇至空中时，右腿伸直向右侧摆动，左脚跳跃过绳。依次左右钟摆轮换跳，一拍一动(见图 10-12)。

图 10-12　左右钟摆跳

动作要领：

(1)两手臂保持基本摇绳的姿势，控制摇绳节奏。

(2)把握好过绳脚过绳的时机，应前脚掌先着地。

(二)双人单绳跳

双人单绳是指两名跳绳者利用一根绳子，在相互配合的情况下，跳绳者在绳中或绳外完成各个转体、跳跃、力量等动作，以此展现个人良好的身体素质和高超的绳技。下面只介绍一带一跳带人跳。

一带一跳带人跳是指一人跳绳时，另一人不拿绳，而是随同带人者的节奏与带人者一同跳绳。具体是：带人者两手握持绳柄，将绳置于身后，被带者站在带人者前面，带人者摇绳；当绳要到被带者脚下时，两人几乎同时起跳，先后过绳即为完成 1 次动作(见图 10-13)。

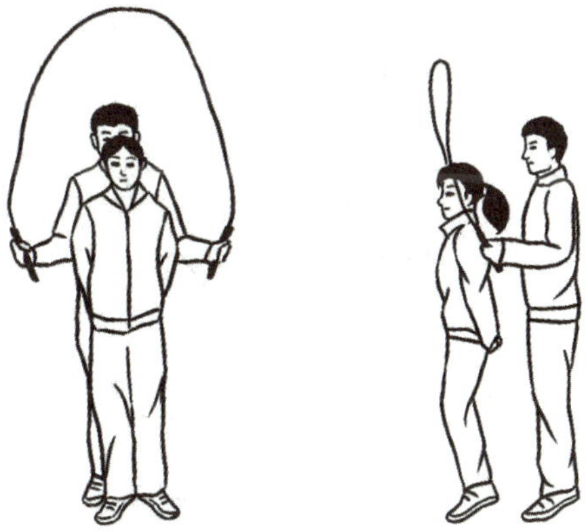

正面　　侧面

图 10-13　一带一跳带人跳

动作要领：两人节奏要一致，相互配合。

(三)车轮跳

车轮跳是一种两人相互配合、轮流跳绳的跳绳方法，从侧面看就像车轮在转动，故称车轮跳。

1. 基本车轮跳

两人同向并排站立，先各自握持一跳绳，再将内侧的绳柄互换，听到指令后两人同时用同侧手将置于最后面的绳子向上摇起。当这条绳子到达最高点时，再将另外一只同侧手的绳子向上摇起。并且两人依次跳过各自一方的绳子(见图 10-14)。

图 10-14 基本车轮跳

动作要领：

(1)这种跳法要求摇绳的手臂在体侧依次做圆周运动。

(2)两条绳子应始终保持在一个平面上。

(3)两人在跳的过程中同侧手的动作要一致。

2. 交叉车轮跳

在基本车轮跳的基础上，当绳摇过头顶后，两人同时将左手(右手)的绳柄向右(左)在体前做交叉贴于腹部，再同时将右手(左手)的绳柄向左(右)在体前交叉贴于左(右)前臂；绳过脚后，先将左手(右手)的绳柄向左(右)打开，再将右手(左手)的绳柄稍向右(左)打开，还原成基本车轮跳(见图 10-15)。

图 10-15 交叉车轮跳

动作要领：

(1)两前臂在体前做交叉时要贴近身体。

(2)交叉时要充分活动手腕。

(3)两人在跳的过程中同侧手的动作要一致。

(4)在跳绳的过程中始终保持好节奏。

教学检测

1. 台球又称(　　)

A. 小球　　B. 桌球　　C. 地滚球　　D. 桌滚球

2. 保龄球又称(　　)。

A. 桌球　　B. 台式球　　C. 游戏球　　D. 地滚球

3. 借助地图、指南针或其他导航工具，在一个设定的范围内，通过途中的各种障碍，快速到达各个目标点位，并且完成各个点位任务，最后到达终点的运动。(　　)

A. 越野跑　　B. 野外求生　　C. 定向越野　　D. 采风

4. 定向越野中，标定地图是为了使地图的方位与现地的方向一致，它最重要的前提是(　　)。

A. 拥有地图　　B. 使用指南针　　C. 使用地图　　D. 使用导航

5. 攀岩首次被列入奥运会正式比赛项目是在(　　)。

A. 2008 年北京奥运会

B. 2012 年伦敦奥运会

C. 2016 年里约热内卢奥运会

D. 2020 年东京奥运会

6. 现代攀岩运动起源于(　　)。

A. 中国　　B. 苏联　　C. 美国　　D. 法国

7. 从滑冰运动发展而来，又称“滚轴溜冰”的运动项目是(　　)。

A. 游泳　　B. 滑雪运动　　C. 冰球运动　　D. 轮滑运动

8. 毽球运动俗称“踢毽子”，起源于(　　)。

A. 汉代　　B. 唐代　　C. 宋代　　D. 清代

思政园地

为了梦想，刻画中国“冰雪图鉴”

2022 年新春伊始，奥运圣火再次在北京点燃。

当奥运梦想又一次升腾于世界东方，81 岁高龄的罗致焕拿出了珍藏的一袭红色“征衣”。轻抚着绣有“中国”二字的领奖服，他回忆起过去的艰辛与荣光，胸中的“中国冰雪梦”依然澎湃激荡。

眼前，一座座现代化场馆挺立冰雪间、笑迎八方客，北京冬奥会、冬残奥会已准备就绪；耳畔，回响着习近平总书记的谆谆寄语：“推动我国冰雪运动跨越式发展是实现第二个百年奋斗目标的重要组成部分，也为广大冰雪运动员创造了难得的人生机遇。”

破冰：证明咱中国人能行

罗致焕是谁？作为中国冰雪运动的“破冰人”，他标定了中国“冰雪图鉴”的起点。

1963 年 2 月 24 日，日本长野，在第 57 届世界男子速滑锦标赛上，22 岁的罗致焕创造了当时 1500 米的世界纪录，成为第一个获得冬季项目世界冠军的中国选手。金牌挂在他胸前的那一刻，中国告别了没有冬季项目世界冠军的历史；他的名字，也永远被镌刻在了中国体育史册上。

罗致焕记得，当他在冠军领奖台上高举双臂时，手持五星红旗的华侨们沸腾了，他们一边哭，一边把鲜花抛向中国运动员。

当时，中国选手亮相国际赛场，其意义远远超过了体育本身。在那个中国竞技体育依然薄弱的年代，运动员们拼了命地训练，为的就是击碎那些怀疑的目光，“证明咱中国人能行”！

罗致焕的荣耀不只属于他个人，更属于那个时代，凝结着无数运动员的奋力拼搏，含蕴着中华儿女对世界舞台的热切期盼。

由于中国当时不是国际奥委会成员，罗致焕这批运动员在运动生涯黄金期错过了参加奥运会的机会。然而，更多后来者紧紧跟上，登上冬奥赛场的梦想一棒接一棒传递。

1979 年，中国在国际奥林匹克大家庭的合法地位恢复了！一年后，中国派出 28 名运动员，参加了在美国普莱西德湖举行的第 13 届冬奥会。

这是中国运动员首次参加冬奥会。速度滑冰运动员赵伟昌是那一届中国代表团的旗手。忆起当年，如今已 72 岁的他还是难掩激动：“五星红旗第一次出现在冬奥会赛场上，现场观众的欢呼声此起彼伏，大家都对中国体育代表团重返奥林匹克大家庭而高兴。”

自 1980 年后，中国代表团再未缺席过任何一届冬奥会。

1988 年加拿大卡尔加里冬奥会，在还是表演项目的短道速滑比赛中，中国选手李琰夺得 1000 米金牌、500 米铜牌和 1500 米铜牌，五星红旗第一次在冬奥会赛场上冉冉升起。

1992 年法国阿尔贝维尔冬奥会上，叶乔波在速度滑冰女子 500 米比赛中斩获银牌，这是中国代表团在冬奥会正式比赛中摘得的首块奖牌。其后的女子 1000 米速滑比赛中，叶乔波以 0.02 秒的微弱劣势屈居亚军。

1994 年，挪威利勒哈默尔冬奥会，等待了两年的叶乔波却带着严重伤情——左膝盖半月板粉碎、大面积软骨脱落、十字交叉韧带断裂、半月板移位……可是，执拗的姑娘依旧披挂上阵，最终，她为中国代表团“拼”得一枚铜牌。

这种永不放弃、永不服输的精神，正是中国冰雪运动员精神追求的集体写照，激励鼓舞着一代又一代中国人。

扬帆：赢者无畏乘风起

征战 6 届冬奥会后，已摘得 10 块银牌、4 块铜牌的中国代表团，盼望着尽快实现冬奥会正式项目金牌“零”的突破。

2002 年，美国盐湖城冬奥会。经过 22 年漫长等待，中国第一个冬奥会冠军诞生了！运动员杨扬在短道速滑女子 500 米决赛中夺得金牌！也是在那届比赛中，杨扬又摘得短道速滑女子 1000 米金牌，成为名动世界的“双冠王”。

那届冬奥会上，中国代表团完成了渴望已久的飞跃，整个代表团共夺得 2 金 2 银 4 铜，压倒韩国队和日本队，第一次站上了亚洲冰雪之巅！

四年之后，中国代表团的“雪上突破”到来了。2006 年意大利都灵冬奥会，韩晓鹏在自由式滑雪男子空中技巧比赛中摘得金牌，成为中国冬奥史上第一位获得金牌的男运动员，更是成为首位摘得雪上项目冠军的中国选手。

也是在都灵，王濛开启了对短道速滑项目的“统治”——那一年，她夺得女子 500 米比赛冠军。四年后的加拿大温哥华冬奥会上，她一人摘得 500 米、1000 米两块金牌，又和队友合作摘得 3000 米接力金牌，打破了韩国队在这个项目上长达 16 年的垄断。

同样是在温哥华冬奥会，周洋夺得短道速滑女子 1500 米比赛冠军；申雪、赵宏博获得花样滑冰双人滑金牌；中国女子冰壶队获得铜牌。这些成绩填补了中国选手在其对应项目上的空白，我国冰雪运动的飞速发展，就此开始。

不积跬步，无以至千里。2014 年，张虹在俄罗斯索契冬奥会上拿到中国首枚冬奥会速度滑冰金牌。

2018 年韩国平昌冬奥会，武大靖在短道速滑男子 500 米的赛场上刷新世界纪录夺冠，成为中国冰雪运动的新一代代表人物。此刻，他和众多中华冰雪健儿一样，怀着一个炽热的心愿：在“家门口的冬奥会”上突破自我，为祖国夺得更多荣誉。

“总书记对我说过，北京冬奥会时我才 28 岁，其实还不算老，还算年轻运动员。”曾多次见到习近平总书记的武大靖，心里始终回荡着总书记的深切勉励——养兵千日，用兵一时。此时不搏，更待何时！

追梦：谱写中华体育精神新篇章

敢拼搏、不放弃的运动员们，是北京冬奥会最闪亮的主角。武大靖、“四届元老”自由式滑雪空中技巧选手徐梦桃、单板滑雪女子 U 型池选手蔡雪桐、花样滑冰双人滑组合隋文静和韩聪、“金牌收割机”滑雪少女谷爱凌、滑雪少年苏翊鸣……这些矫健的身影，在北京冬奥会上备受期待。而他们身后，还有更多的中国冰雪健儿，在“更快、更高、更强——更团结”的奥林匹克新格言指引下，为梦而战、无畏前行。

谷爱凌，U 型场地、坡面障碍技巧、大跳台项目三栖的中国女子滑雪世界冠军。在她身上，除了光芒四射的自信与活力，更有面对高难度动作时的勇敢与果决。

“对成功来说，我的天赋只占 0.01%。”谷爱凌说。她更愿意回忆自己常年在学校和训练场间“无缝切换”的紧张日程：“从家到雪场有 4 小时车程，我学会了在车上写作业，在车上睡觉、换衣服、吃饭。如果我的经历能激励更多‘00 后’的同龄人，我会感到特别高兴。”

31 岁的老将徐梦桃是第四次踏上冬奥之旅。她说：“为祖国拼金牌，是使命也是荣誉！付出再多汗水泪水都值得，梦想依然在，决不放弃！”

面对挑战，一代代中国选手迎难而上，奋勇前行。在逆境时不气馁，在压力下敢拼搏，充分体现了中华儿女奋勇顽强的优良传统，让世界看到了中国人热血担当的时代风貌。

“广大体育工作者在长期实践中总结出的以‘为国争光、无私奉献、科学求实、遵纪守法、团结协作、顽强拼搏’为主要内容的中华体育精神来之不易，弥足珍贵，要继承创新、发扬光大。”习近平总书记的深情话语，是对一代代中国体育健儿的至高褒奖。

从罗致焕拿到第一块世锦赛金牌到今天，已近 60 年。一甲子的沧海桑田中，中国冰雪健儿的每一步滑行都见证着历史，见证着冰雪运动前进的轨迹，见证着中华民族昂首迈向世界舞台中央。

而 42 年来的冬奥赛场，每一次国歌响起的荣耀时刻，场上健儿们的拼搏精神都与亿万民众的爱国热情交相辉映，欢笑与泪水交织交融，民族自信心和自豪感强烈共鸣，激励着每一个中国人。

（资料来源：《光明日报》，2022 年 1 月 31 日，有改动）

讨论：

1. 我国冰雪运动员是如何刻画中国“冰雪图鉴”的？
2. 从我国冰雪运动员的奋斗史中，你学到了什么？
3. 结合材料和所学知识，谈谈你所理解的中华体育精神。

参考文献

[1]中国足球协会. 足球竞赛规则 2021/2022[M]. 北京：人民体育出版社，2022.
[2]北京 2022 年冬奥会和冬残奥会组织委员会 . 冬季奥林匹克运动会竞赛项目知识读本[M]. 北京：北京体育大学出版社，2022.
[3]吴剑，孙若海 . 太极拳初级[M]. 杭州：浙江大学出版社，2023.
[4]卓贤迪，夏盈盈 . 大学生体育与健康[M]. 北京：冶金工业出版社，2020.
[5]黄远旺，蒙励坚，王明 . 新编体育与健康教程[M]. 北京：人民体育出版社，2021.
[6]陈俊，王江，柴仲学 . 大学体育与健康[M]. 北京：人民体育出版社，2021.
[7]李振佳，齐爽 . 大学生体育与健康[M]. 北京：中国人民大学出版社，2020.
[8]果梅 . 体育舞蹈[M]. 南京：南京大学出版社，2021.
[9]康菲 . 篮球运动[M]. 北京：人民体育出版社，2022.
[10]王小娟，黄晓 . 排球运动[M]. 杭州：浙江大学出版社，2021.
[11]许亚萍 . 公开水域皮划艇指南[M]. 北京：北京体育大学出版社，2021.
[12]虞荣安，阴甜甜，毛煜 . 乒乓球教程[M]. 西安：西北工业大学出版社，2020.
[13]刘柳，吴卫 . 健美操[M]. 北京：北京师范大学出版社，2019.
[14]北京市体育局 . 冰雪运动普及读本[M]. 北京：北京体育大学出版社，2016.
[15]盛文林 . 射击、射箭——瞬间的准确[M]. 北京：台海出版社，2014.
[16]李方江 . 青少年赛艇、帆船、皮划艇、水球快速入门[M]. 北京：光明日报出版社，2012.